云南少数民族古籍珍本集成

云南省少数民族古籍整理出版规划办公室◎编

第五十五卷　纳西族

云南出版集团公司
雲南人民出版社

云南省百项少数民族文化精品工程项目

民族文字出版专项资金资助项目

前言

云南是一个多民族的边疆省份，全省25个少数民族在长期的历史发展进程中创造了丰富多彩的民族历史文化，留下了卷帙浩繁的民族文字文献古籍和口传古籍，这些少数民族古籍是各民族先民创造的重要文明成果，是中华文明一脉相承的历史见证，也是人类文明的瑰宝。据统计，云南少数民族文字文献古籍蕴藏量达10万余册（卷），口传古籍4万余种，大多数至今仍散藏于民间，损毁日益严重。

云南少数民族古籍以种类繁多、历史悠久、载体多样而独具特色，是云南不可再生的珍贵文化遗产，也是亟待抢救保护和开发利用的重要文化资源。2003年，纳西东巴古籍文献入选《世界记忆遗产名录》，云南少数民族古籍的人类文化遗产价值得到联合国教科文组织世界遗产委员会的肯定。

为抢救保护这宗珍贵的世界文化遗产，我们计划用5年左右时间编纂出版《云南少数民族古籍珍本集成》100卷，结集出版一批云南少数民族古籍中的孤本、善本和珍本，并用彩色影印的方式真实再现古籍原貌，以丰富和繁荣民族文化事业。

云南省少数民族古籍整理出版规划办公室

《云南少数民族古籍珍本集成》编纂委员会

2012年9月16日

目录

祭天仪式·献牲·人类迁徙记

纳西族东巴教祭天仪式典籍，是东巴教经书中古老的核心典籍。流传于云南省丽江市纳西族地区。不分卷，1册，佚名撰。向天、地神灵祭献牺牲时诵读。讲述天地万物产生的过程和人类迁徙的经历，展现了古代纳西族先民的生产生活和朴素世界观。旧抄本，本色构皮纸，线订册叶装，墨书，封面有彩色装饰。页面高9.3厘米，广28.5厘米。保存相对完好。今藏丽江市玉龙纳西族自治县图书馆。

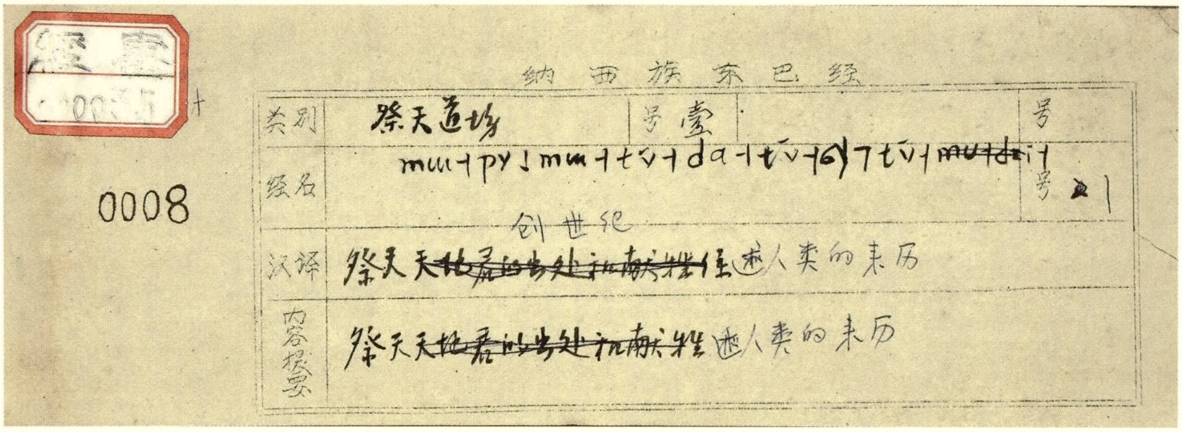
纳西族东巴经
0008
类别
祭天道场
号壹
号
经名
创世纪
汉译
述人类的来历
内容提要
述人类的来历

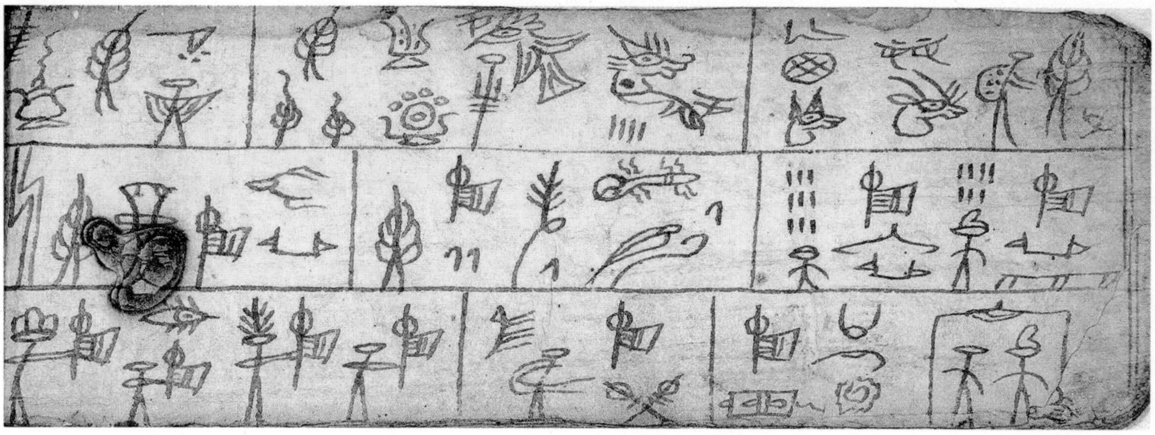

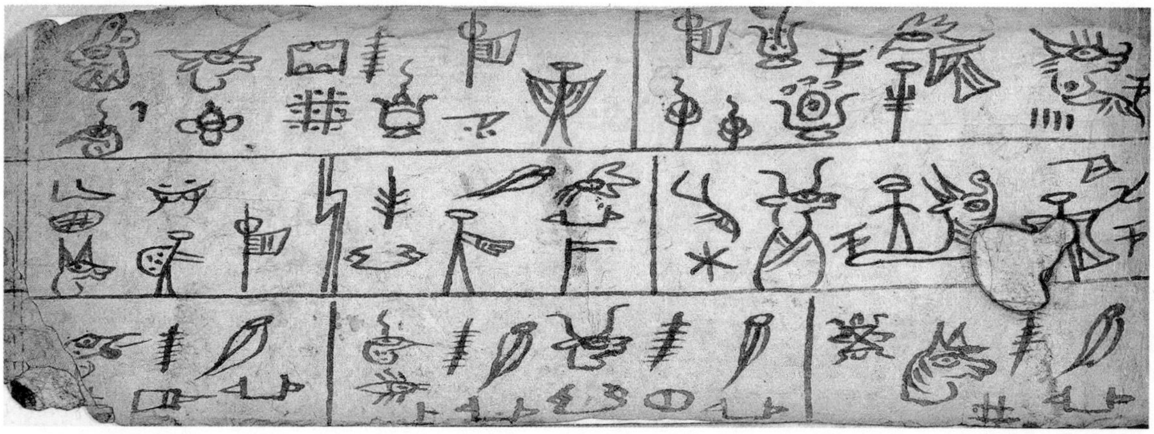

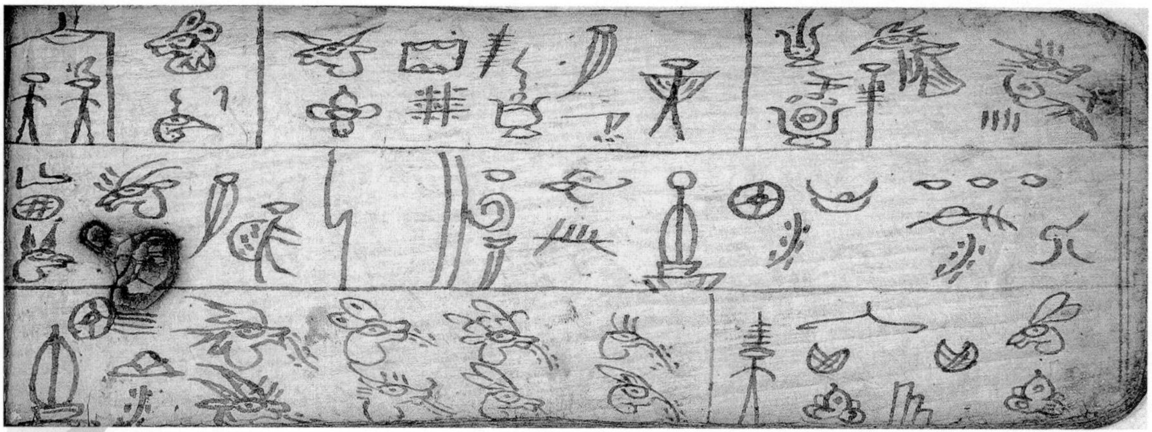

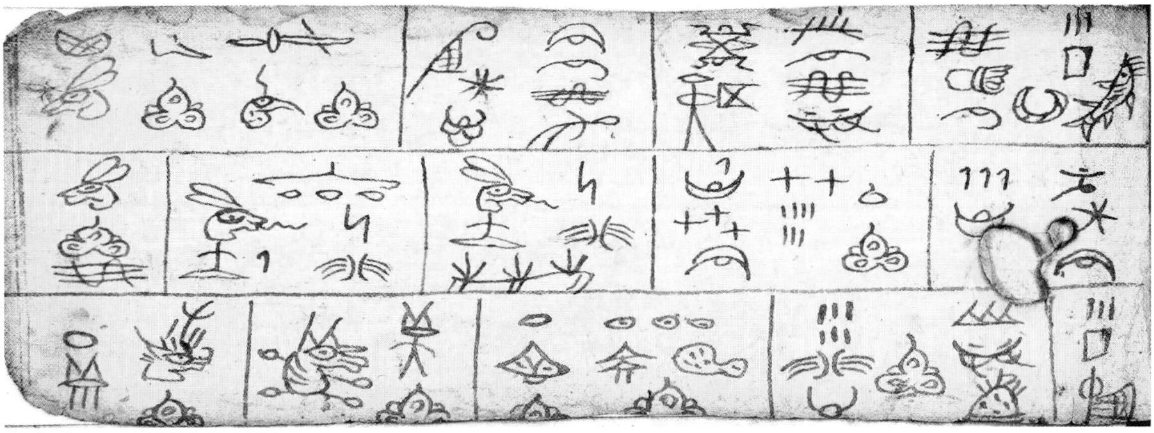

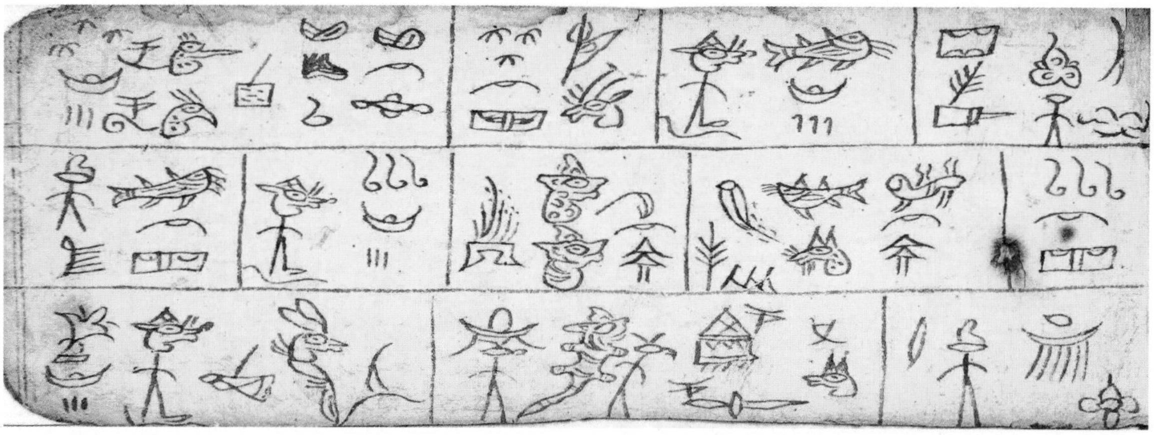

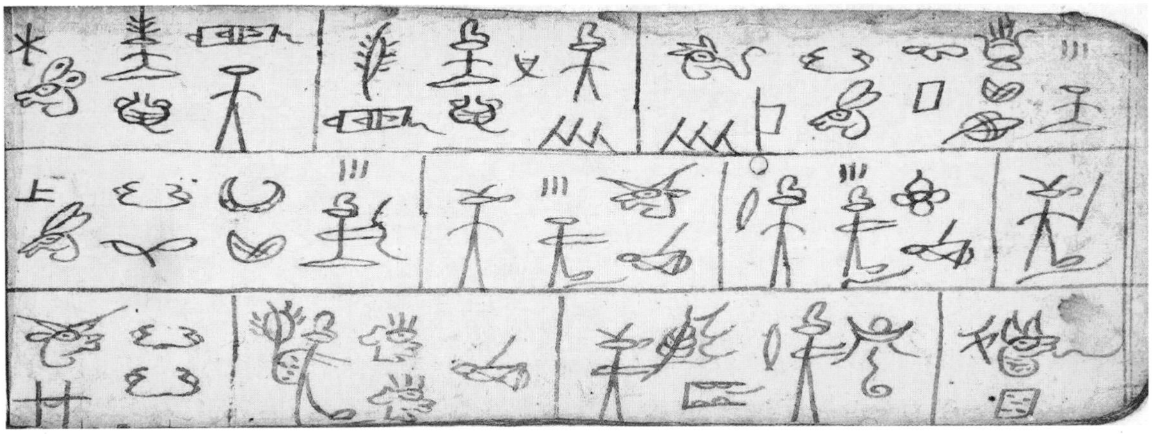

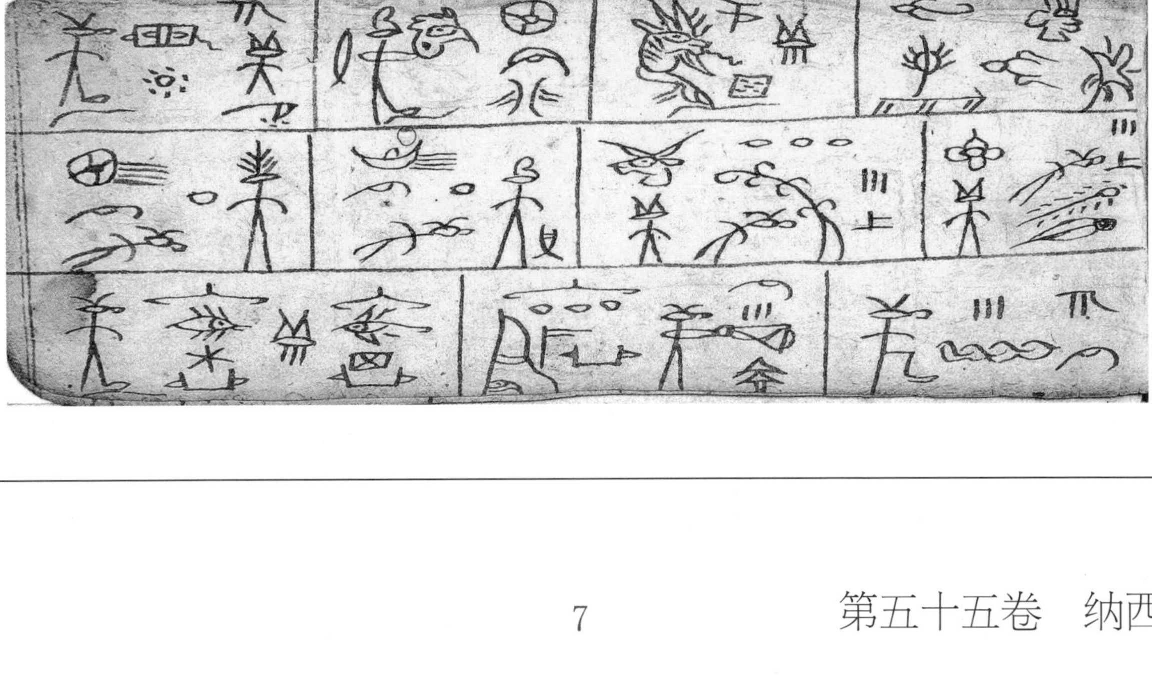

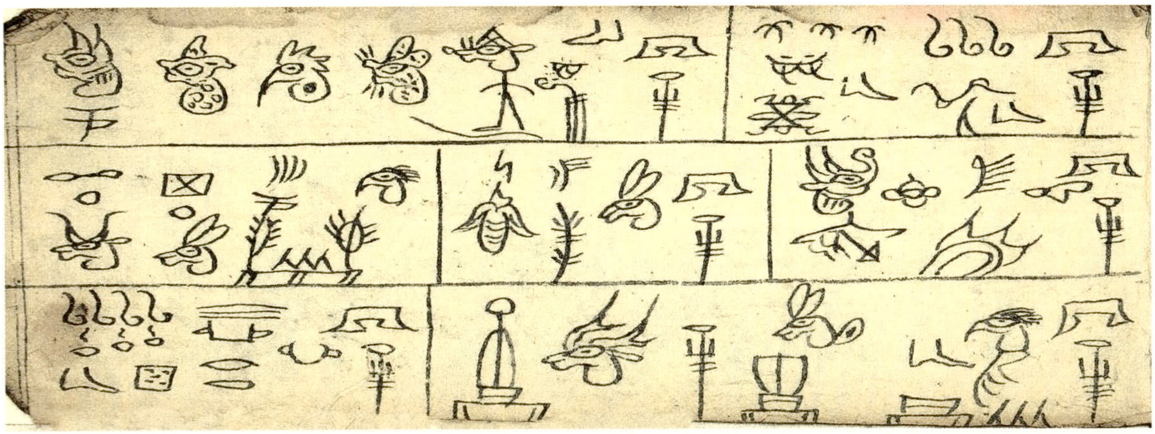

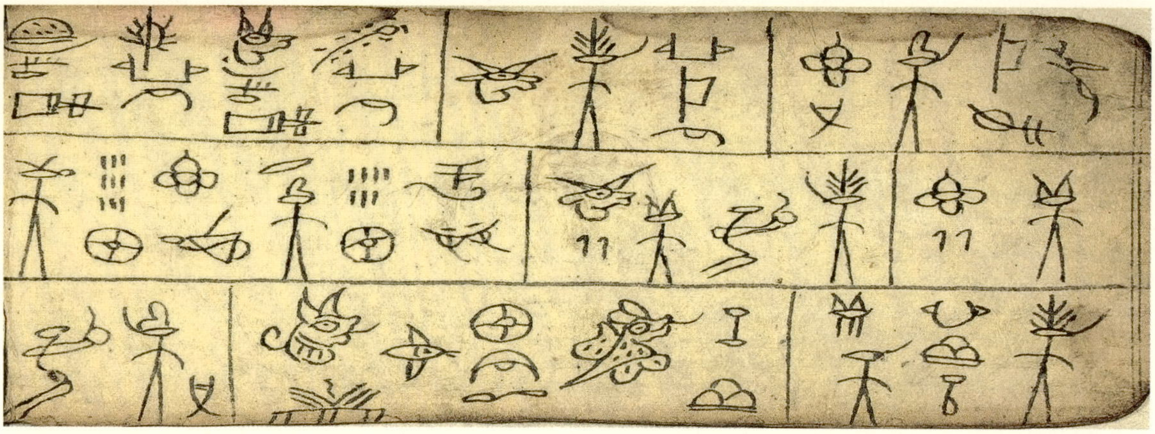

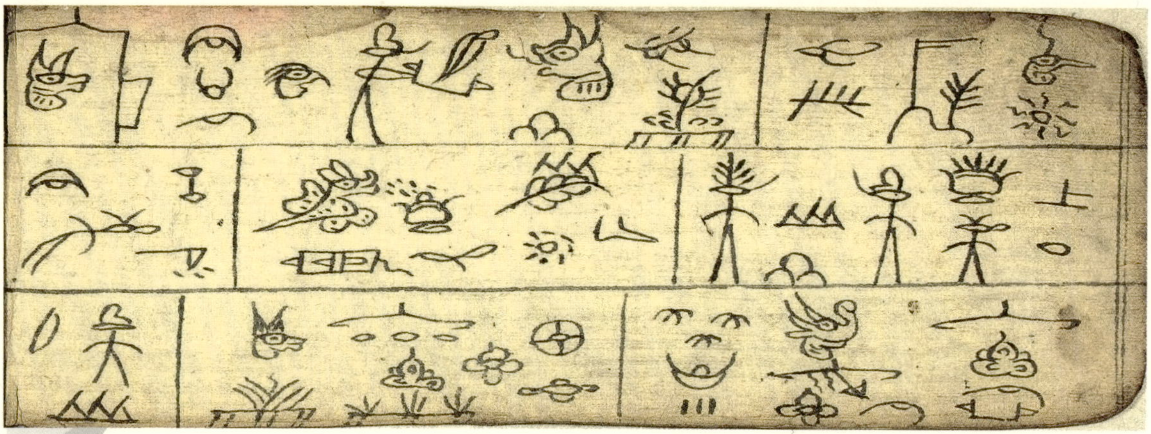

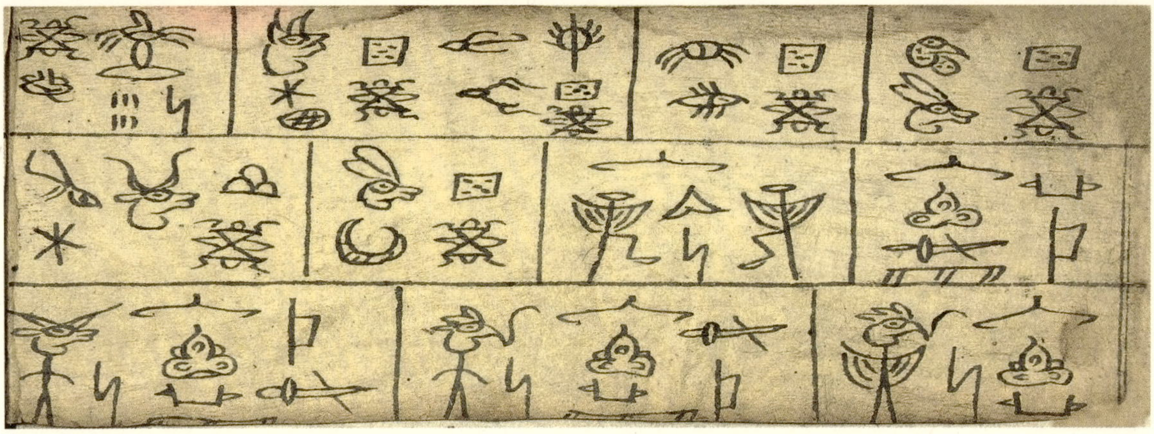

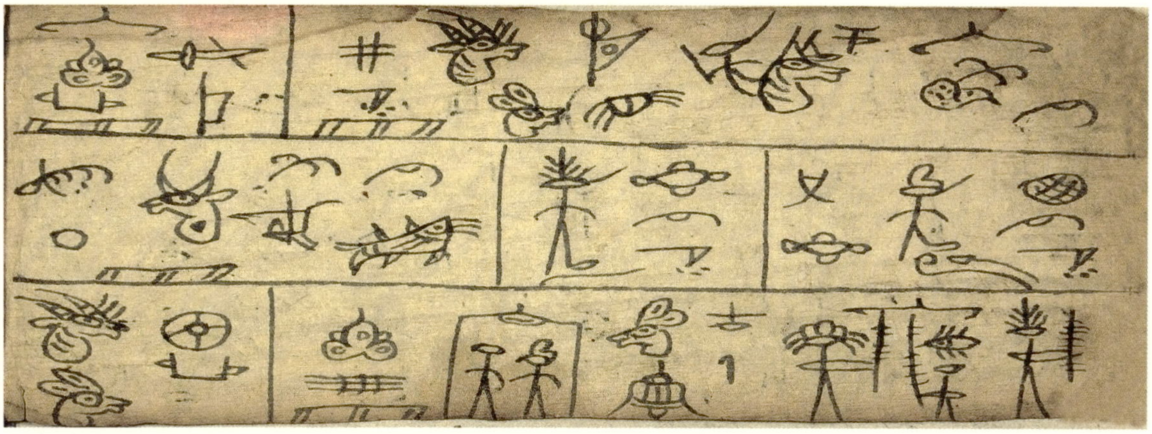

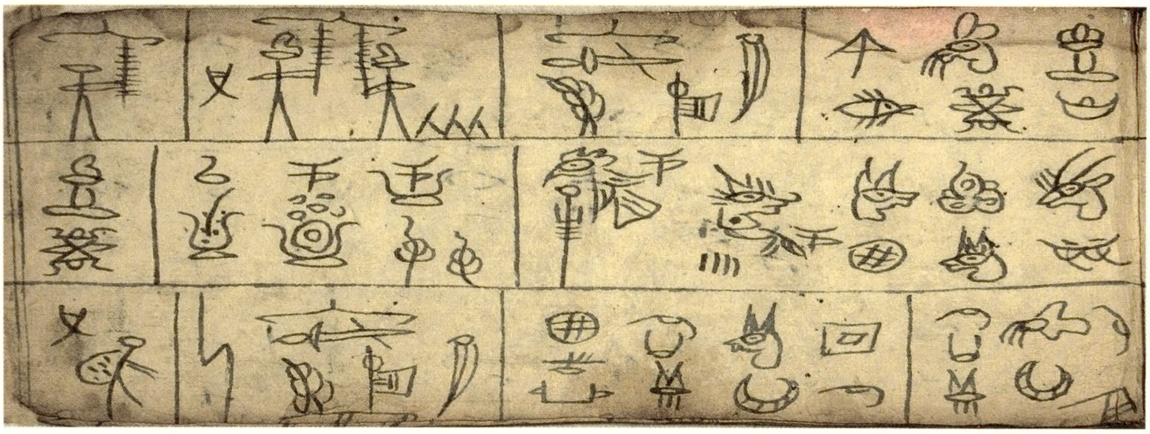

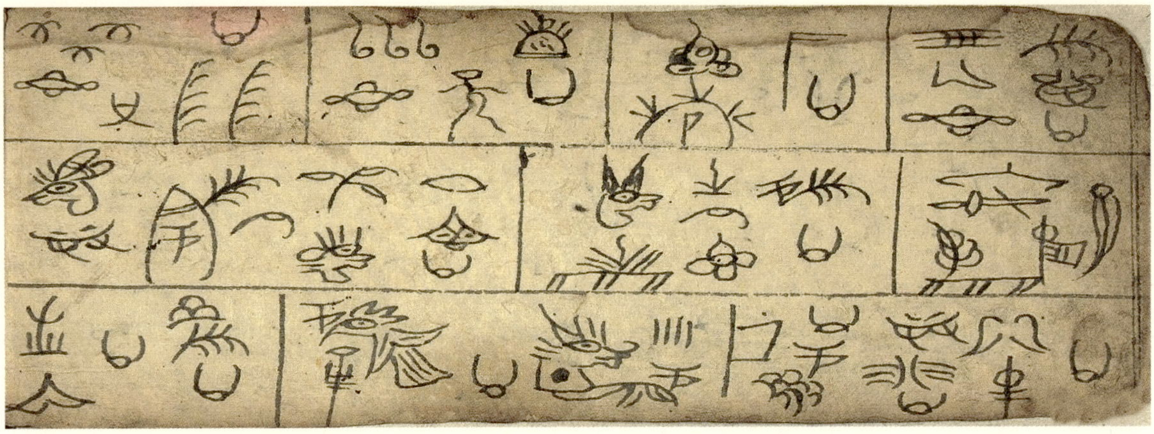

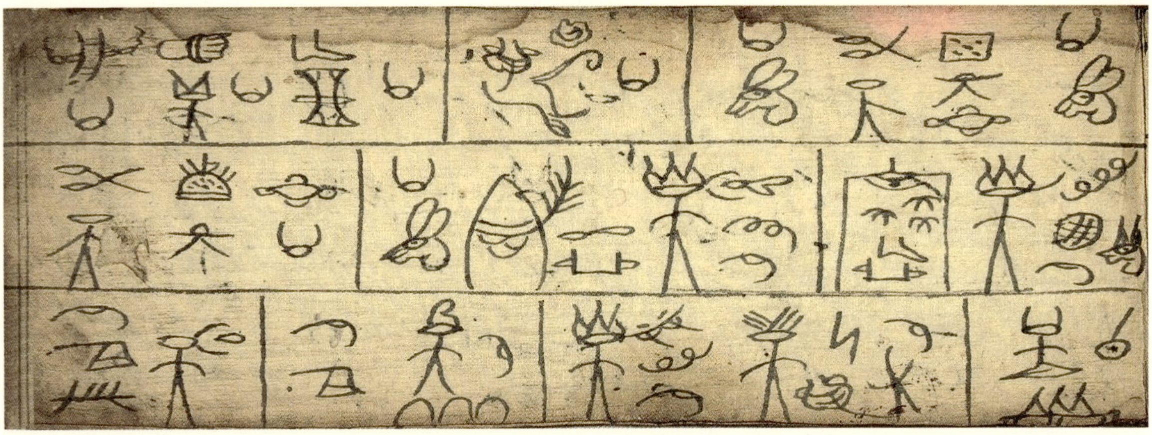

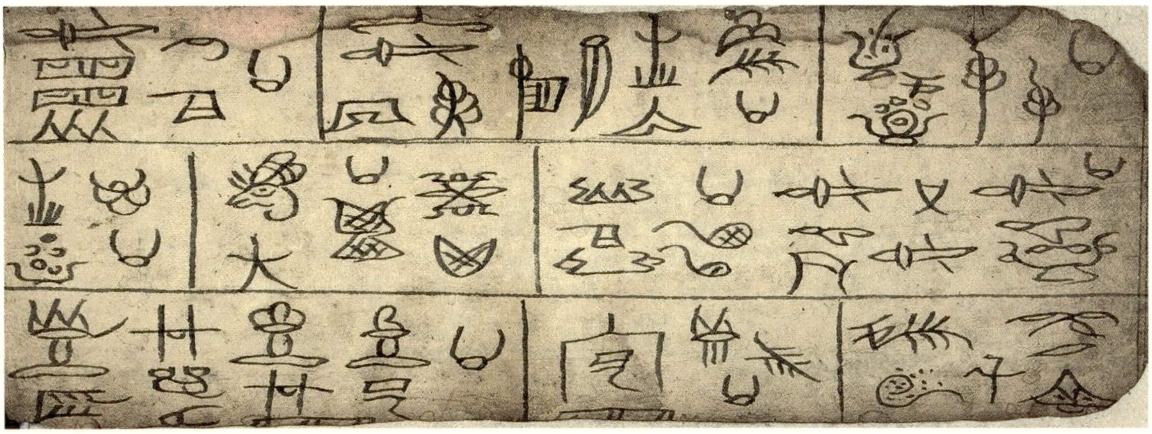

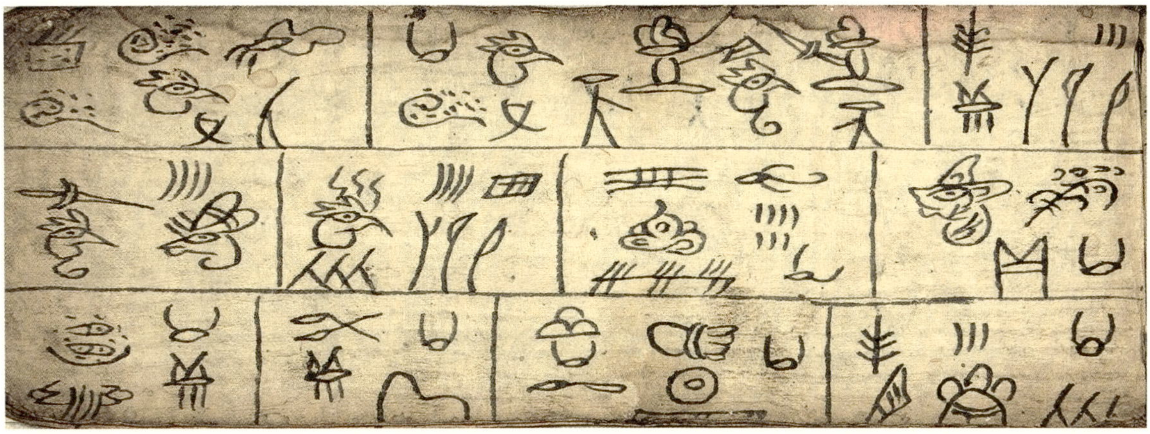

祭天仪式·献牲·人类迁徙记

纳西族东巴教祭天仪式典籍，是东巴教经书中古老的核心典籍。流传于云南省丽江市纳西族地区。不分卷，1册，佚名撰。在举行生献，即将宰杀后的牺牲完整地供奉在祭坛前时诵读、吟唱，给祭献的牺牲除秽驱邪，并镇压之，祈求天、地、柏赐福，还讲述了人类迁徙的经历。旧抄本，本色构皮纸，线订册叶装，墨书。页面高9厘米，广28厘米。保存完好。今藏丽江市玉龙纳西族自治县图书馆。

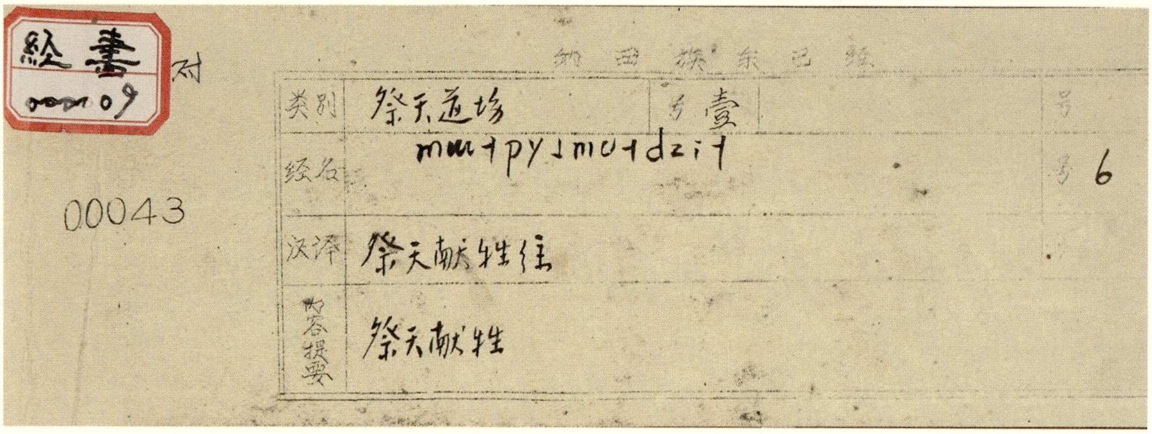

类别	祭天道场	号 6
经名		
汉译	祭天献牲经	
内容提要	祭天献牲	

00043

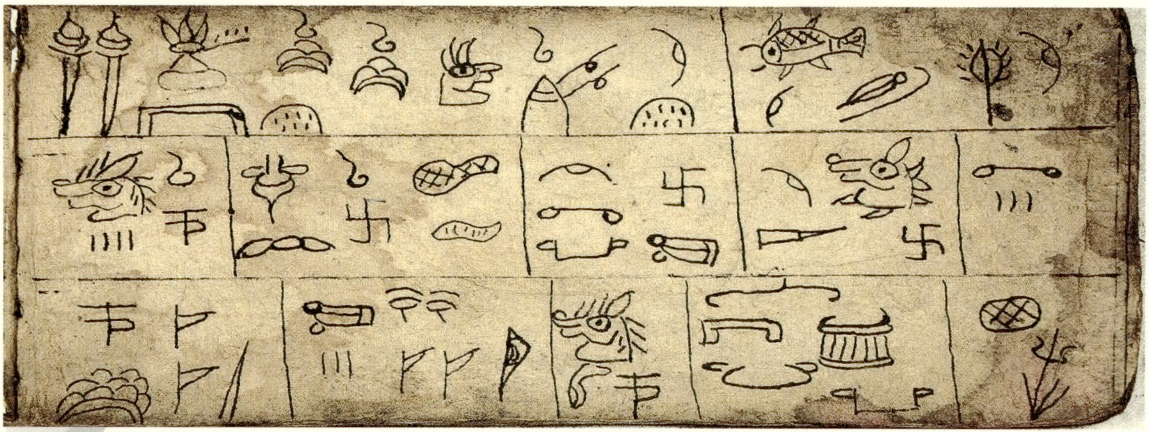

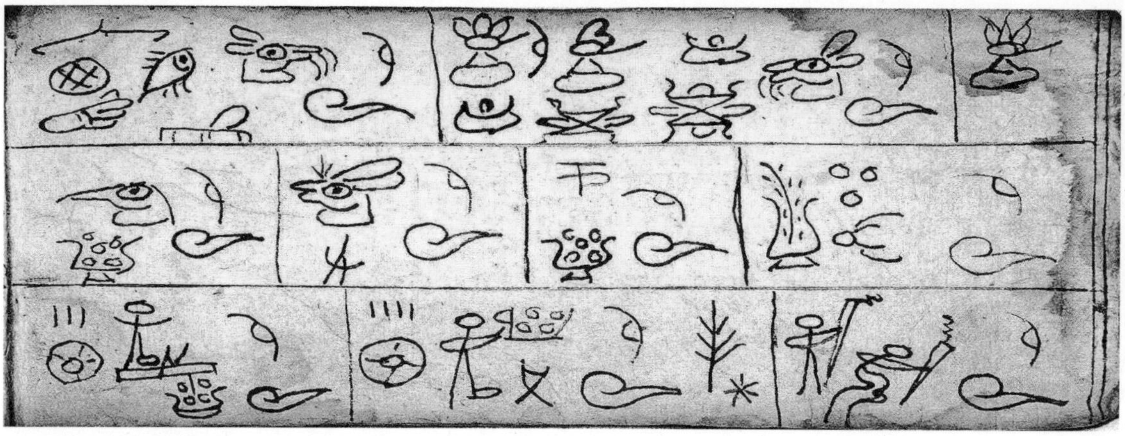

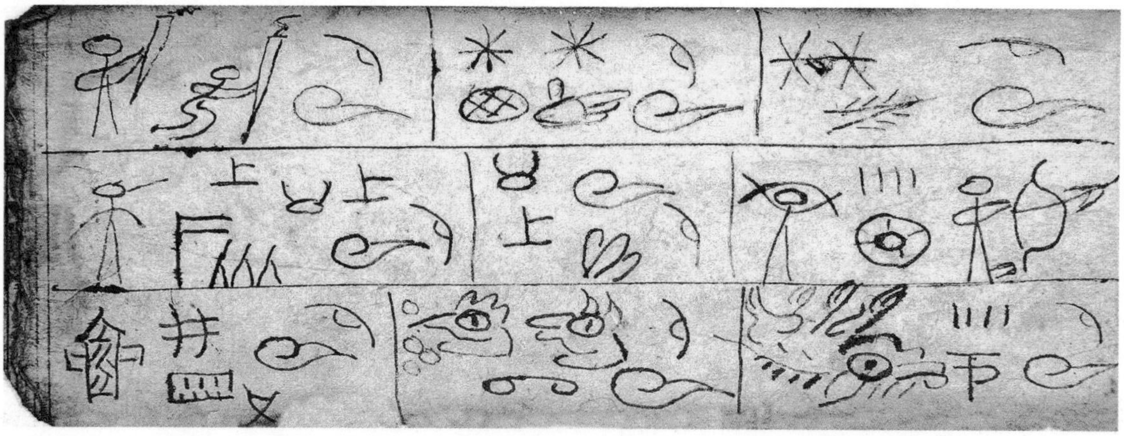

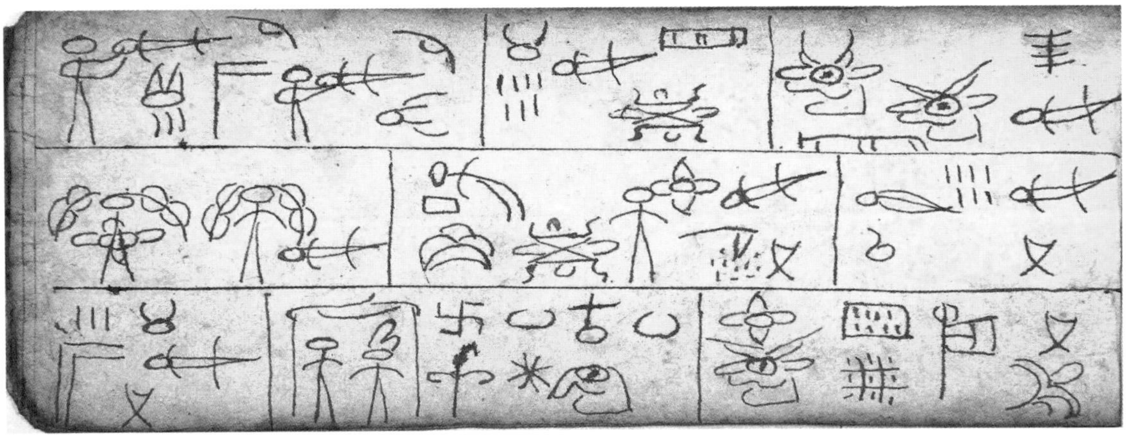

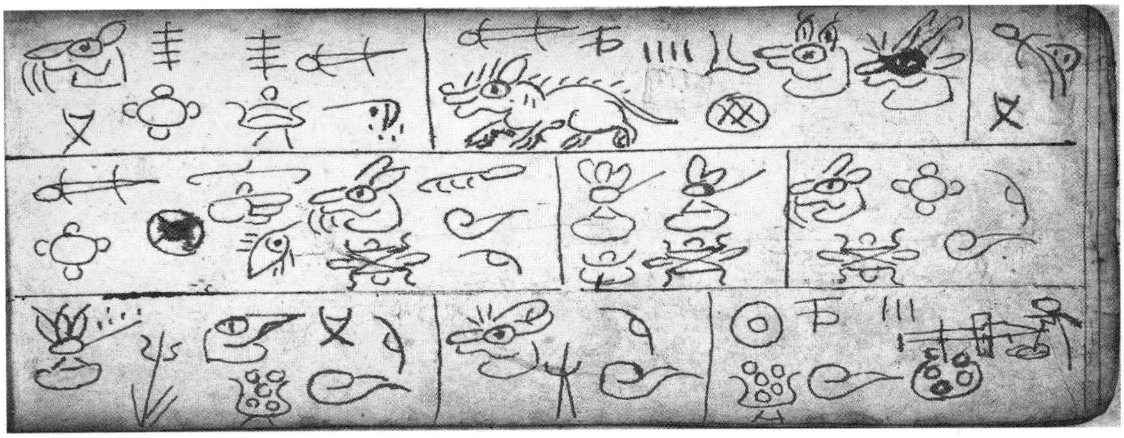

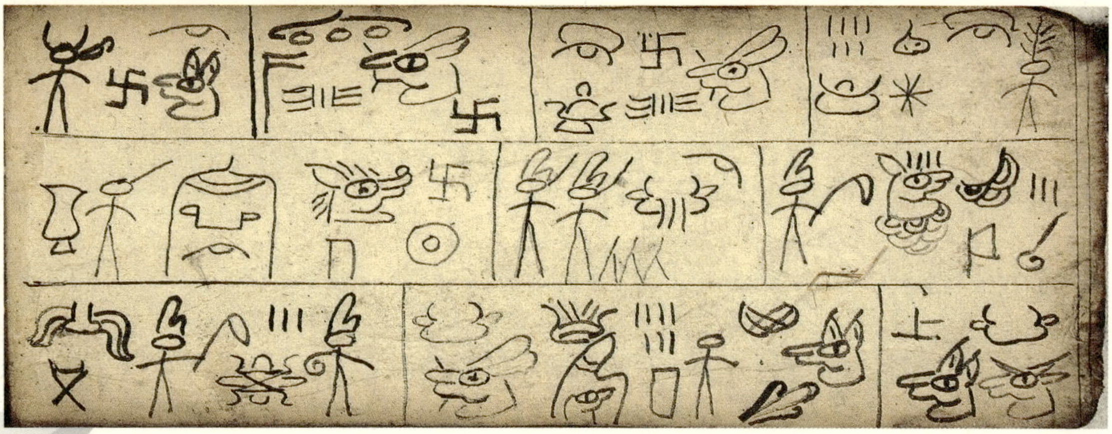

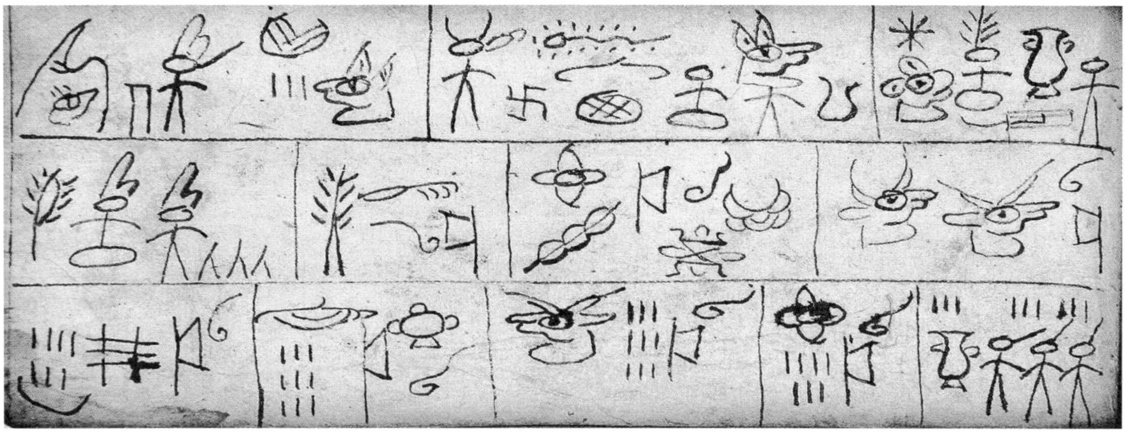

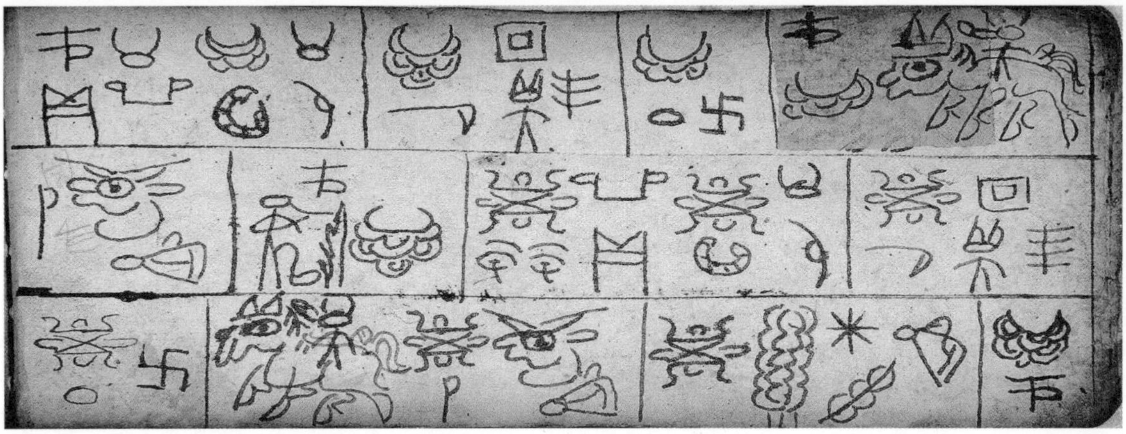

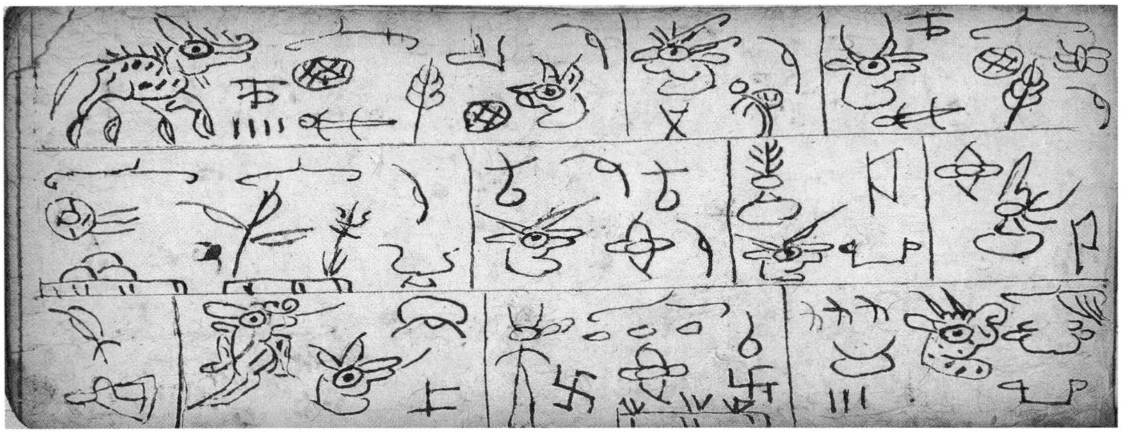

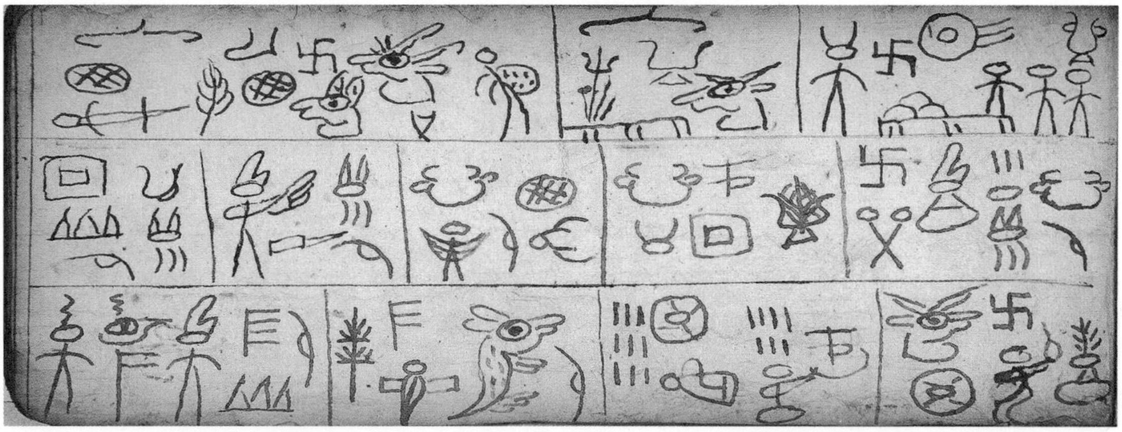

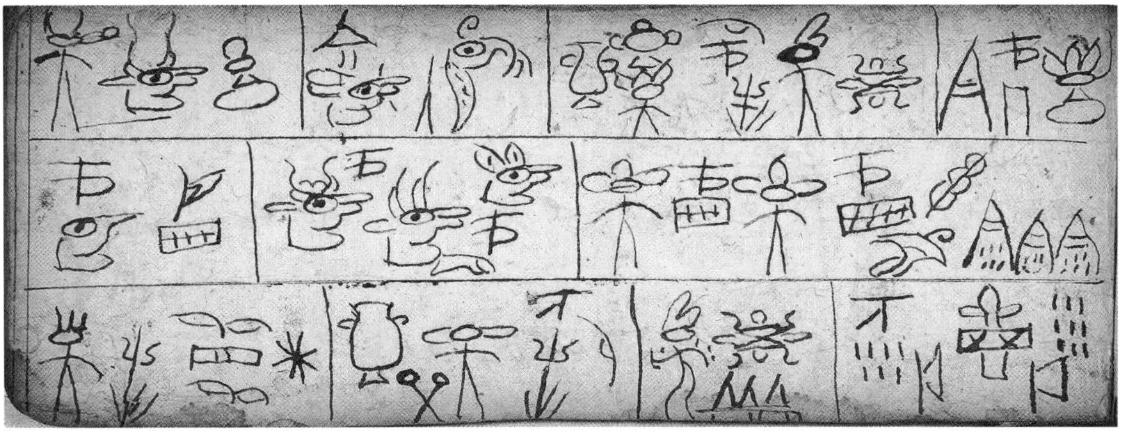

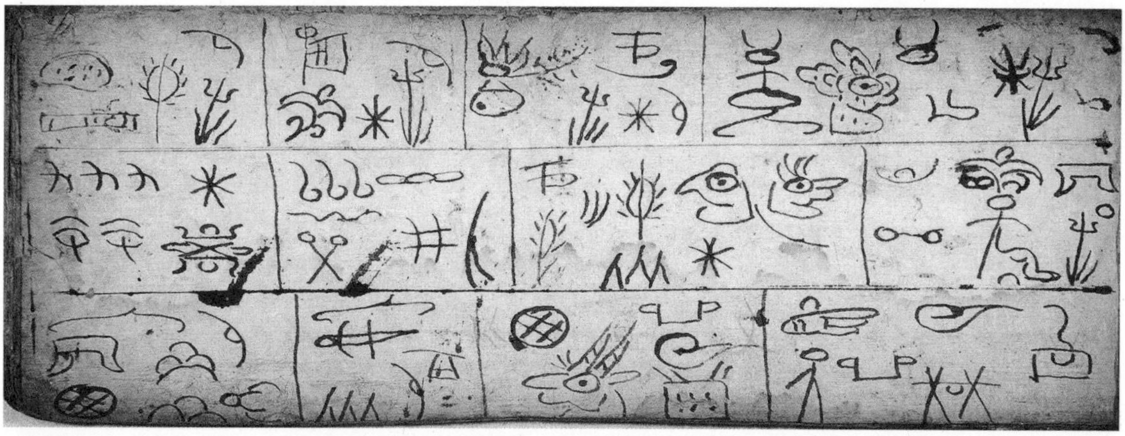

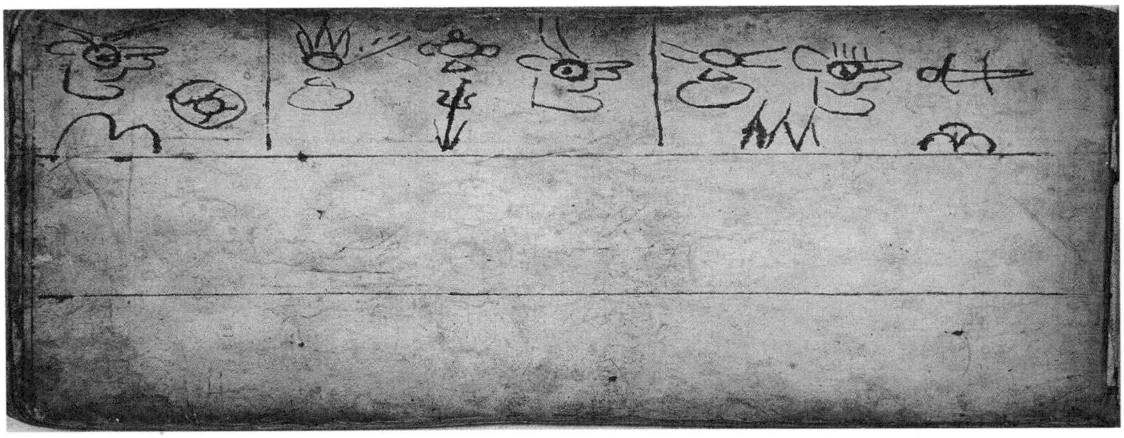

祭祖·献牲·还请祖先

纳西族东巴教祭祖仪式典籍，祭献牺牲时诵读。流传于云南省丽江市纳西族地区。不分卷，1册，佚名撰。讲述迎请祖先归家享祭，追忆、赞颂先祖的恩德，抒发对祖先的怀念、感激之情，期望祖先赐福保佑后人。旧抄本，本色构皮纸，线订册叶装，墨书，部分字符施以色彩，封面有彩色装饰。页面高9厘米，广29.5厘米。保存完好。今藏丽江市玉龙纳西族自治县图书馆。

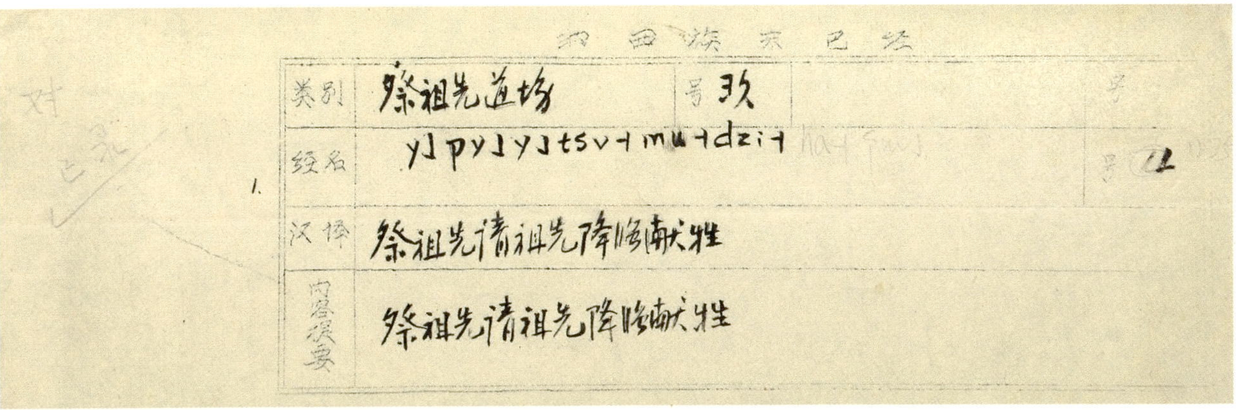

纳西族东巴经

类别	祭祖先道场	号	玖
经名	y˩ py˩ y˩ tsv˧ mu˧ dzi˧		
汉译	祭祖先请祖先降临献牲		
内容提要	祭祖先请祖先降临献牲		

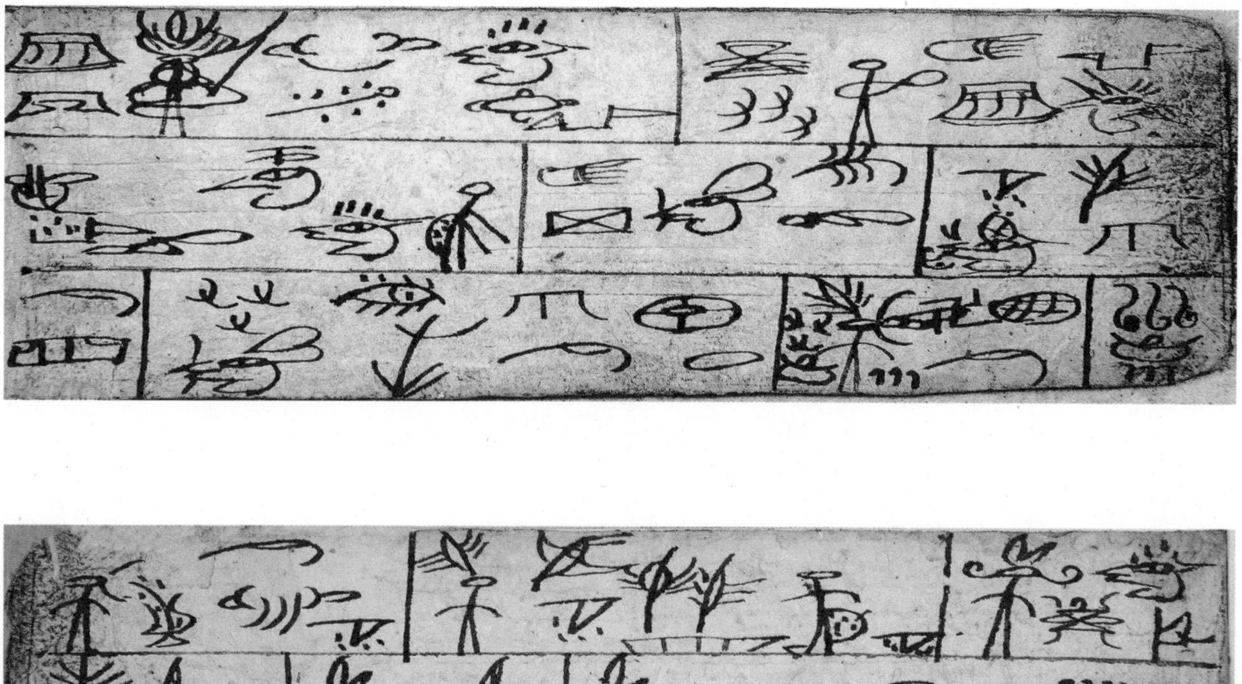

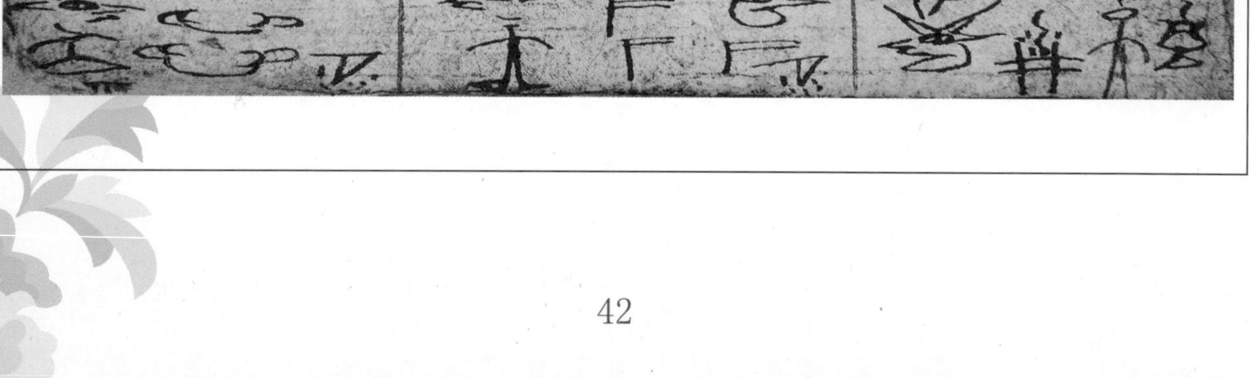

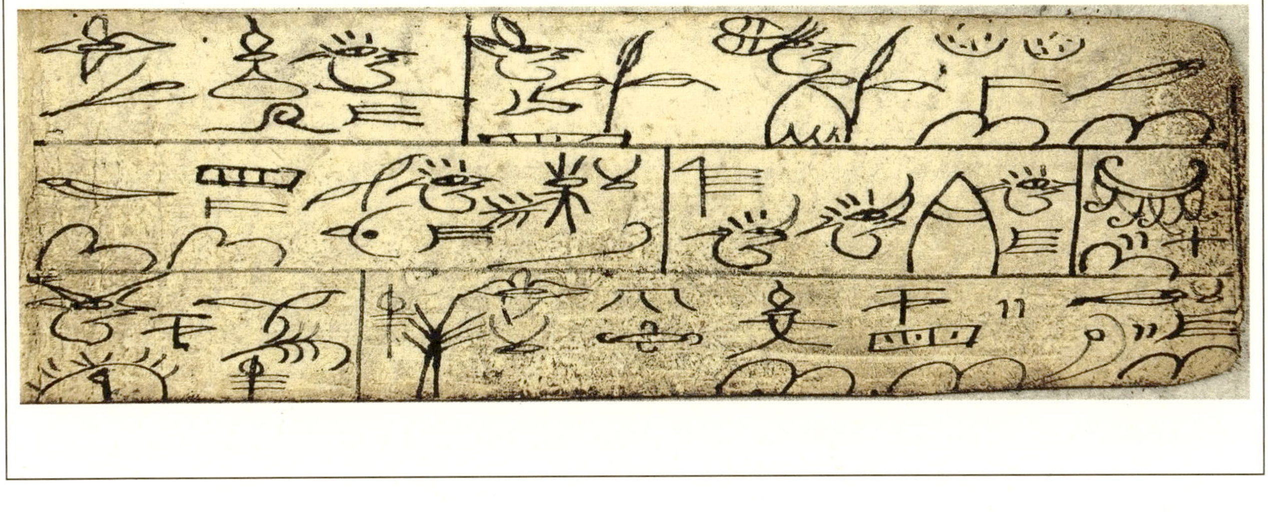

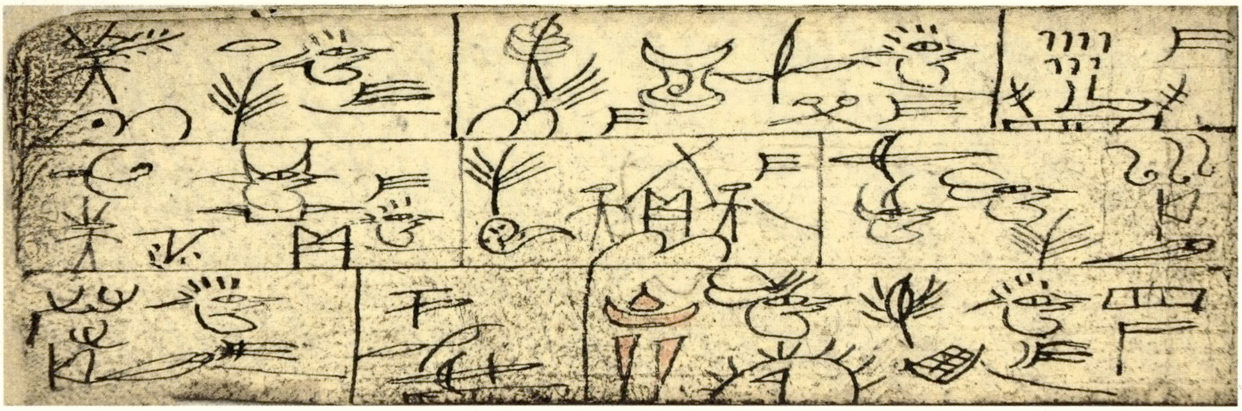

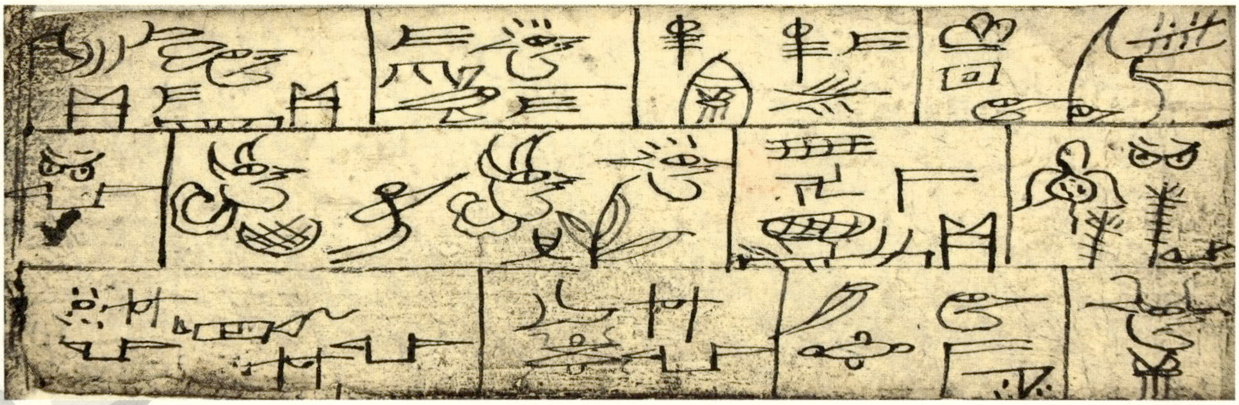

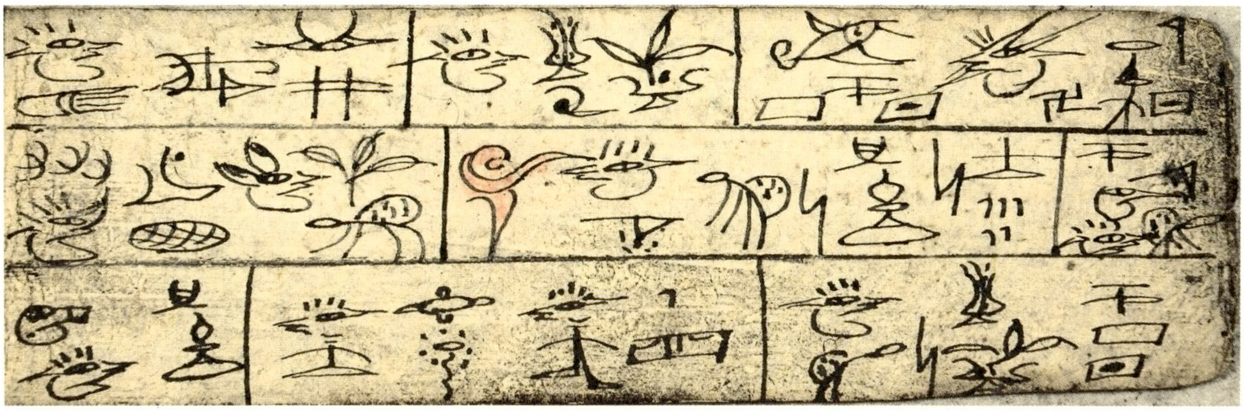

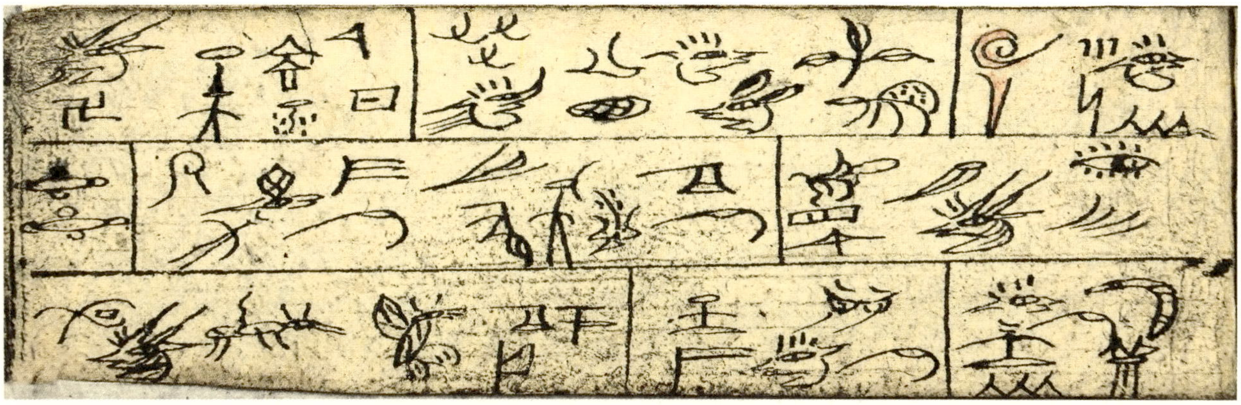

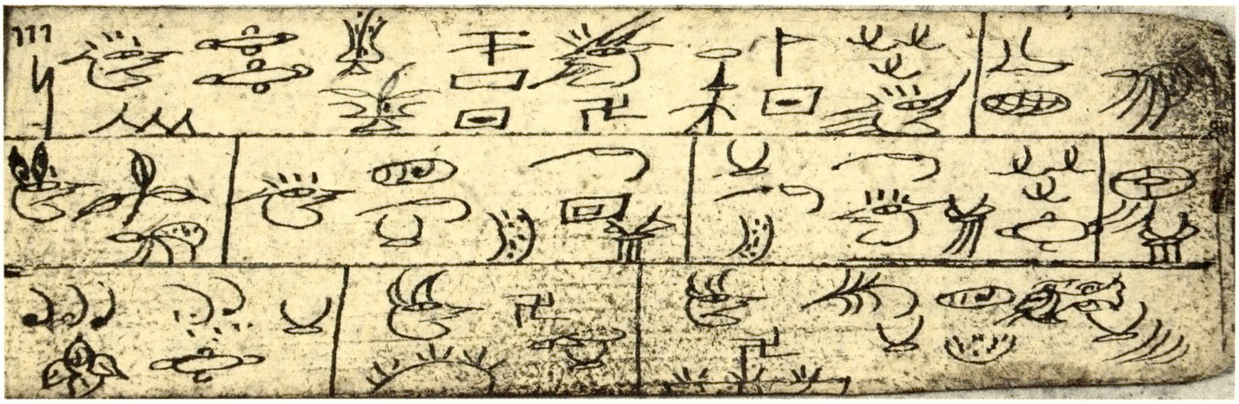

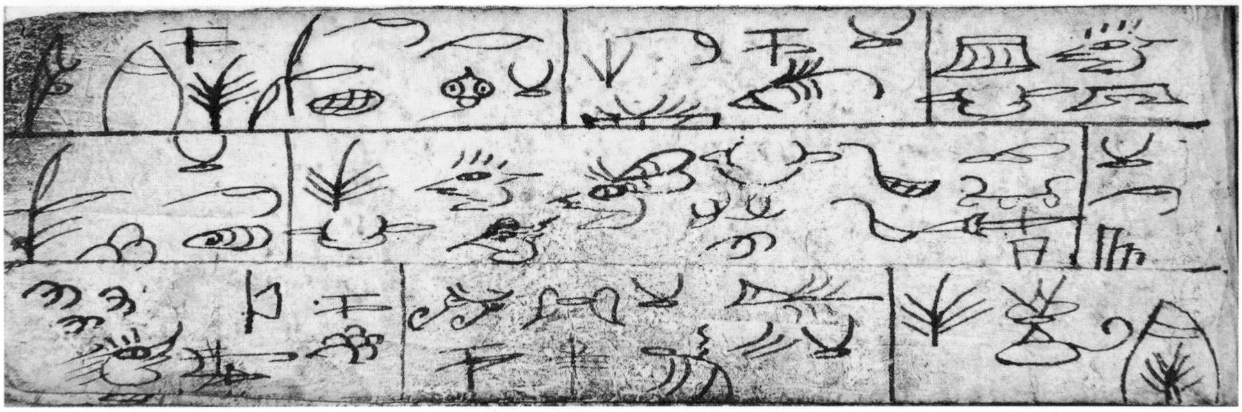

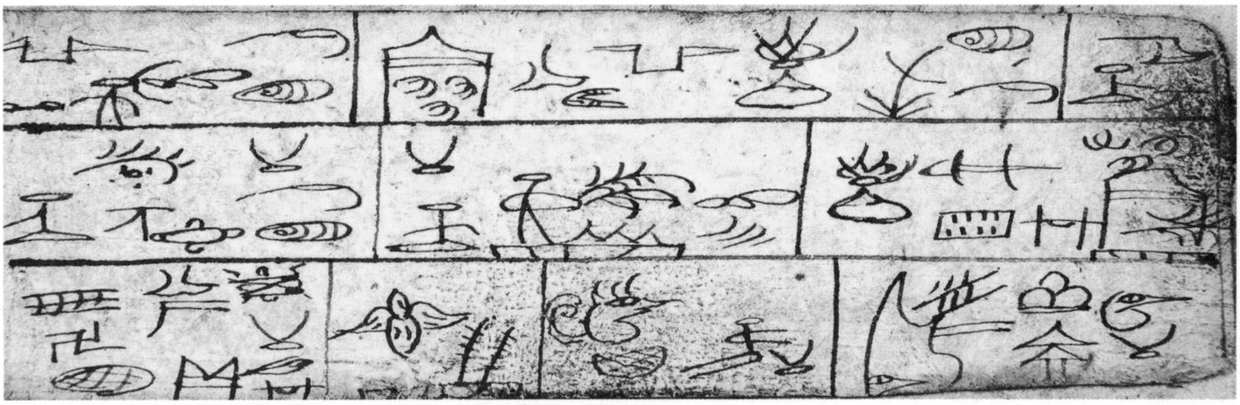

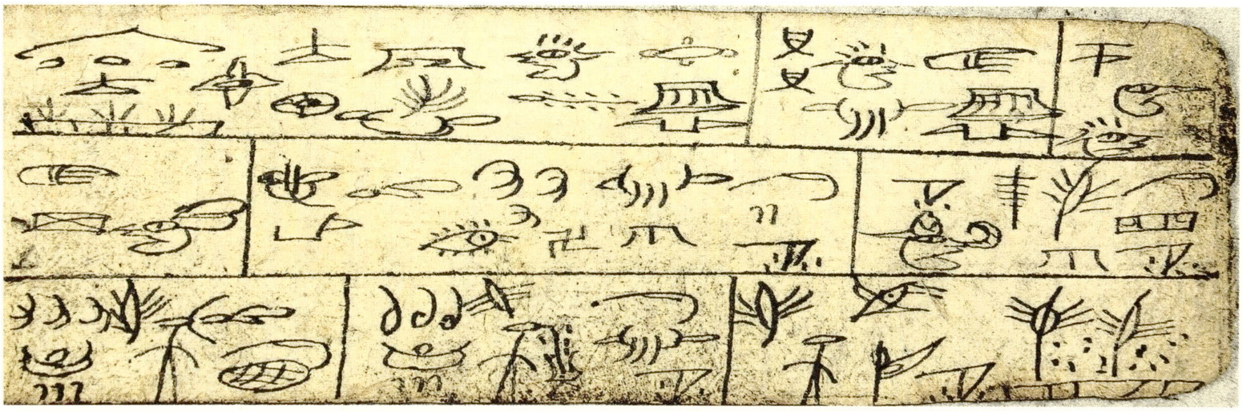

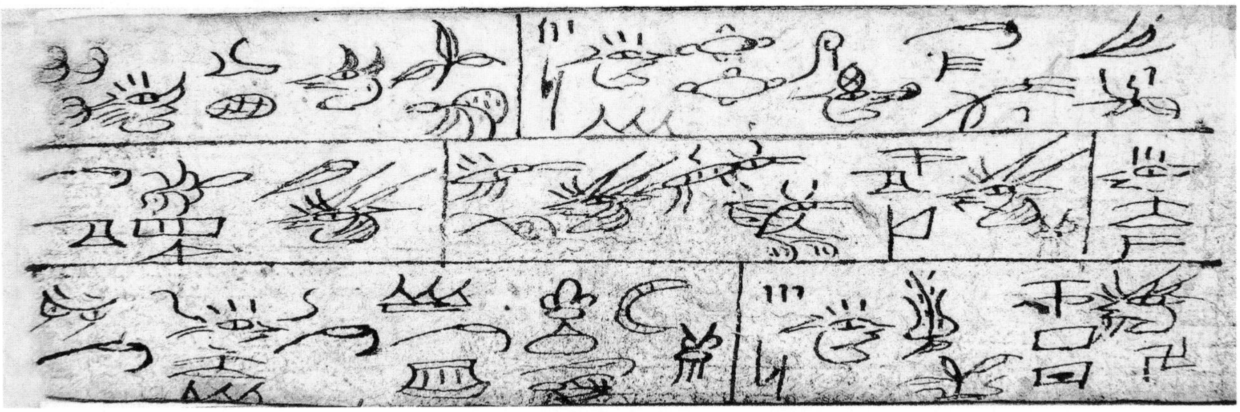

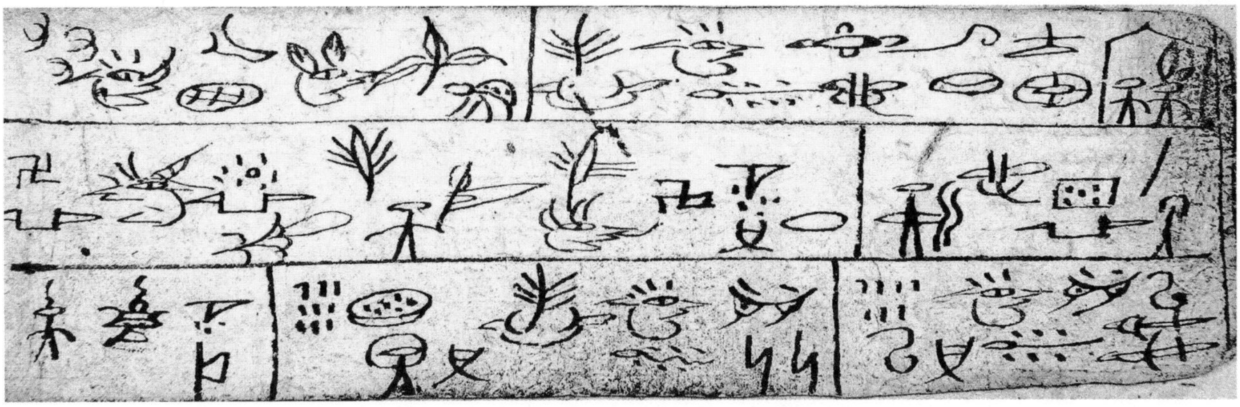

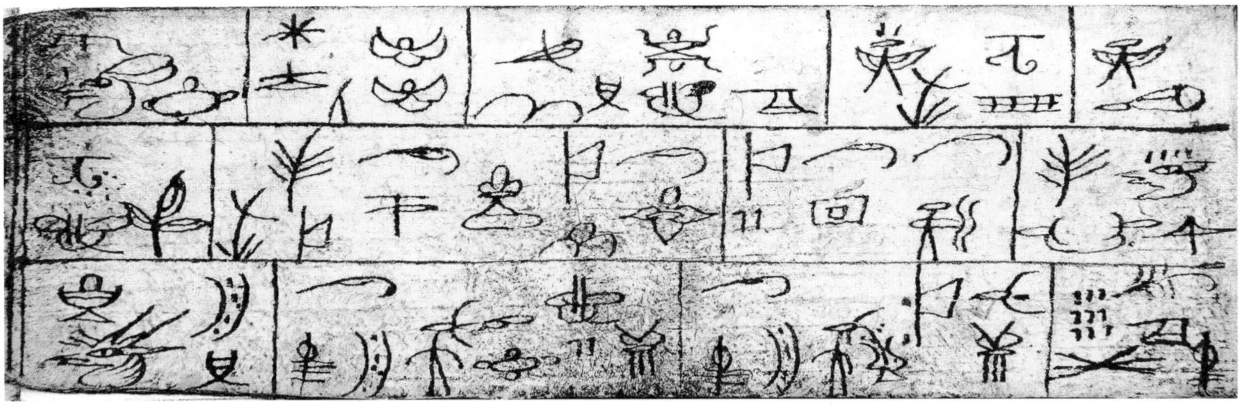

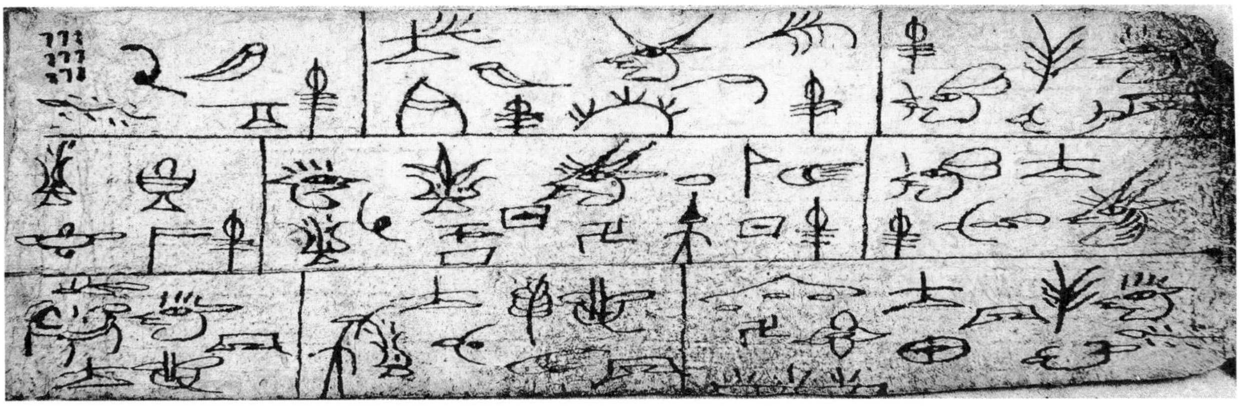

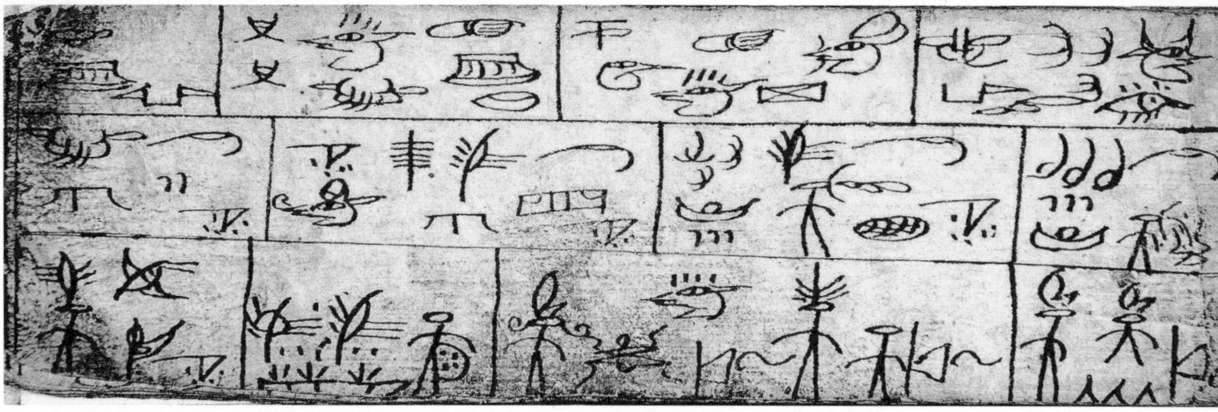

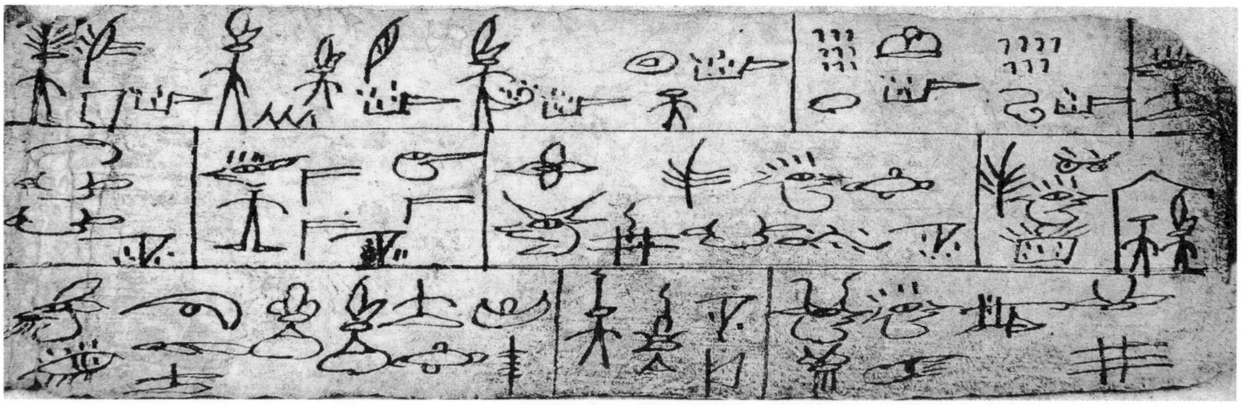

迎素神·立素神桩·往素神篓内放物·拴流缨

纳西族东巴教迎素神仪式（即祭家神道场）典籍。流传于云南省丽江市纳西族地区。不分卷，1册，佚名撰。讲述供奉素神篓（素神神座）的必要性，以及篓内桩、箭、塔、桥、梯、石等物的象征意义。旧时纳西人家屋内都供祭此篓。在迎娶新妇和分家搬新居祭祀素神时需将诸物放进篓内。旧抄本，本色构皮纸，线订册叶装，墨书，封面有彩色装饰，经书第一页和最后一页都留有印鉴。页面高10厘米，广27厘米。保存基本完好。今藏丽江市玉龙纳西族自治县图书馆。

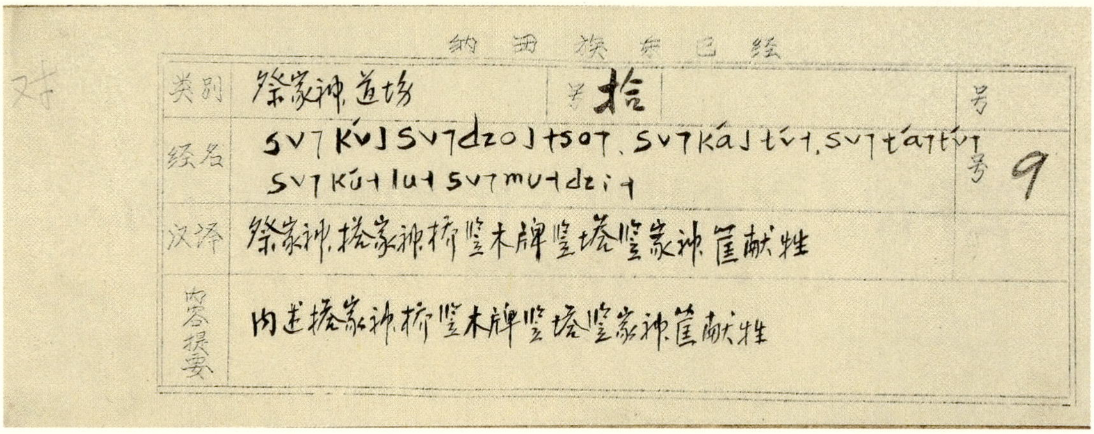

纳西族东巴经

类别	祭家神道场	号 拾
经名	sv˥ kv˩ sv˥ dzo˩ tso˧、sv˥ ka˩ tv˧、sv˥ ta˧ tv˧ sv˥ ku˧ lu˧ sv˥ mu˧ dzi˧	号 9
汉译	祭家神、搭家神棚竖木牌竖塔竖家神篮献牲	
内容提要	内述搭家神棚竖木牌竖塔竖家神篮献牲	

对

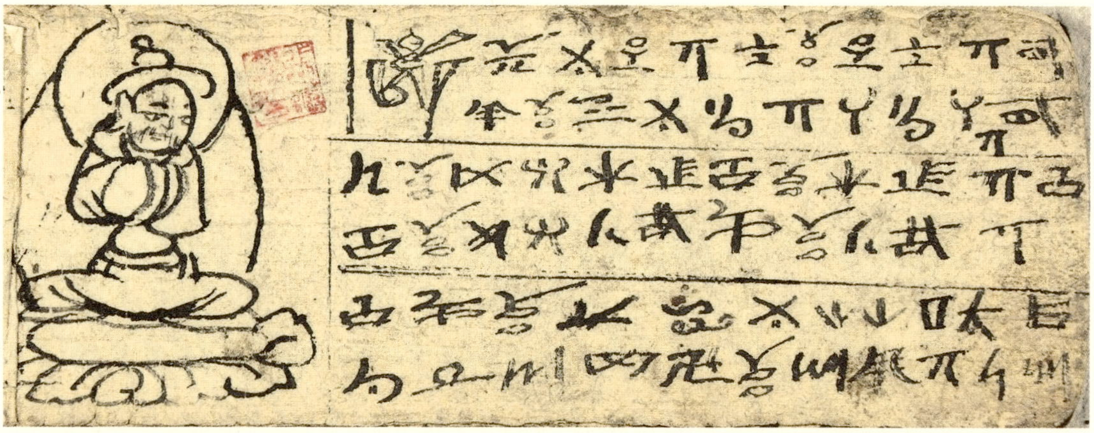

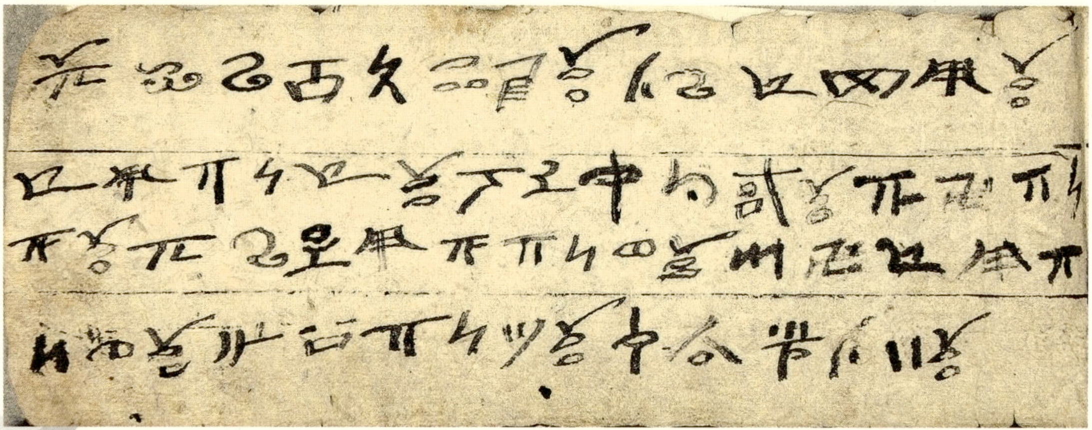

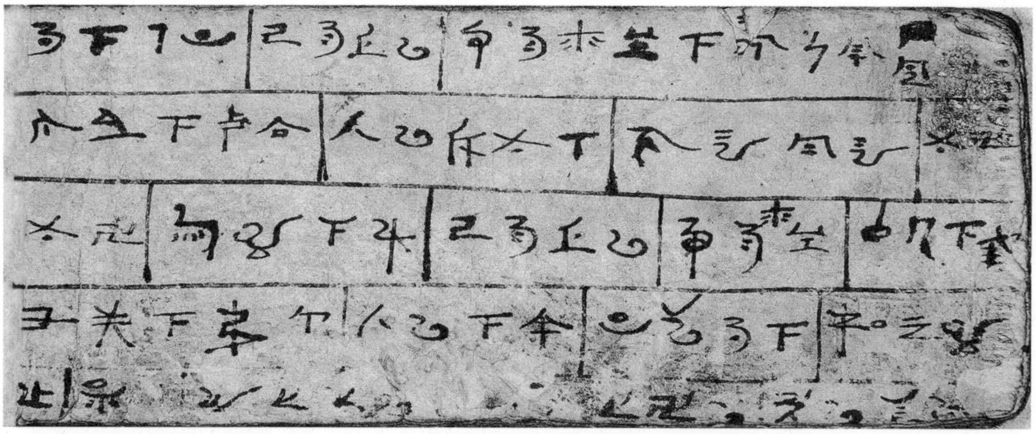

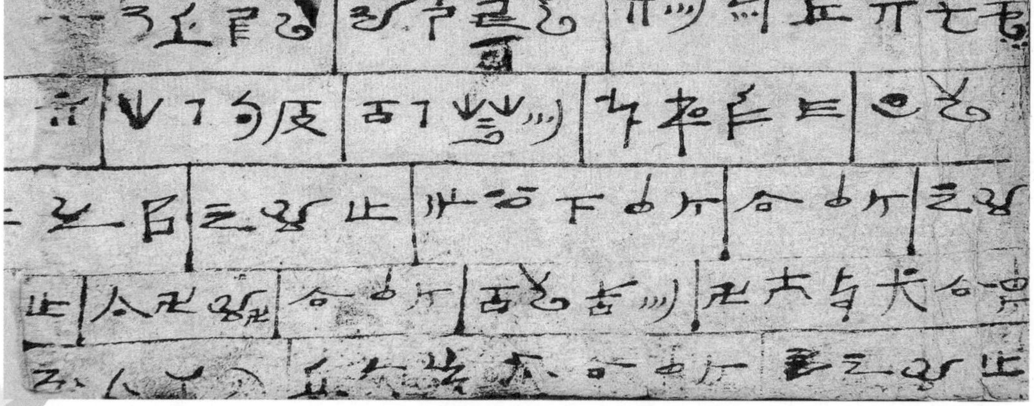

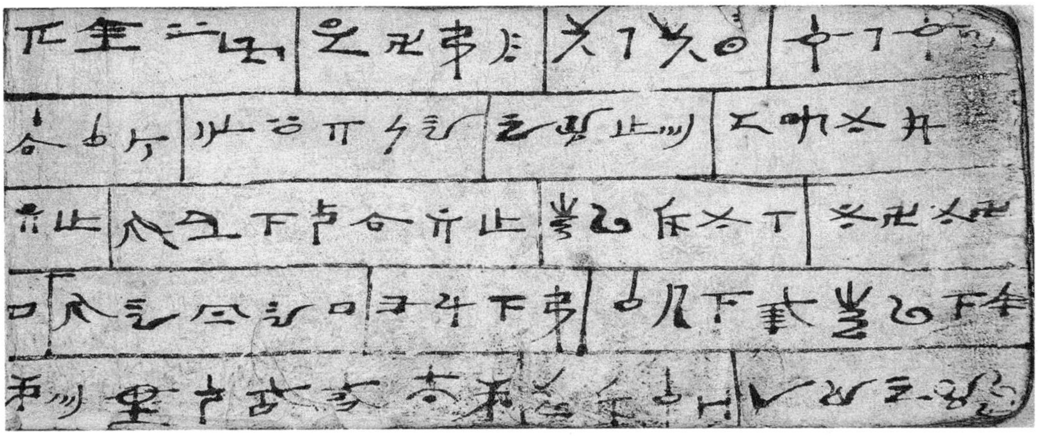

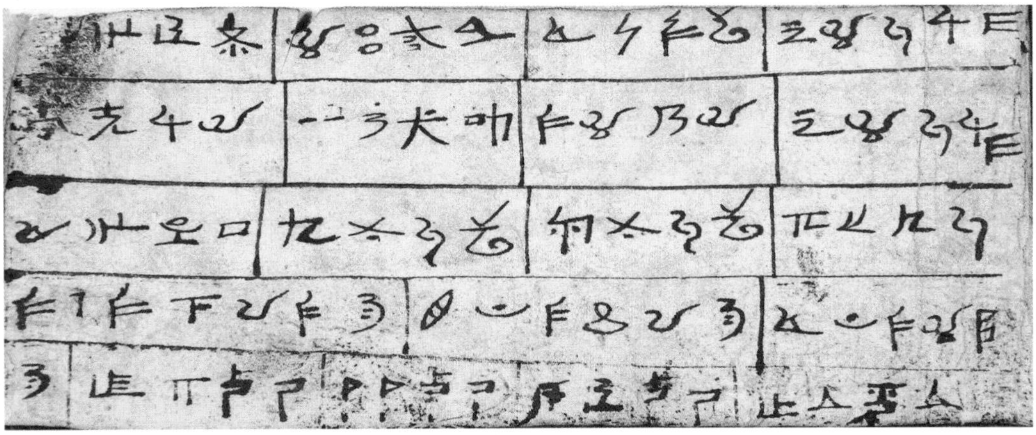

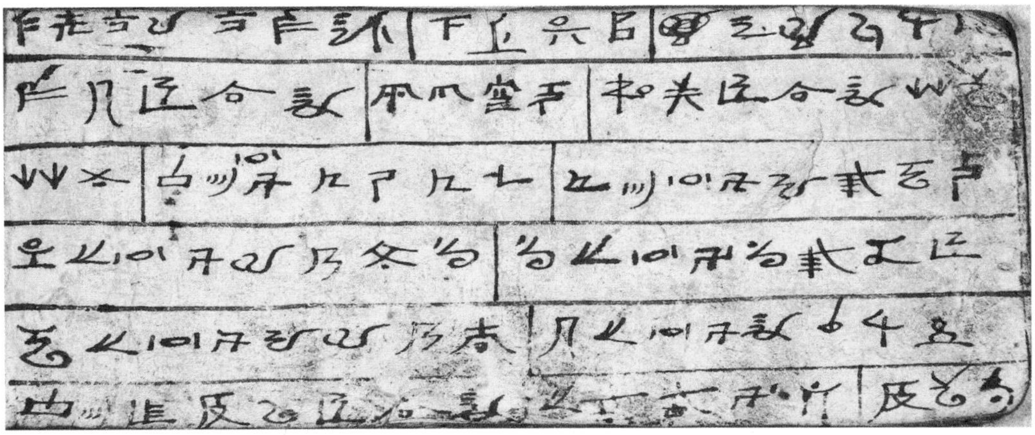

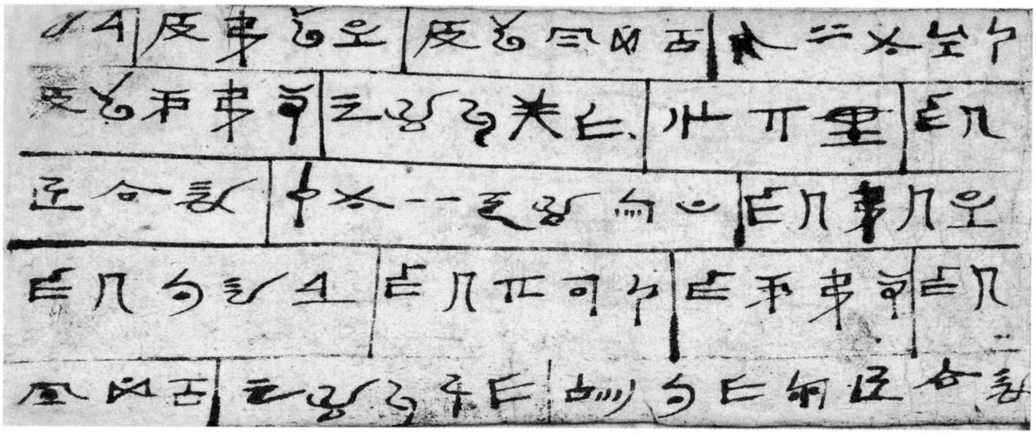

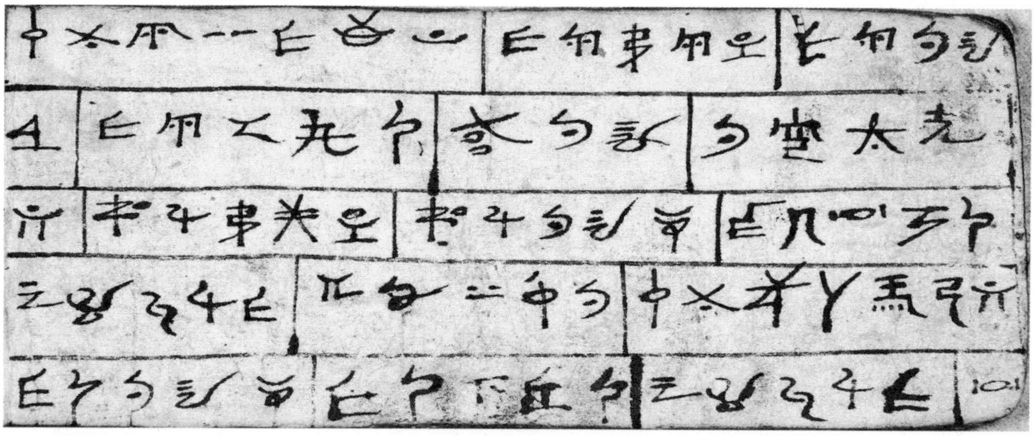

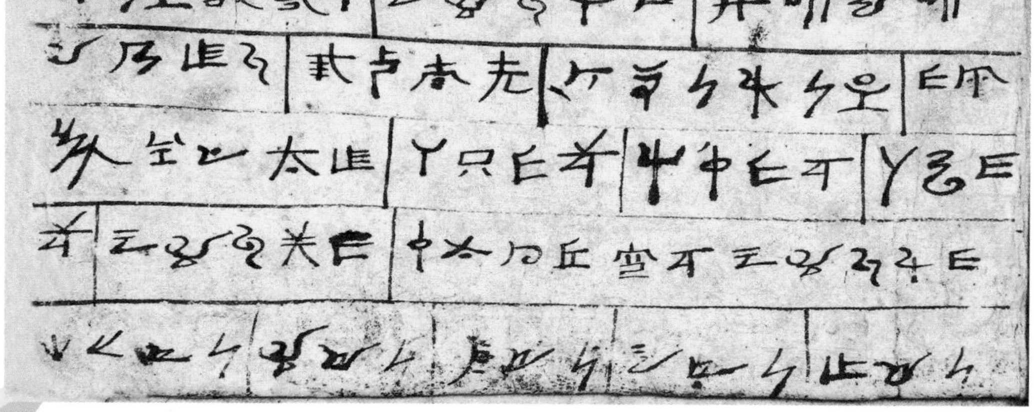

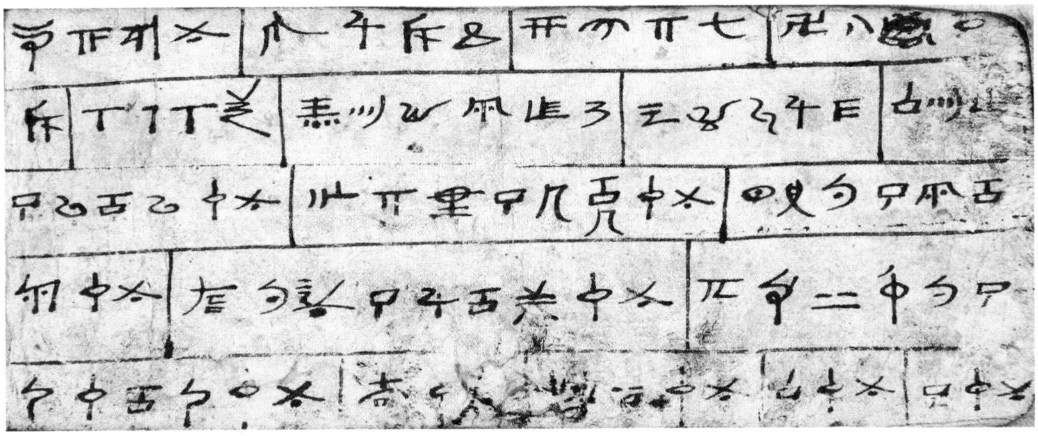

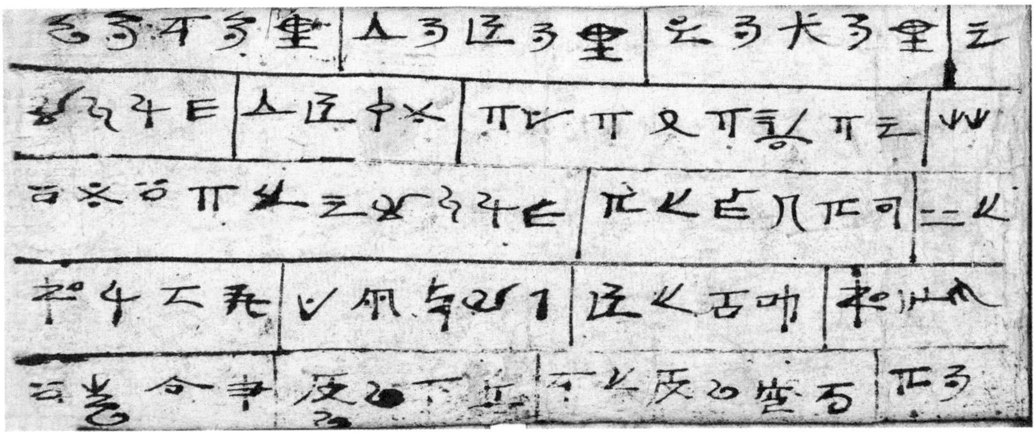

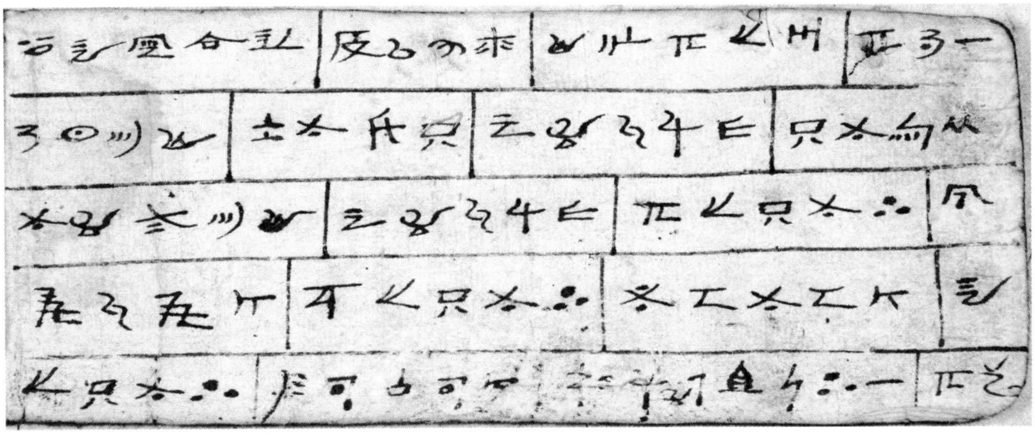

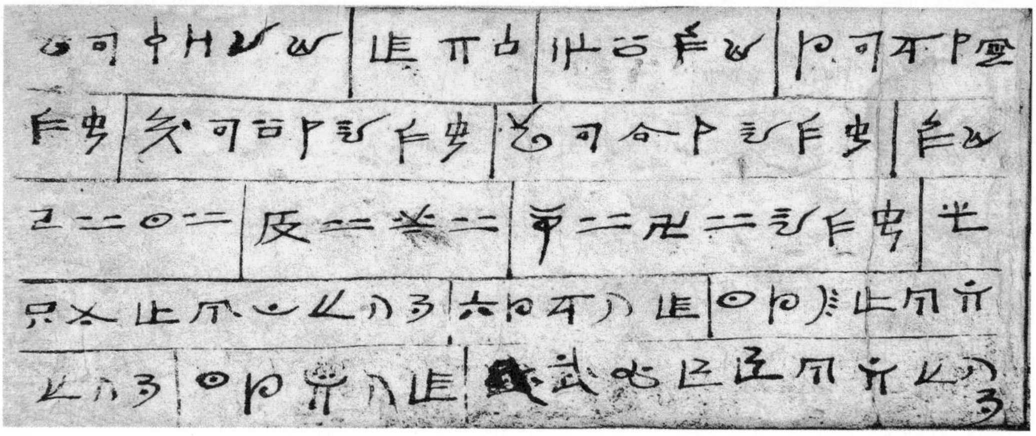

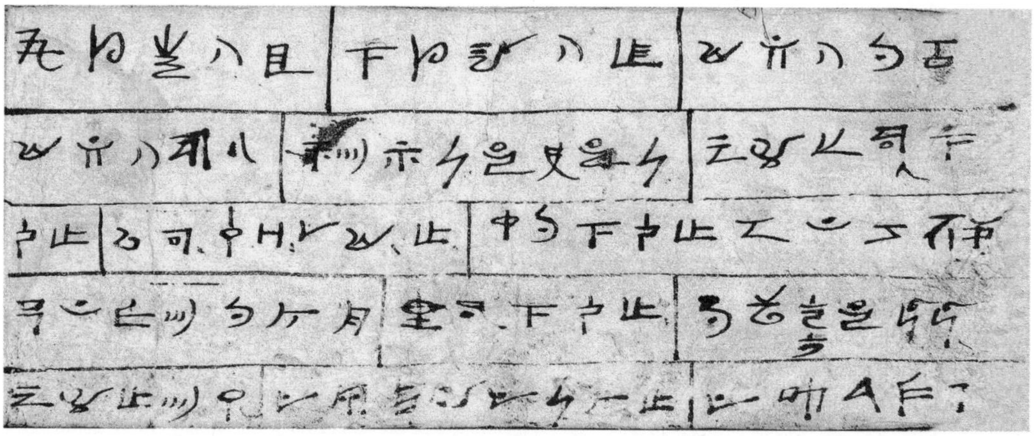

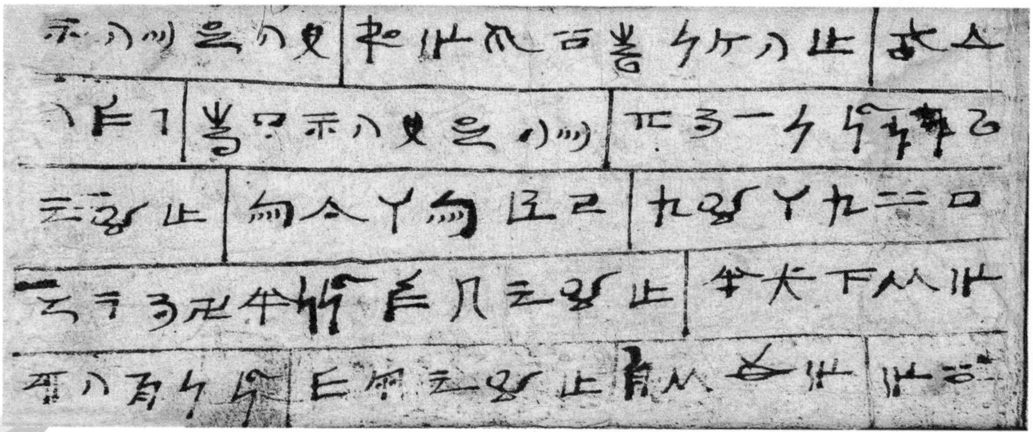

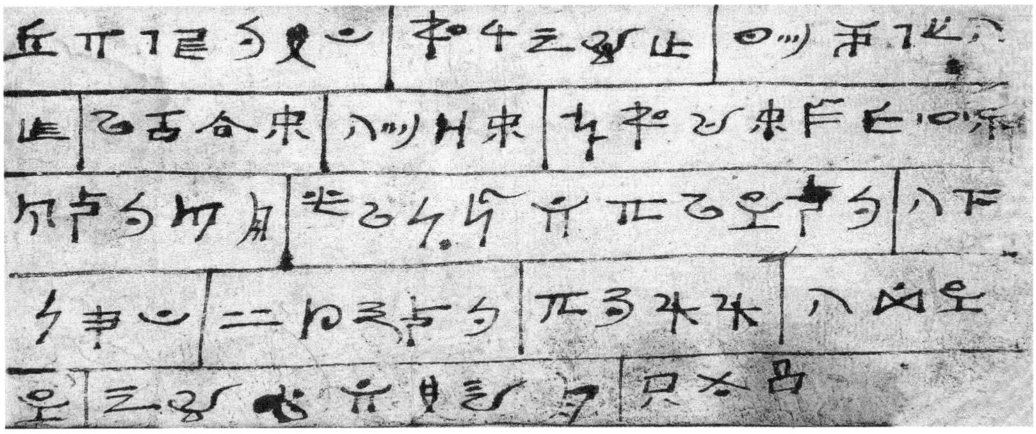

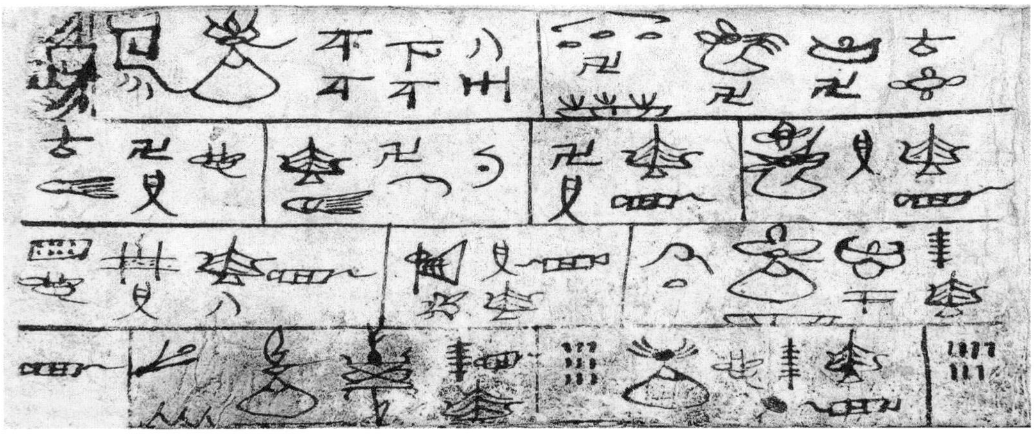

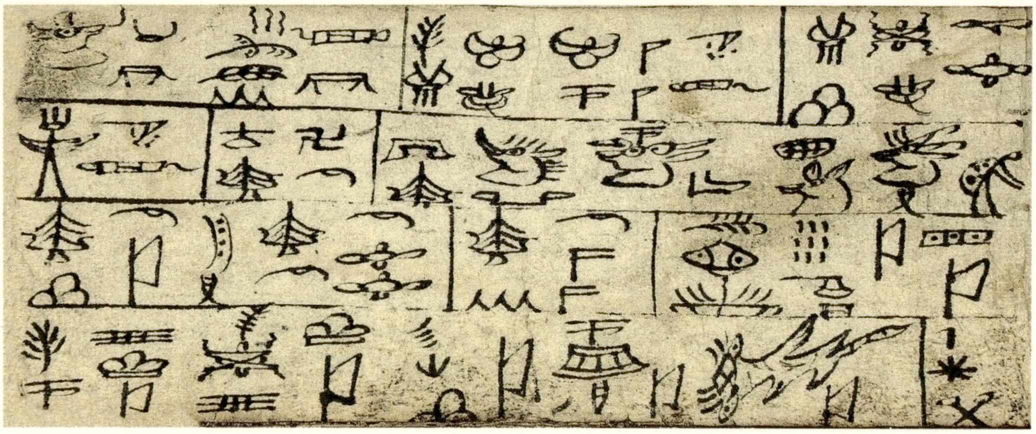

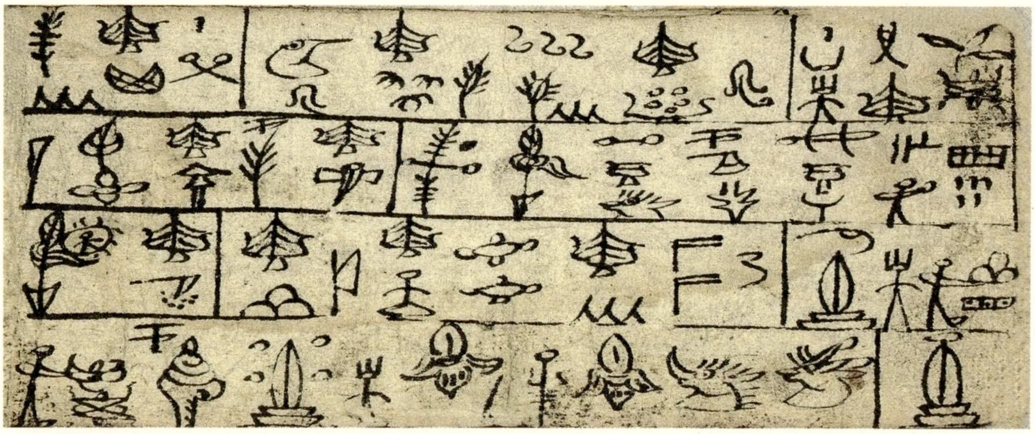

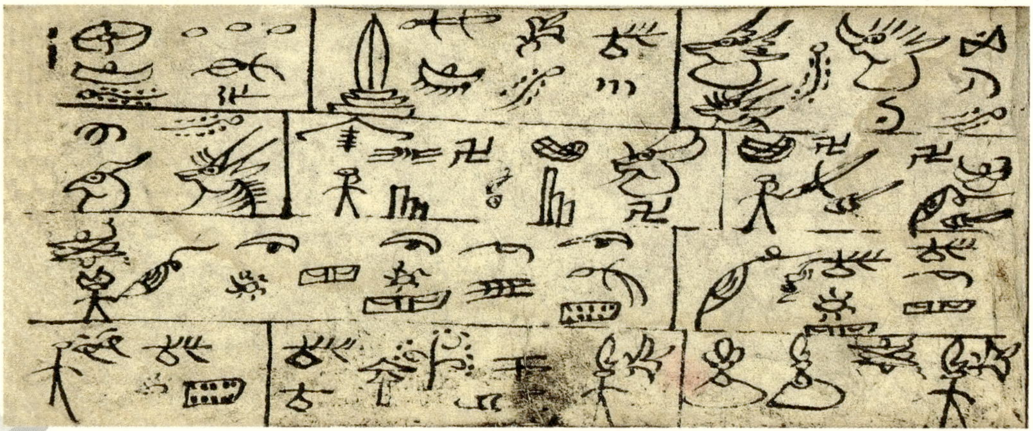

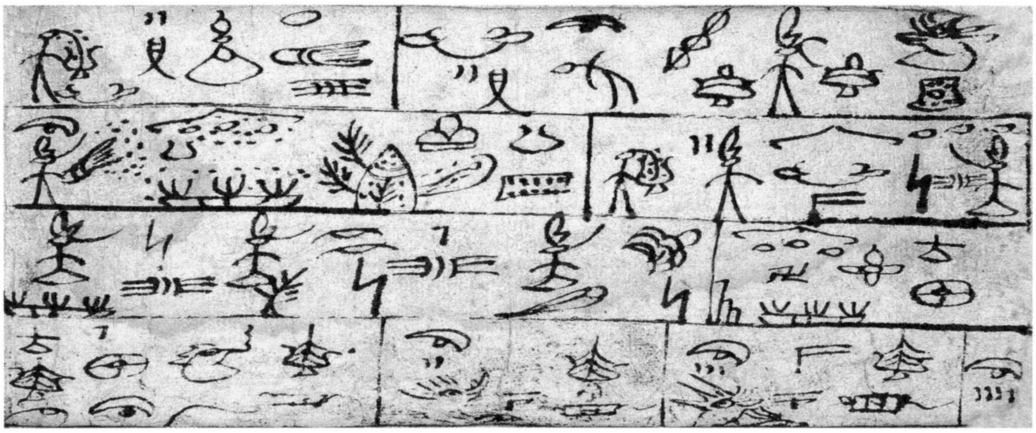

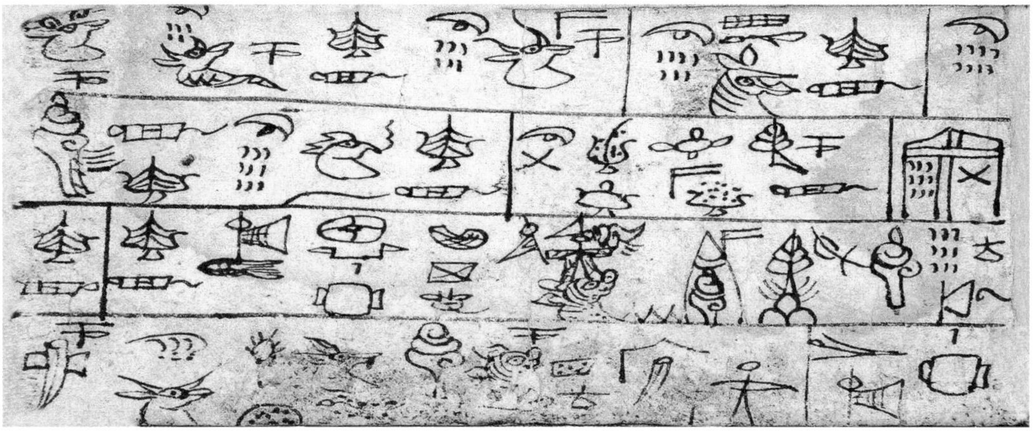

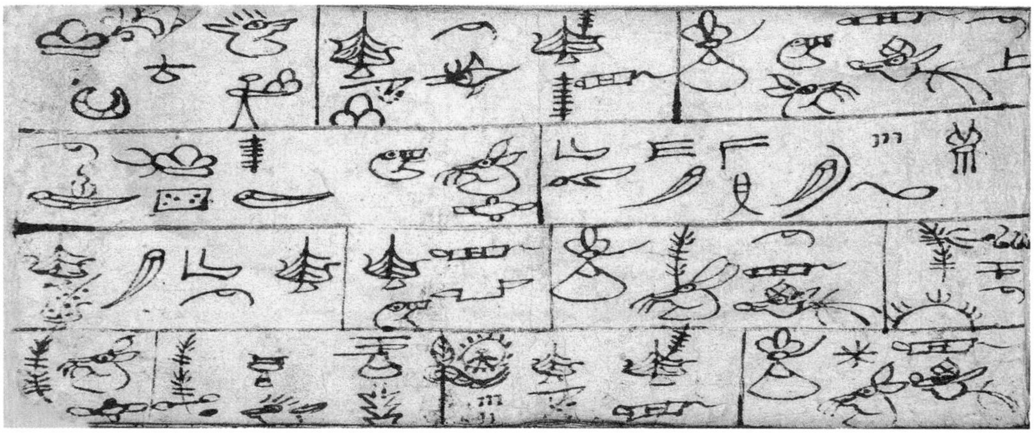

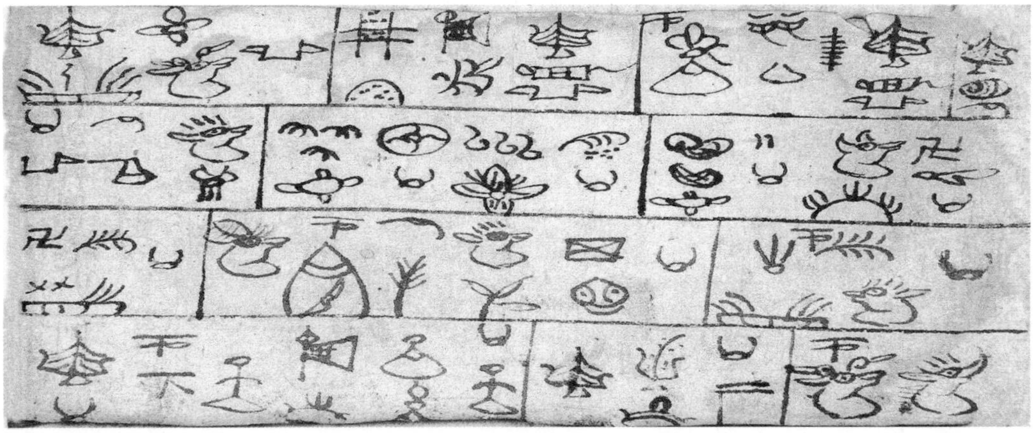

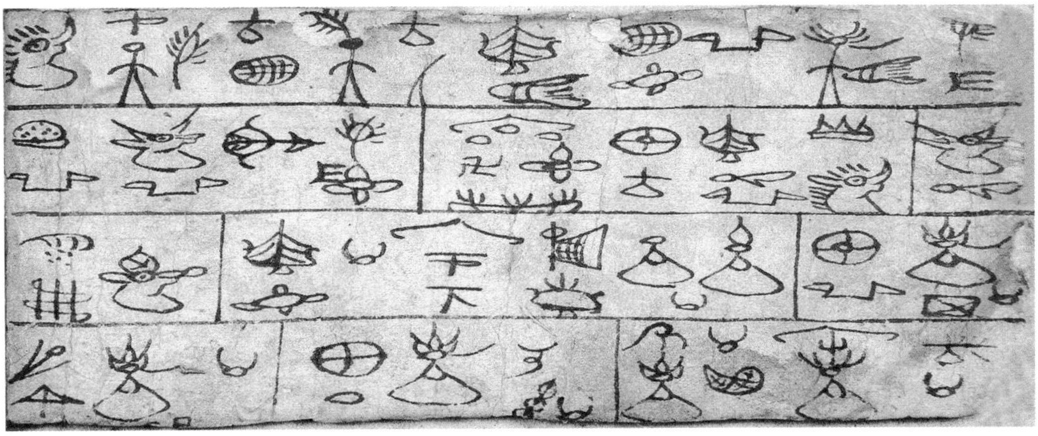

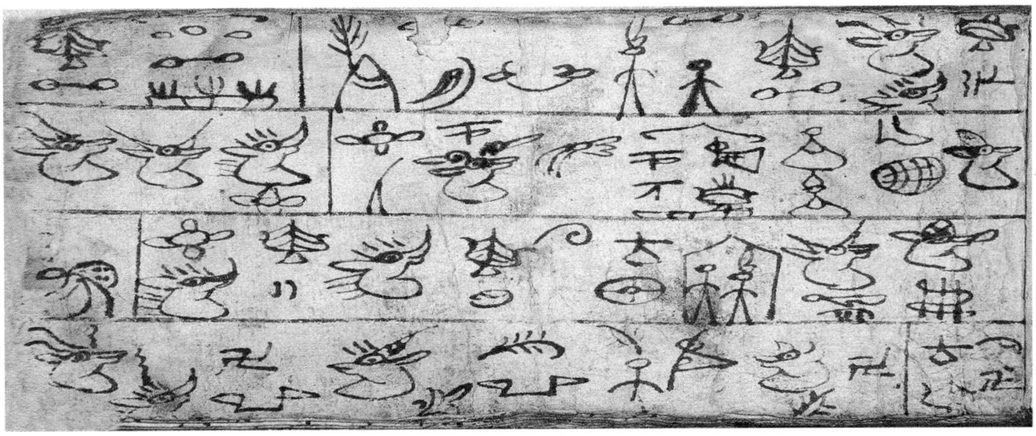

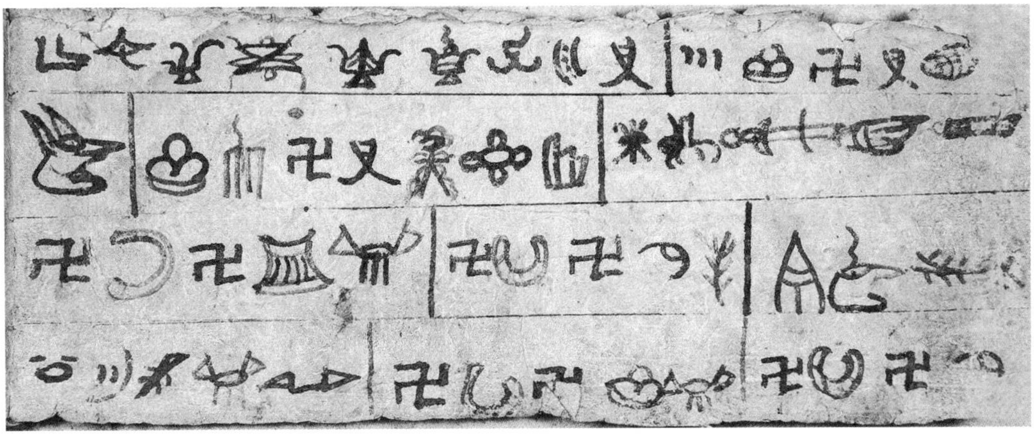

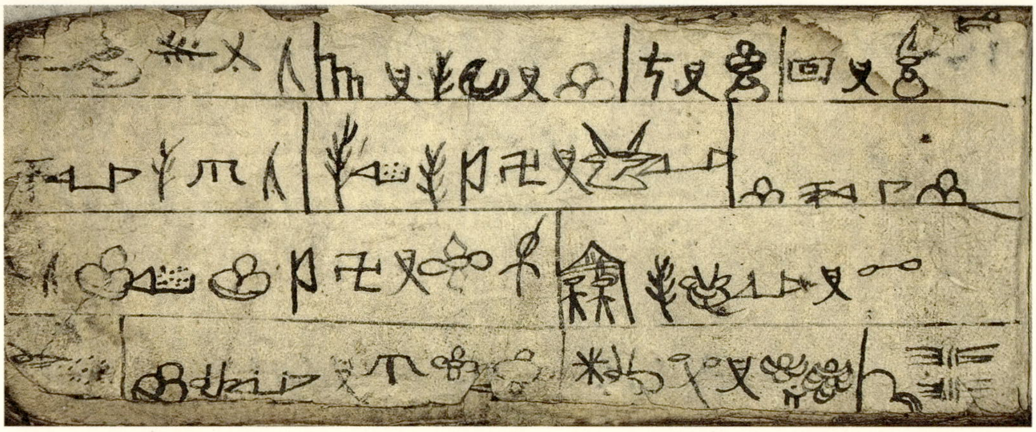

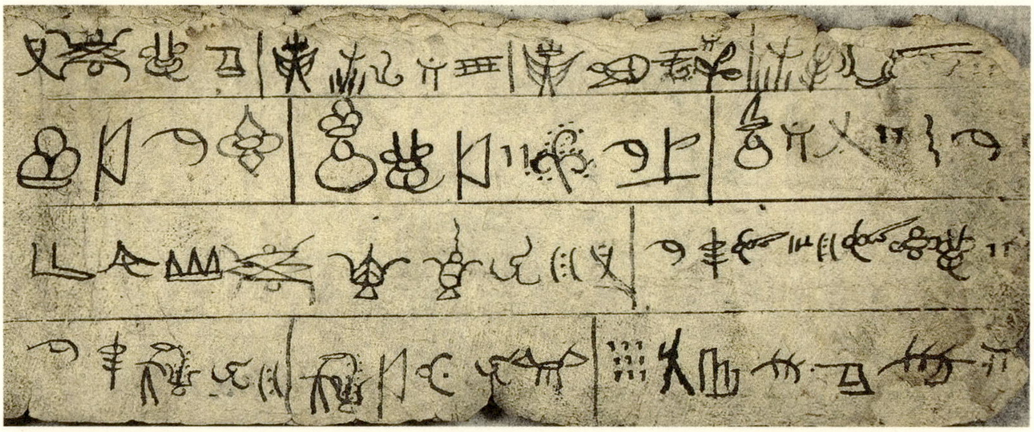

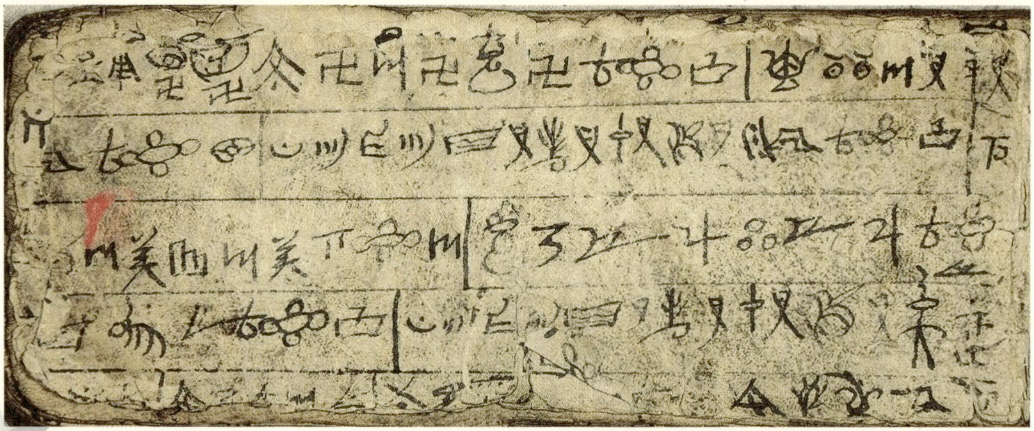

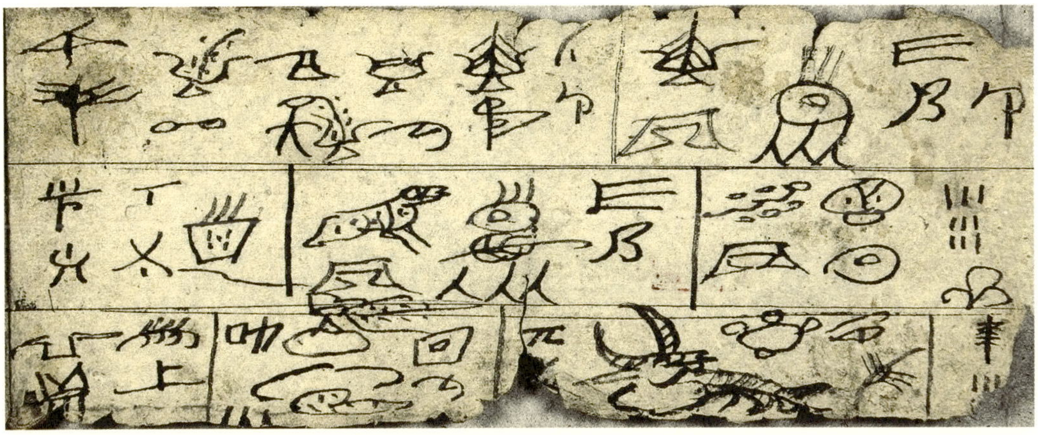

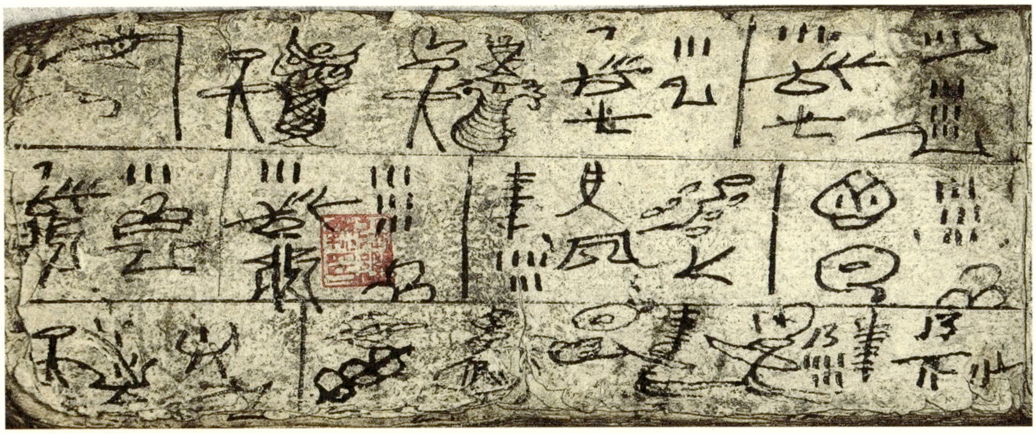

祭胜利神仪式·还请胜利神

纳西族东巴教祭胜利神仪式典籍。流传于云南省丽江市纳西族地区。不分卷，1册，佚名撰。纳西族认为神灵们都拥有“ga˧”神（胜利神），所以处于战事时要大祭胜利神，平常一家一户要定期祭祀。经书逐一赞颂、迎请各位神灵和他们的胜利神一同降临祭坛，接受祭祀。旧抄本，本色构皮纸，线订册叶装，墨书。页面高8.5厘米，广28.5厘米。保存完好。今藏丽江市玉龙纳西族自治县图书馆。

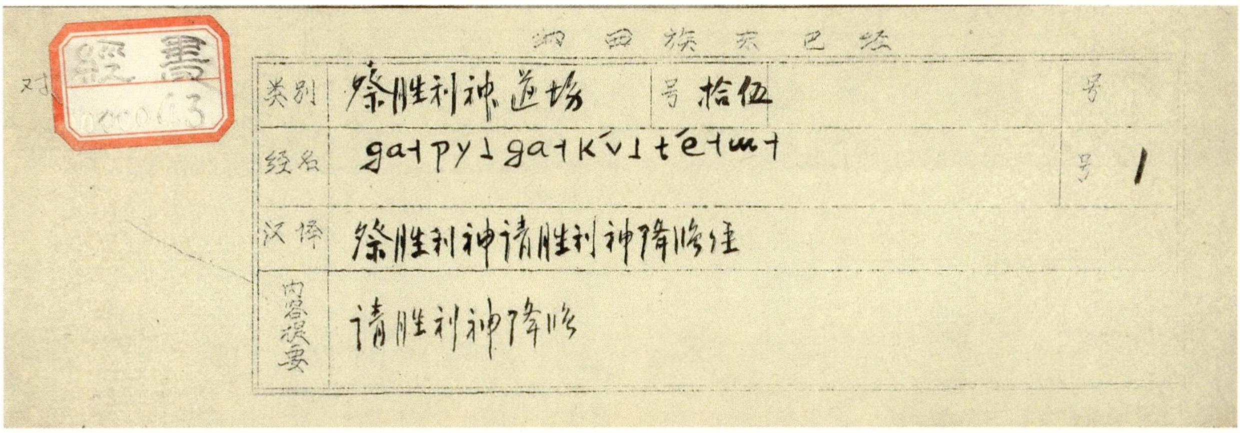

纳西族东巴经

经书 000063

类别	祭胜利神道场	号 拾伍	号
经名	ga˧py˩ga˧kv˩tɛ˧mɯ˧		号 1
汉译	祭胜利神请胜利神降临经		
内容提要	请胜利神降临		

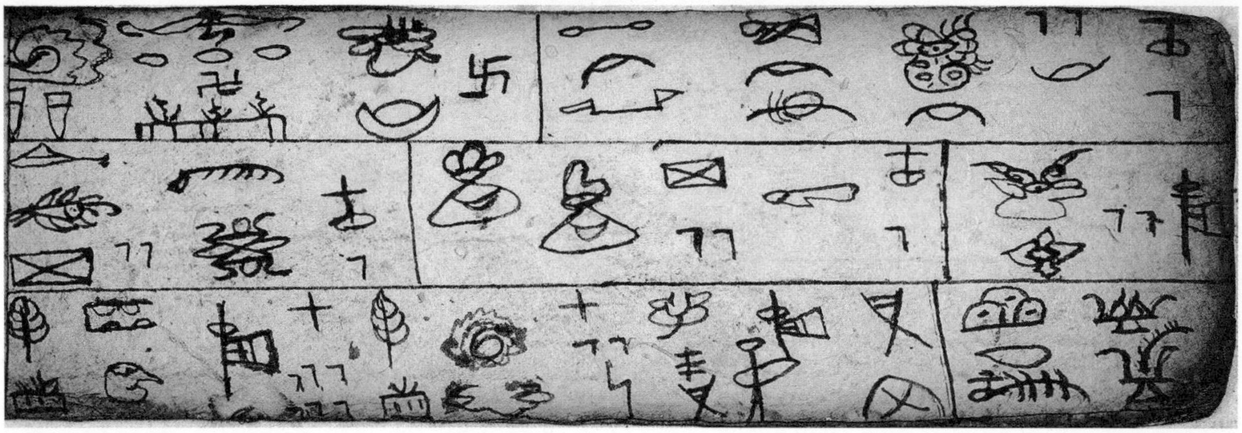

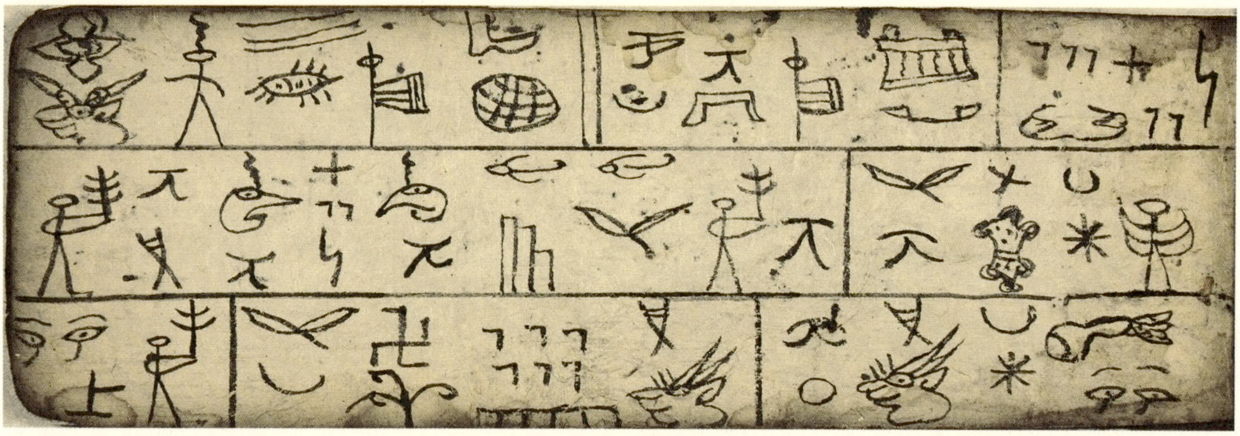

祭胜利神仪式·人类迁徙的来历

纳西族东巴教祭胜利神仪式典籍。流传于云南省丽江市纳西族地区。不分卷，1册，佚名撰。胜利神是保佑部族和家庭富足、兴盛、强大、繁荣的神灵。讲述迎请各种神灵的胜利神降临祭坛，向胜利神祭献牺牲、祈福，并追溯人类迁徙的来历和纳西族祭祀胜利神的由来。旧抄本，本色构皮纸，线订册叶装，墨书，封面有彩色装饰。页面高9厘米，广28厘米。保存完好。今藏丽江市玉龙纳西族自治县图书馆。

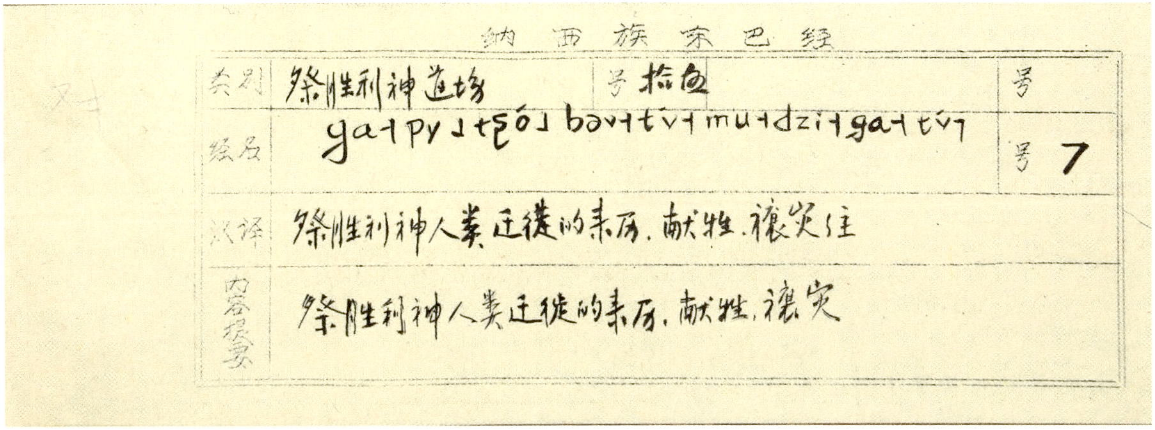

纳西族东巴经

类别	祭胜利神道场	号 拾伍	号
经名	ga˧py˩tʂʅ˥ bo˧˥tv˧mu˧dzi˧ga˧tv˧		号 7
汉译	祭胜利神人类迁徙的来历、献牲、禳灾经		
内容提要	祭胜利神人类迁徙的来历、献牲、禳灾		

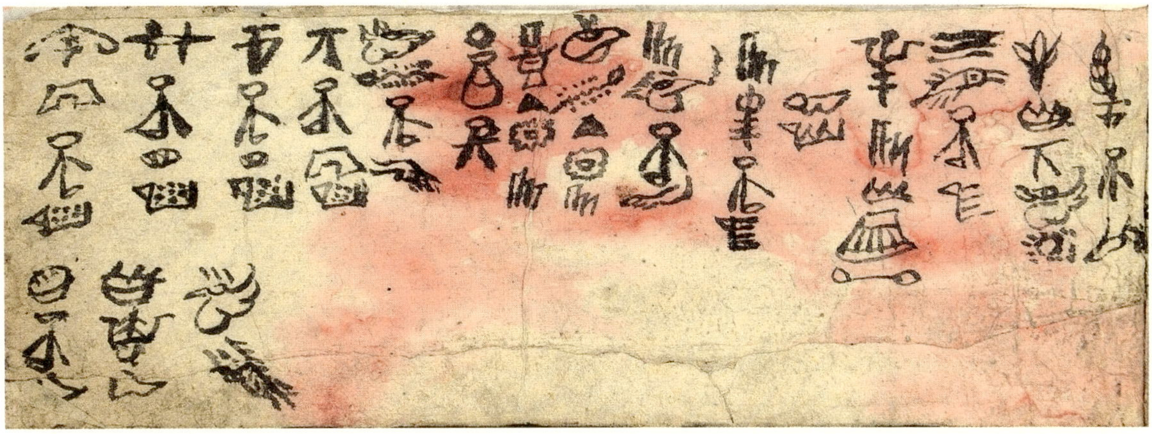

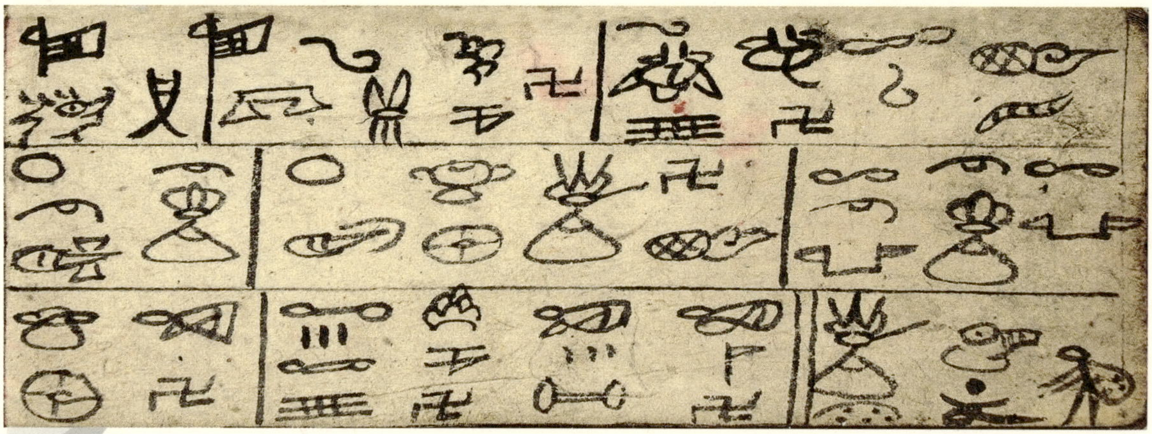

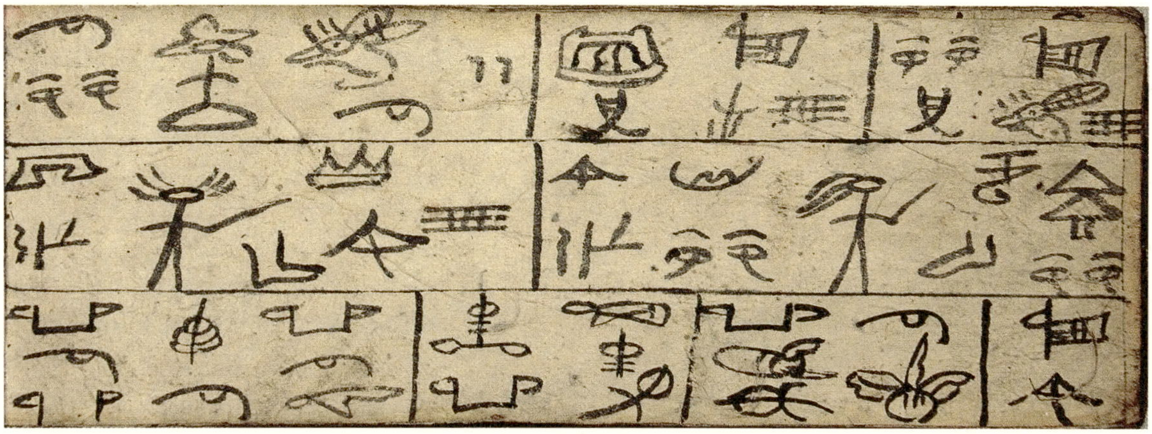

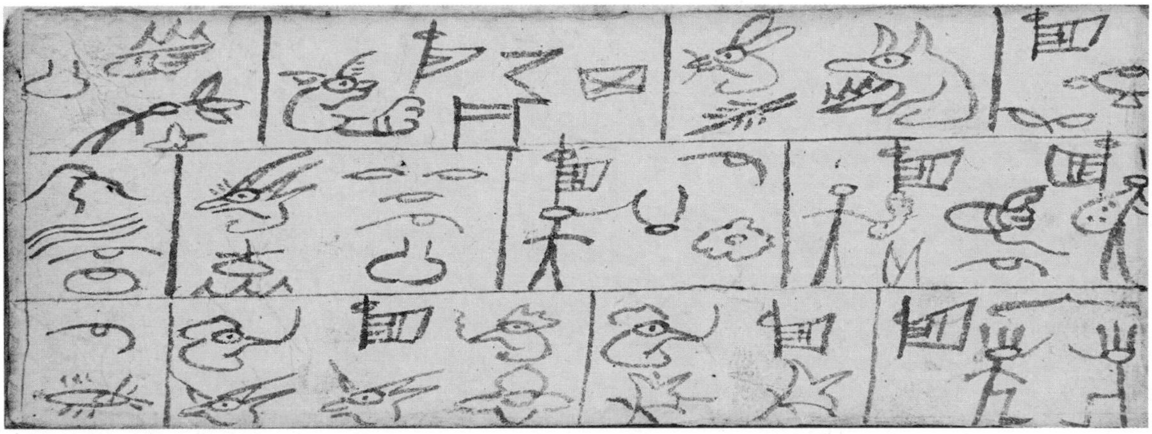

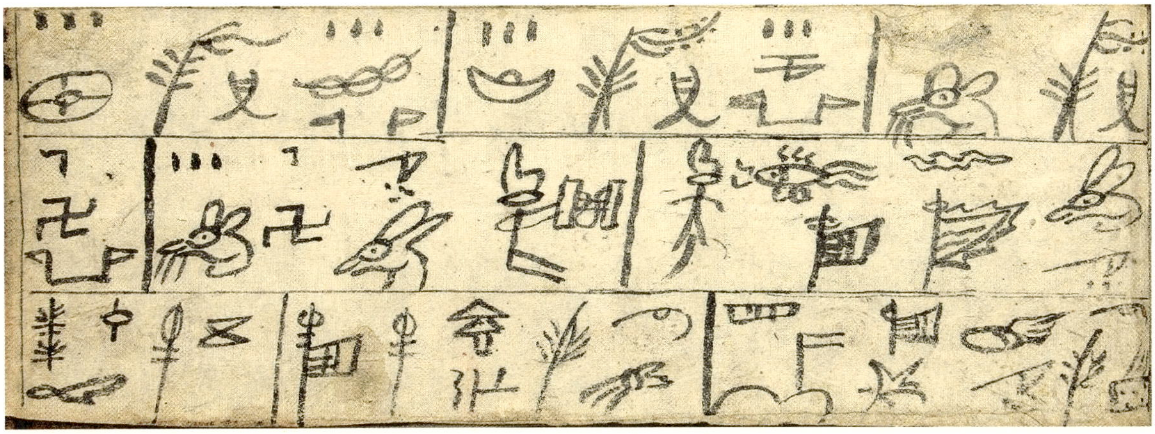

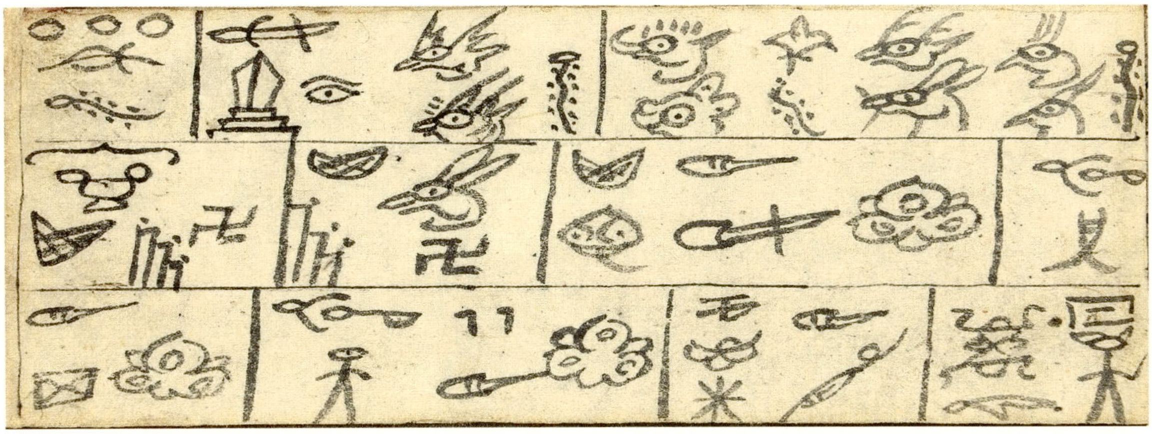

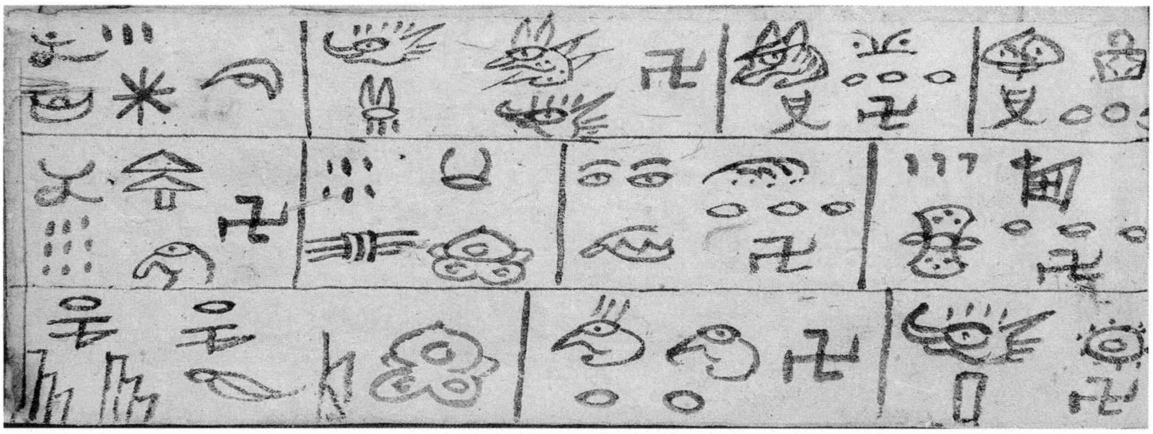

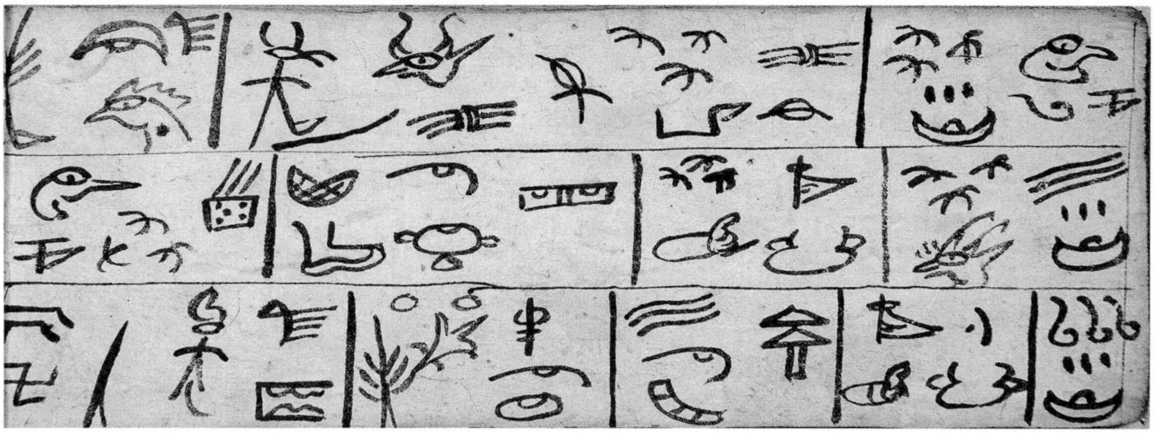

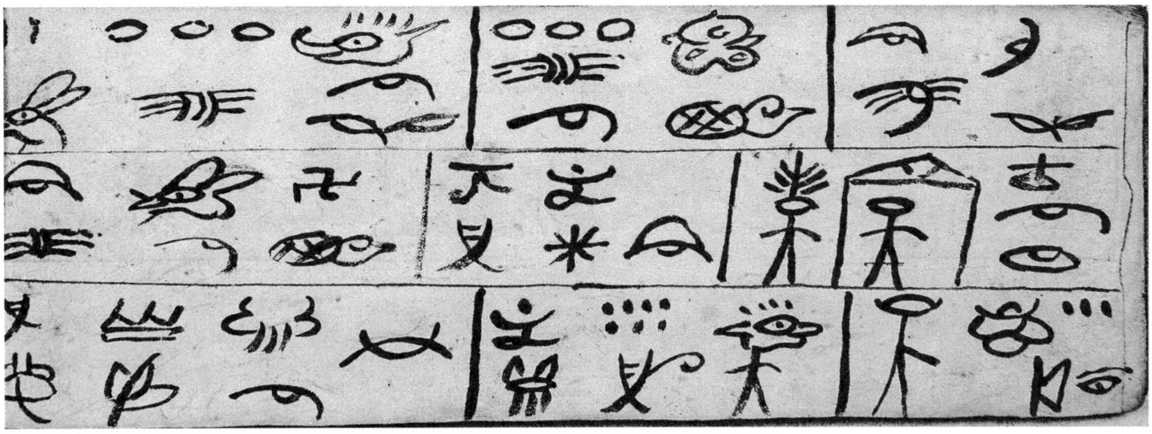

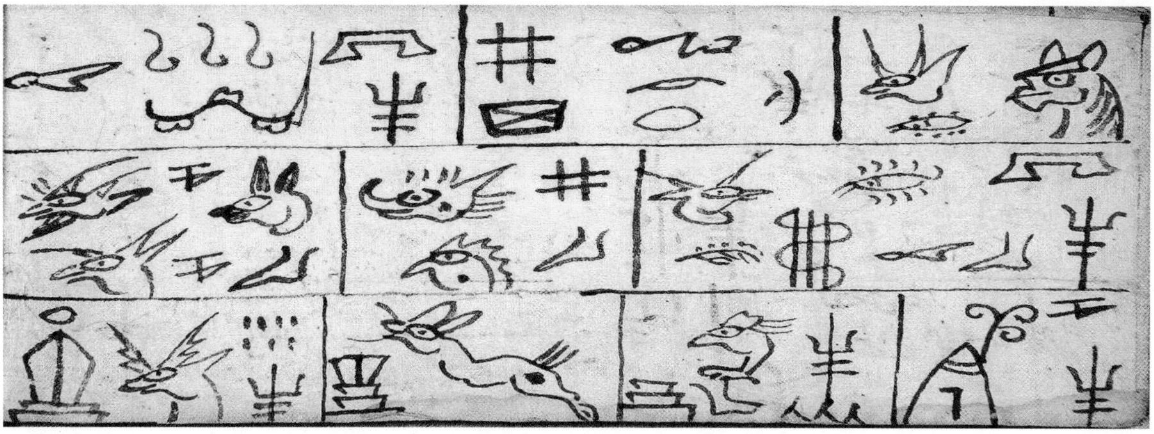

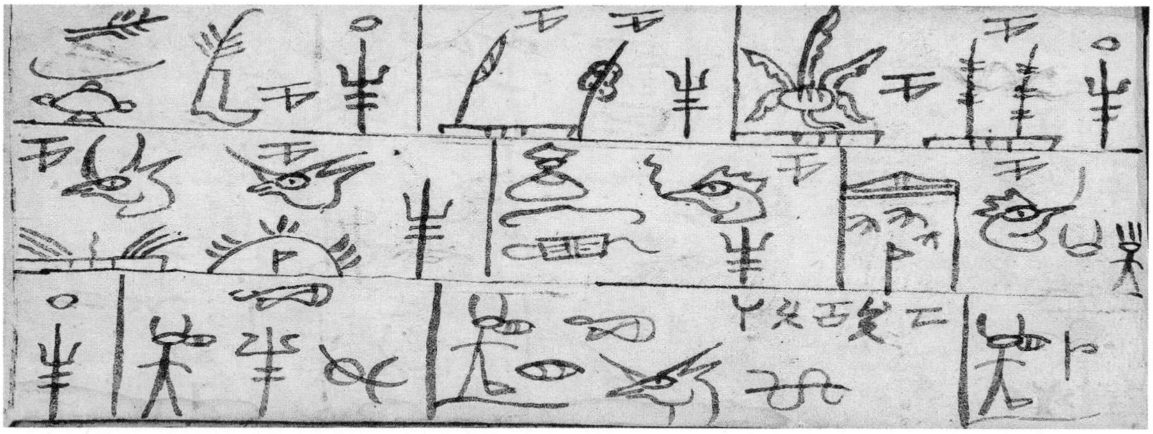

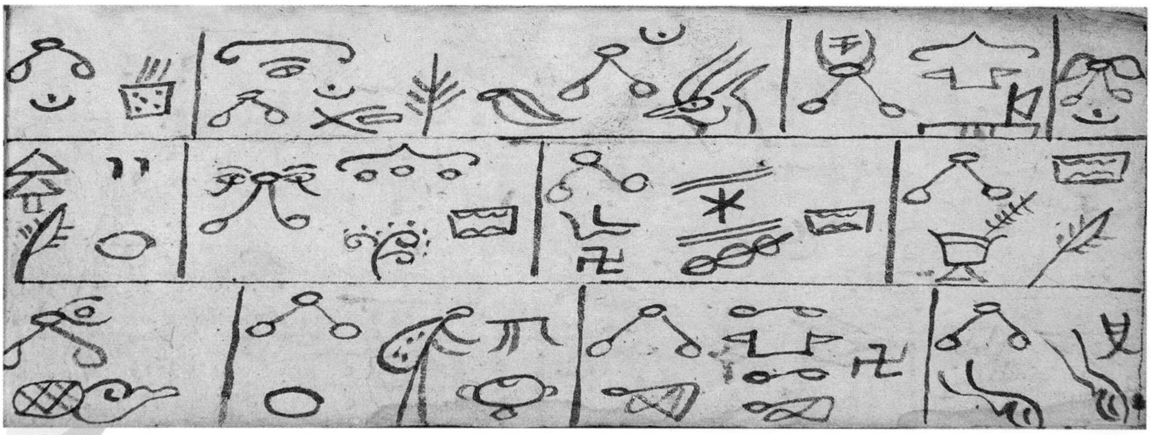

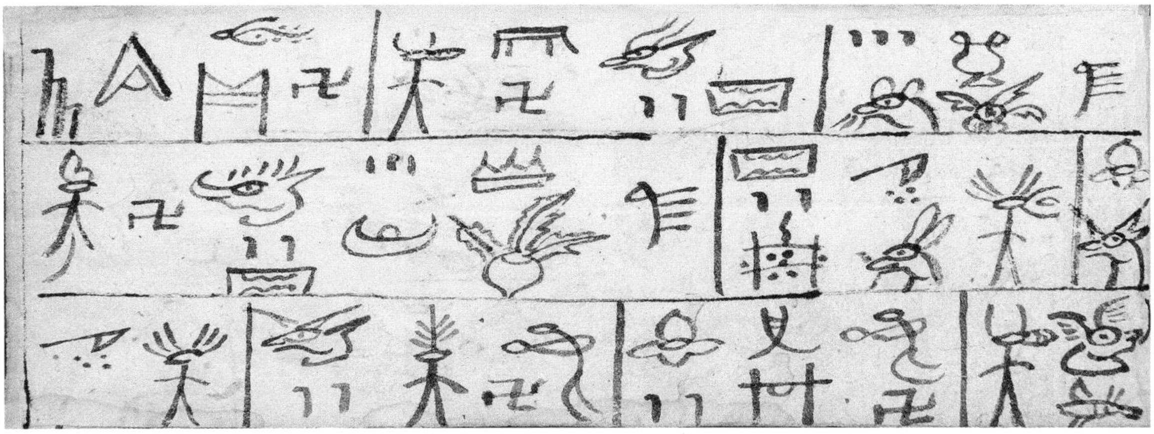

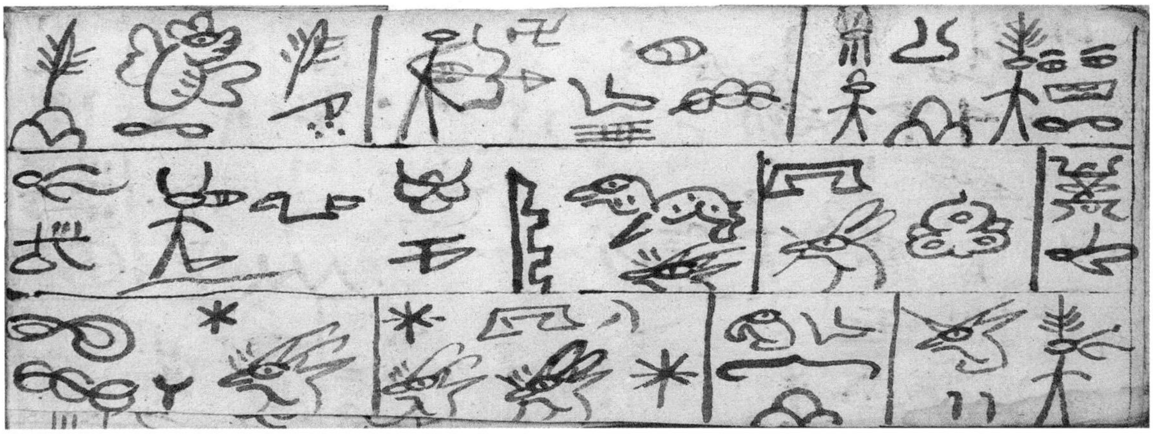

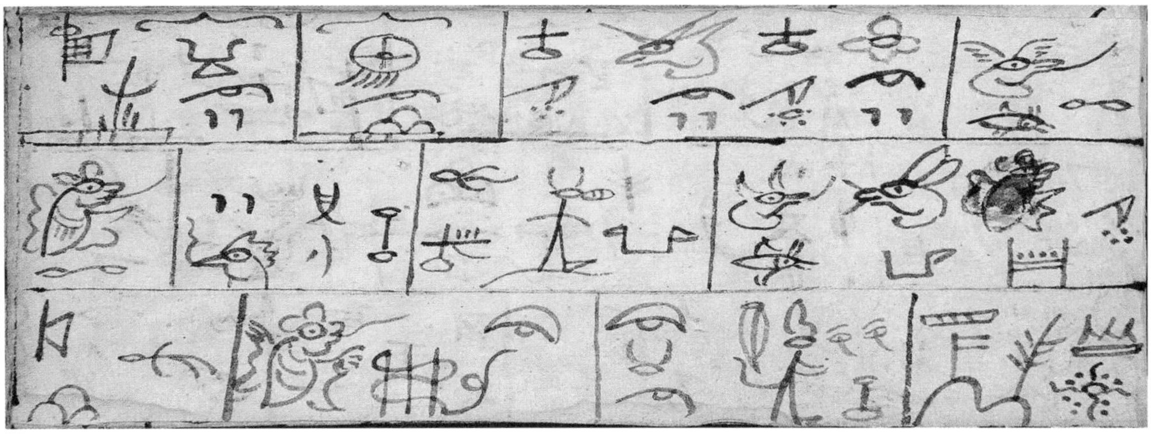

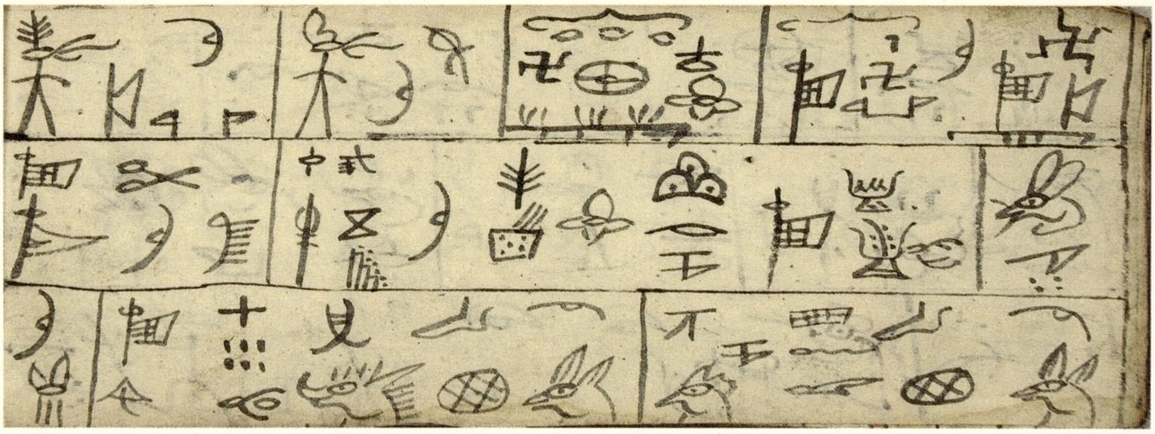

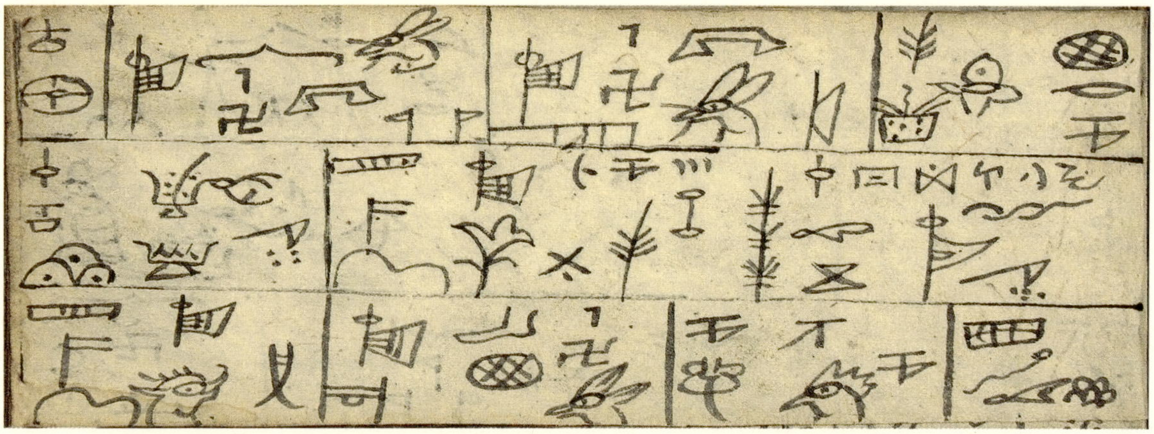

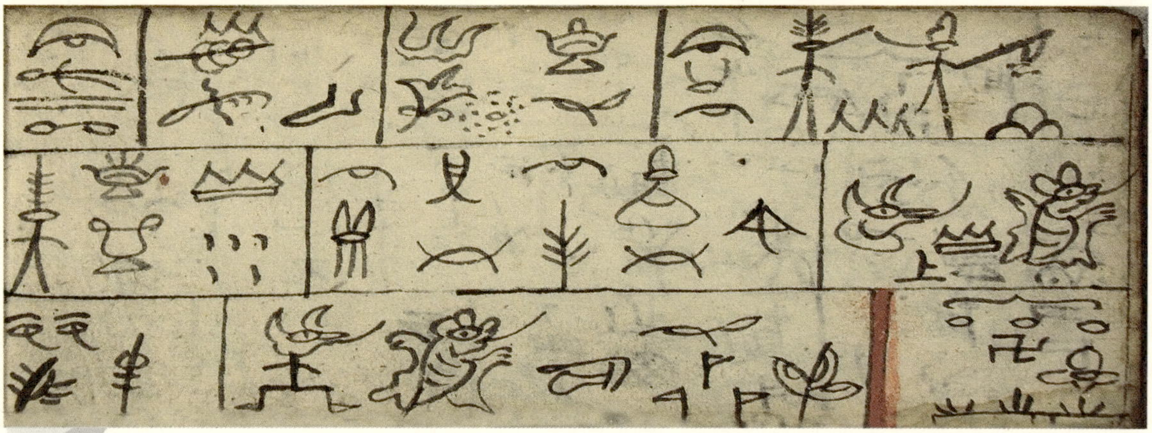

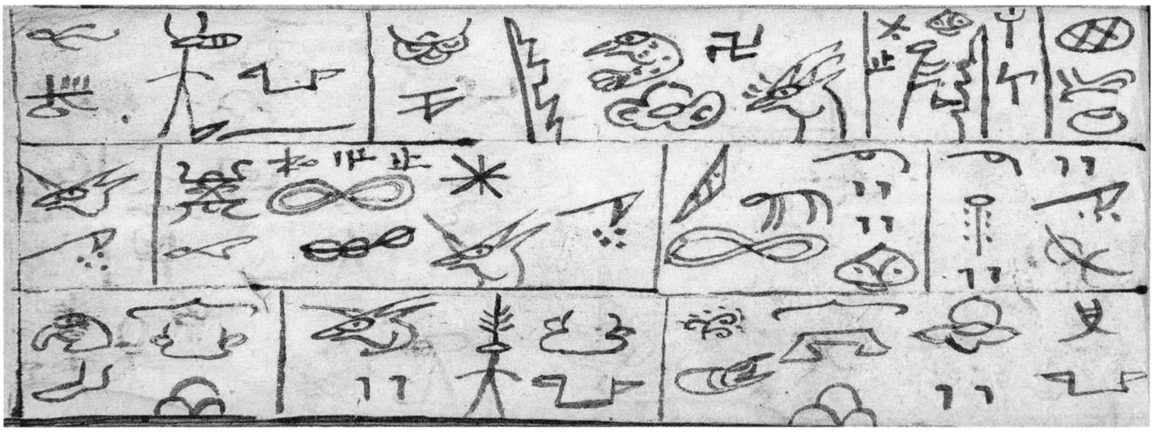

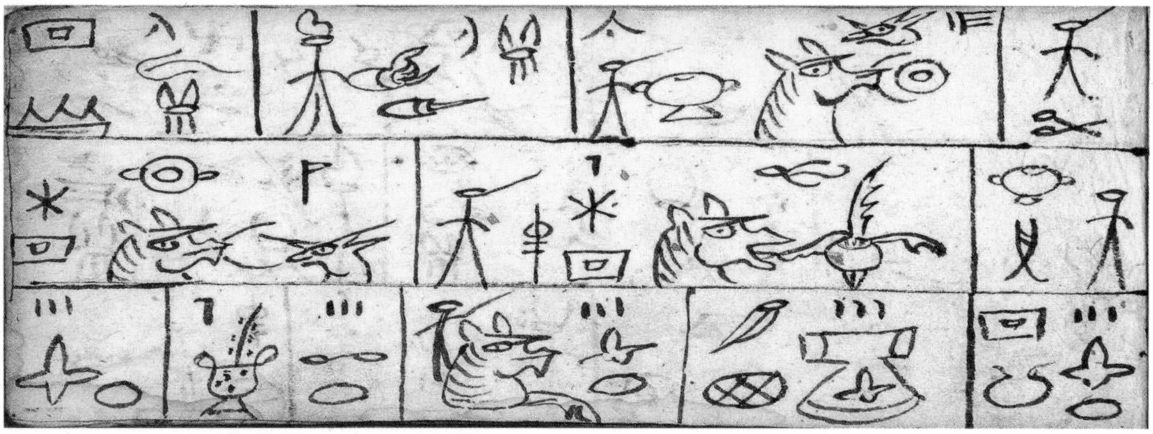

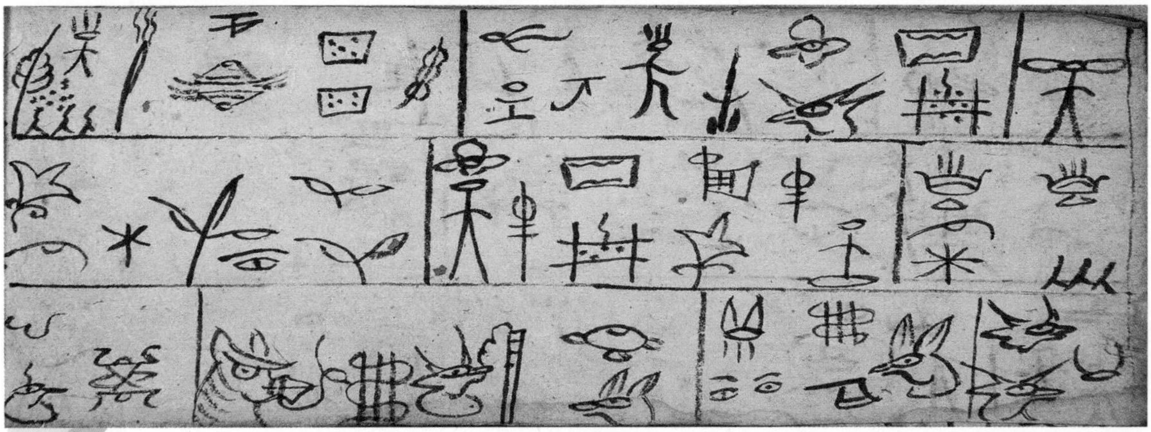

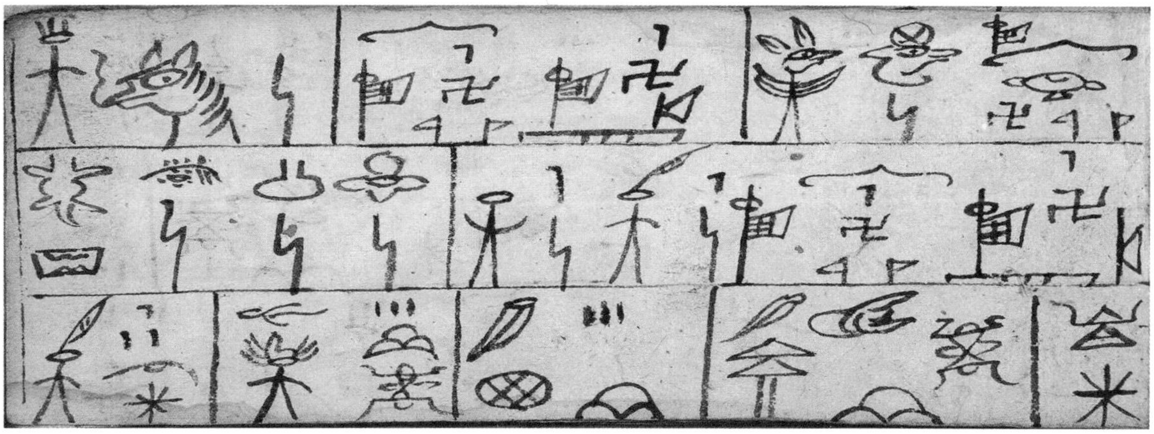

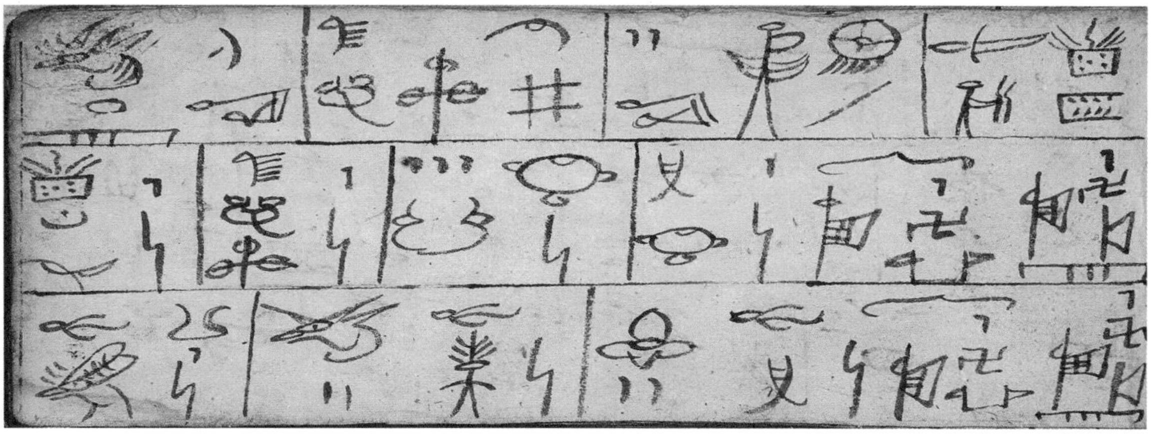

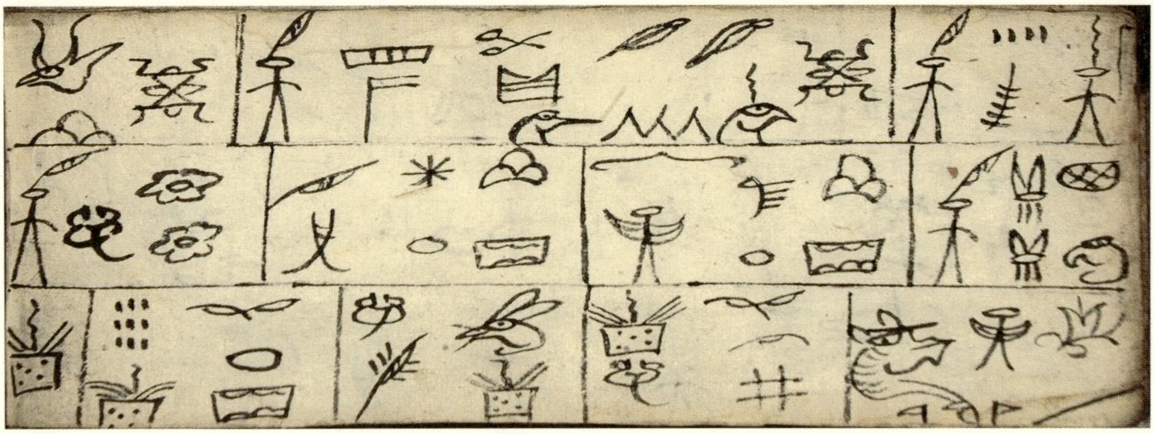

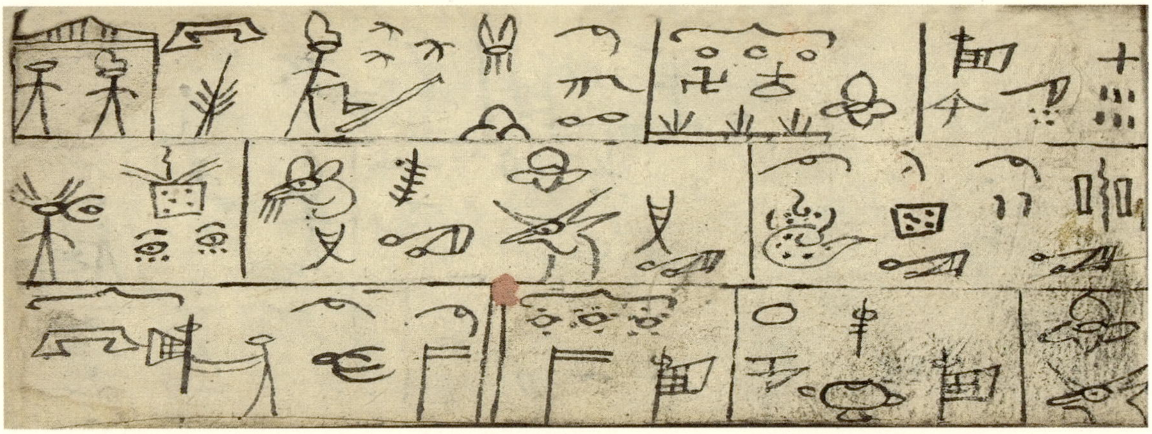

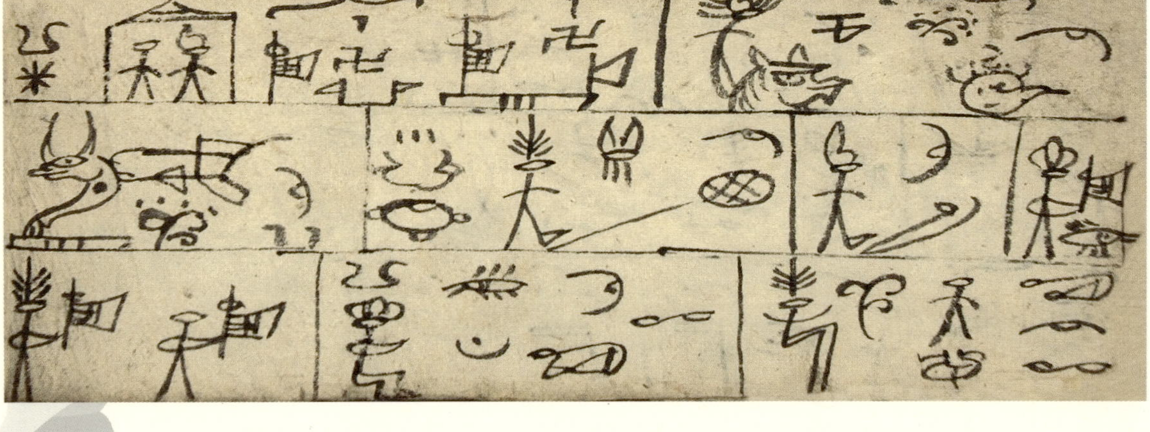

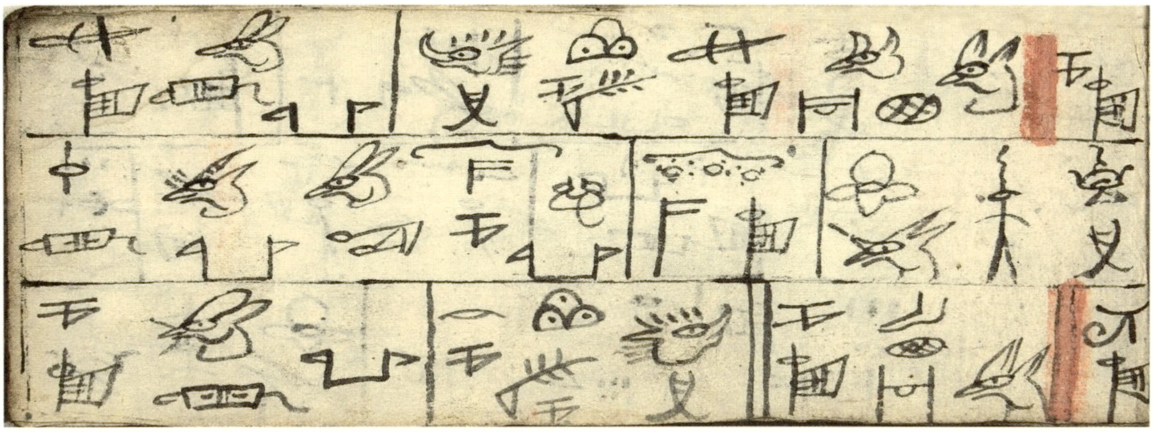

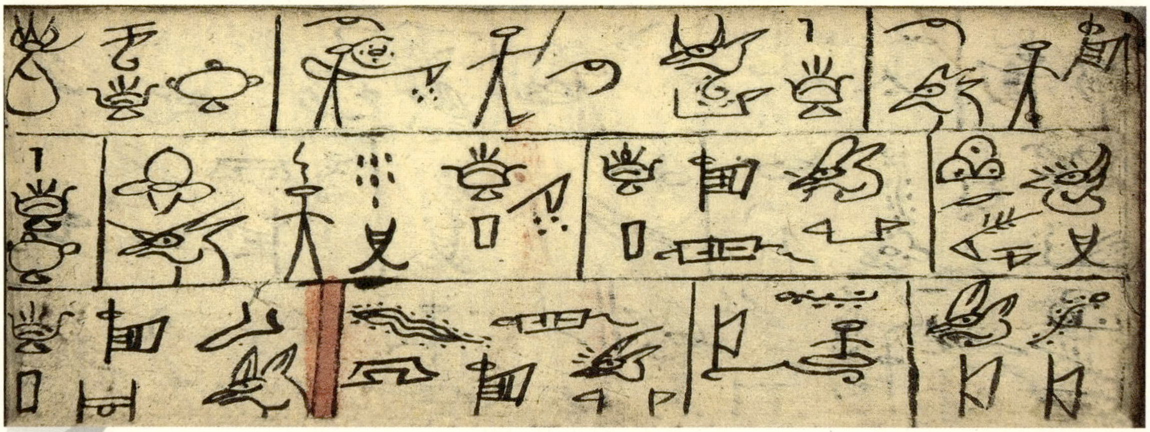

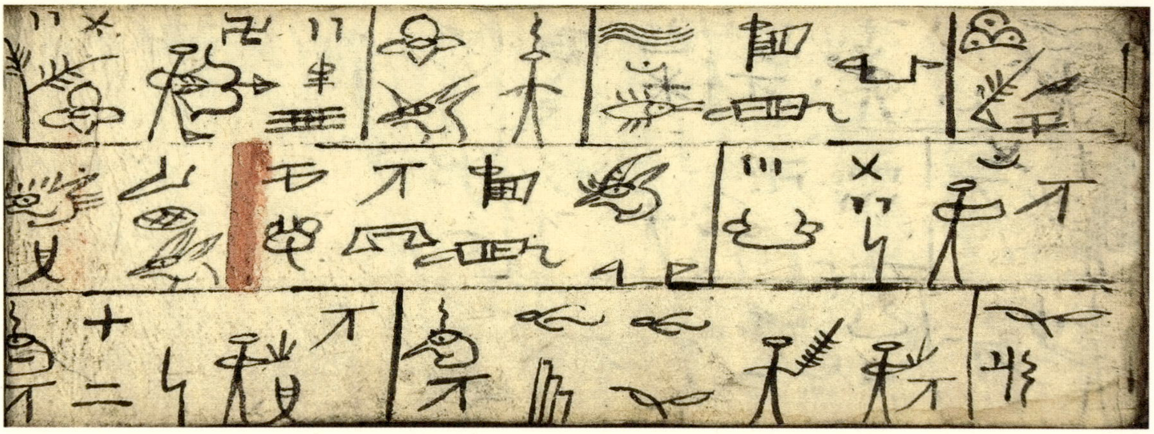

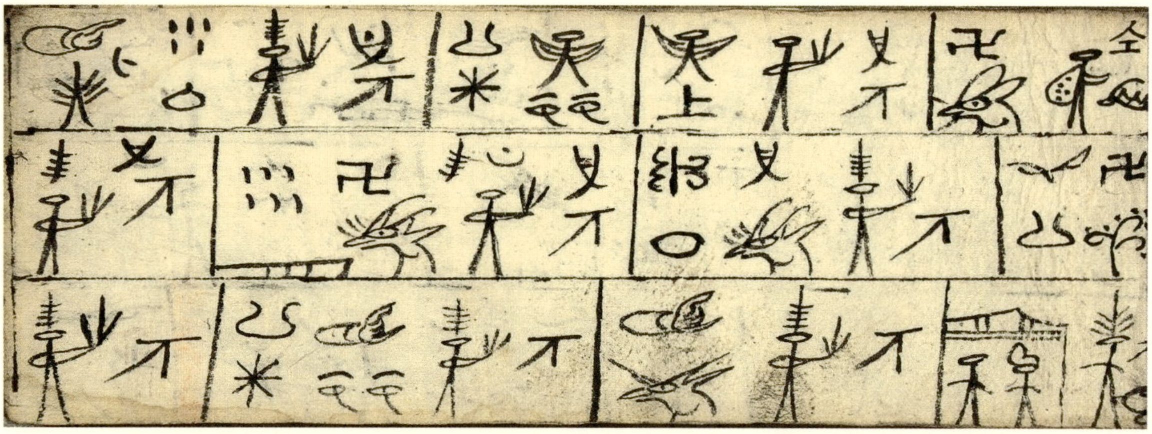

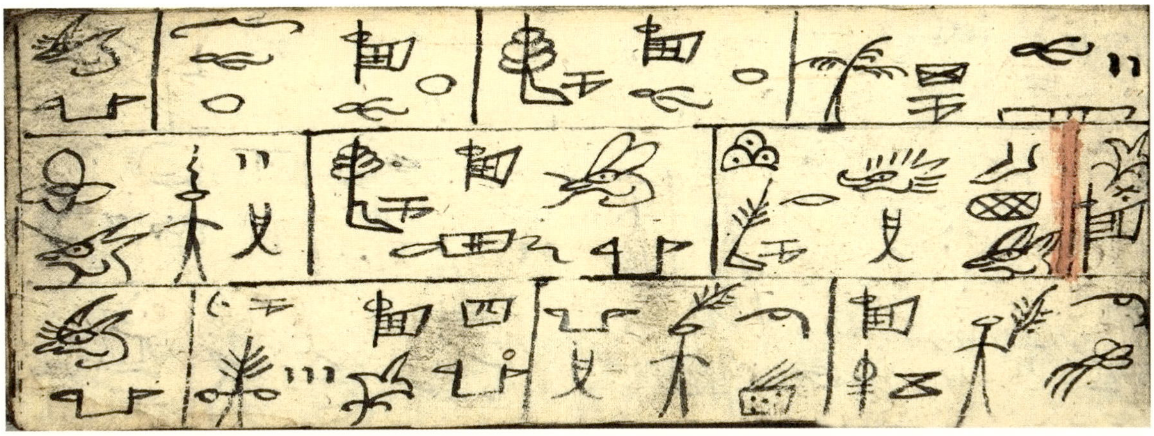

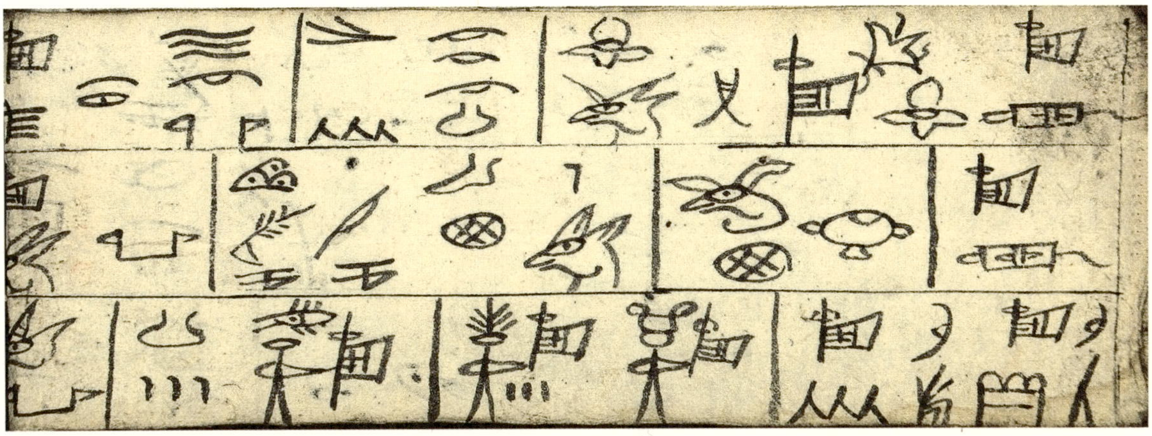

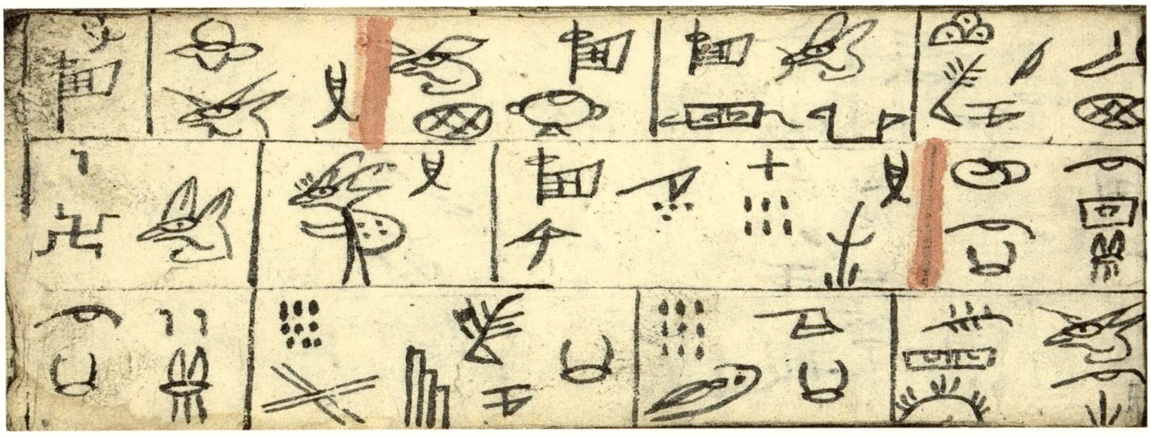

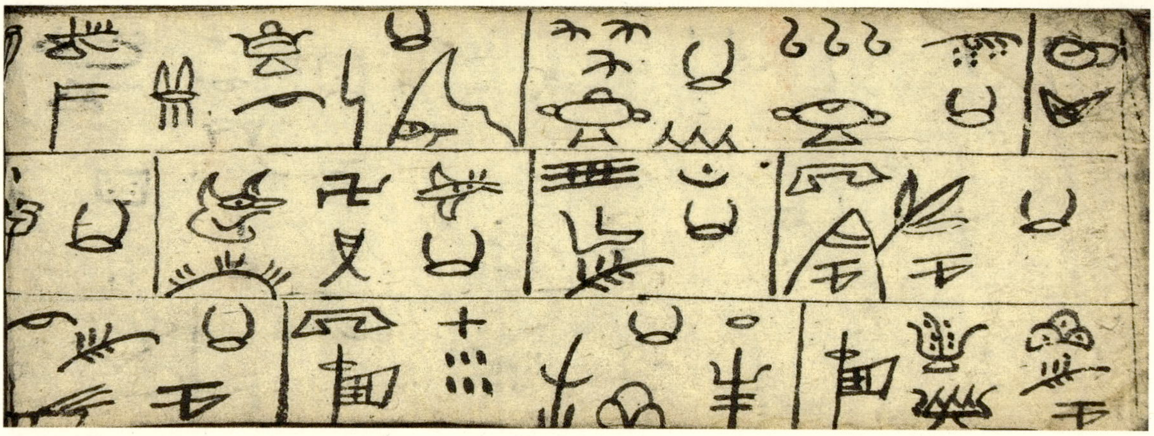

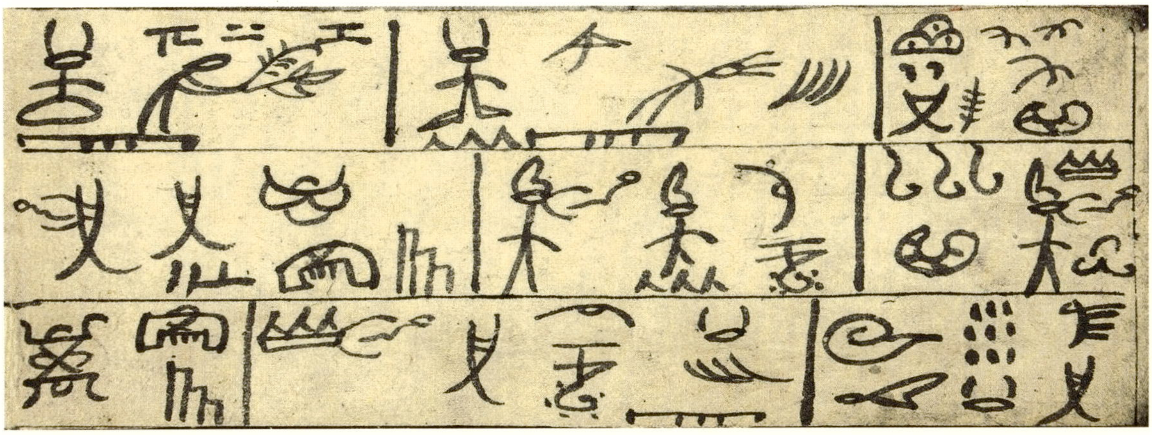

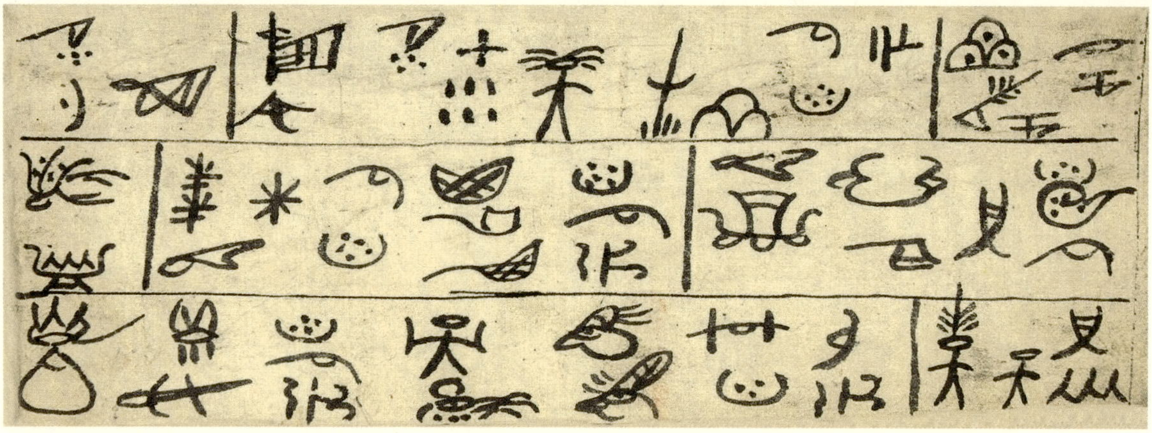

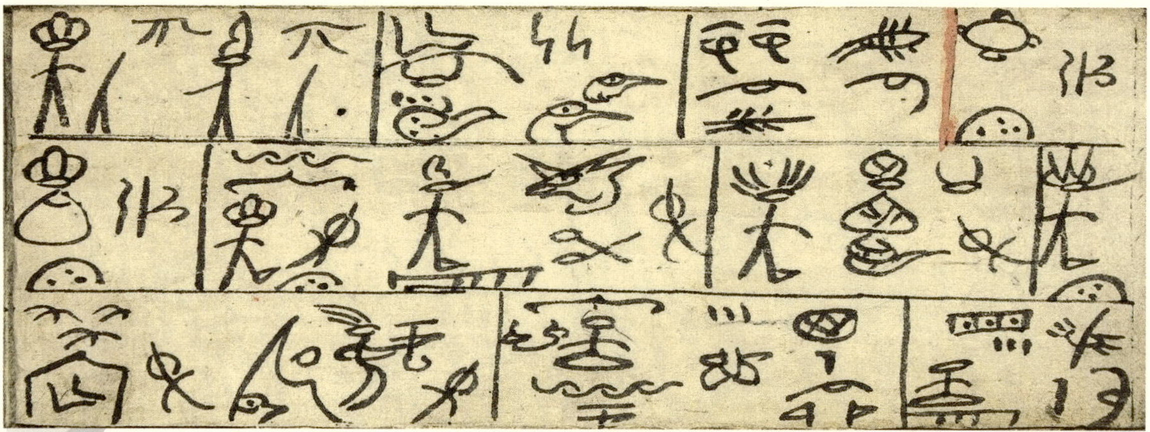

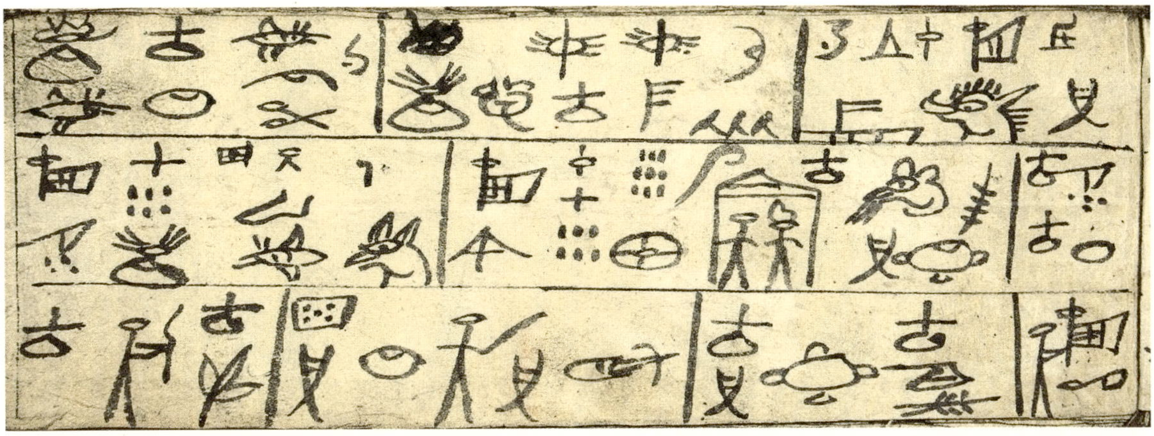

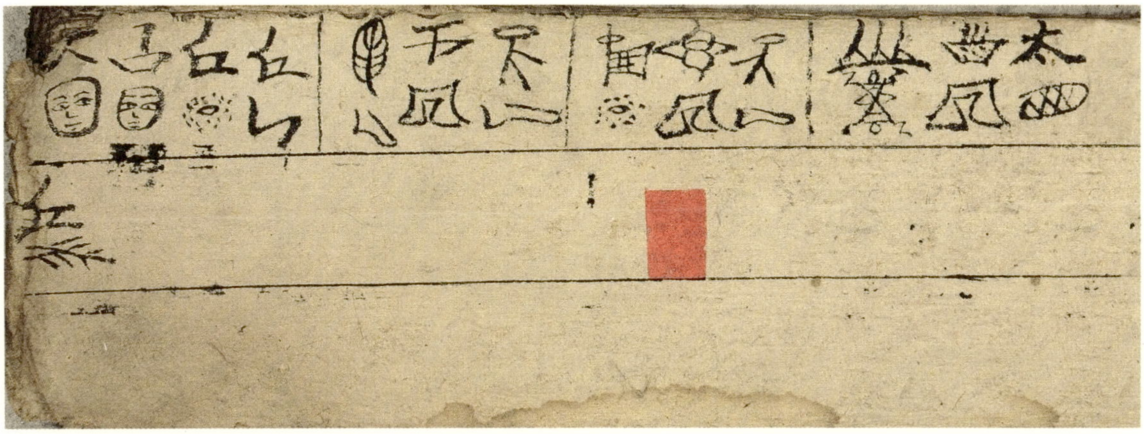

祭胜利神仪式·迎请胜利神·献牲献饭

纳西族东巴教祭胜利神仪式典籍。流传于云南省丽江市纳西族地区。不分卷，1册，佚名撰。通过记述迎请胜利神，向胜利神祭献牺牲、熟食，即献牲献饭的过程，描述胜利神的非凡神威，并在其中穿插了纳西族关于太阳、月亮的故事。还通过交待胜利神使用器物的来历，讲述了远古先民养蚕、抽丝、织绸的故事。旧抄本，本色构皮纸，线订册叶装，墨书，部分字符施以色彩。页面高9.5厘米，广28.5厘米。保存基本完好。今藏丽江市玉龙纳西族自治县图书馆。

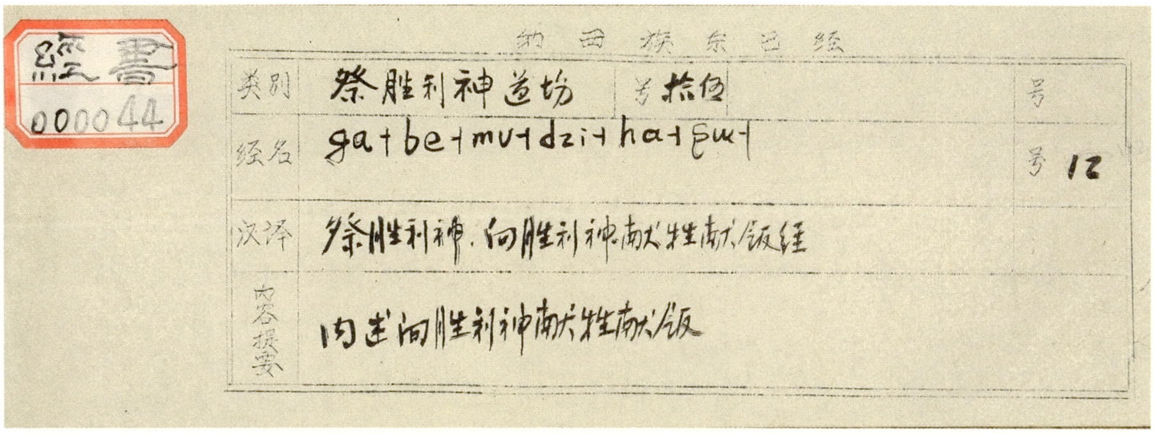

纳西族东巴经

經書 000044

类别	祭胜利神道场	号	
经名	ga˧ be˧ mu˧ dzi˧ ha˧ gɯ˧	号	12
汉译	祭胜利神·向胜利神献牲献饭经		
内容提要	内述向胜利神献牲献饭		

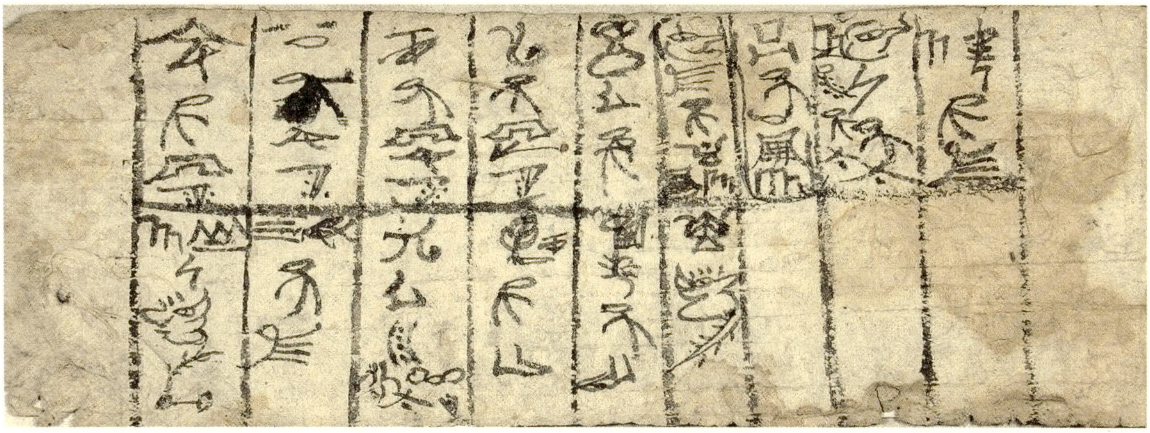

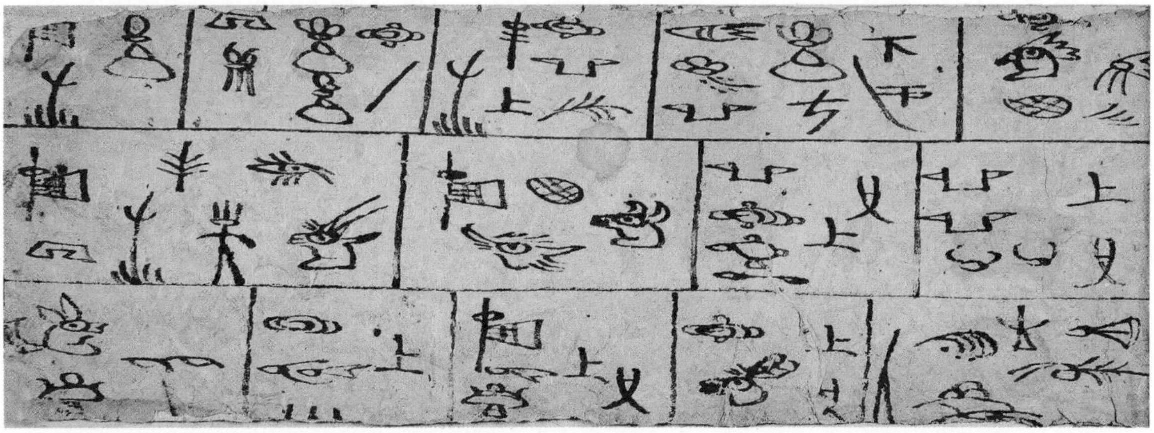

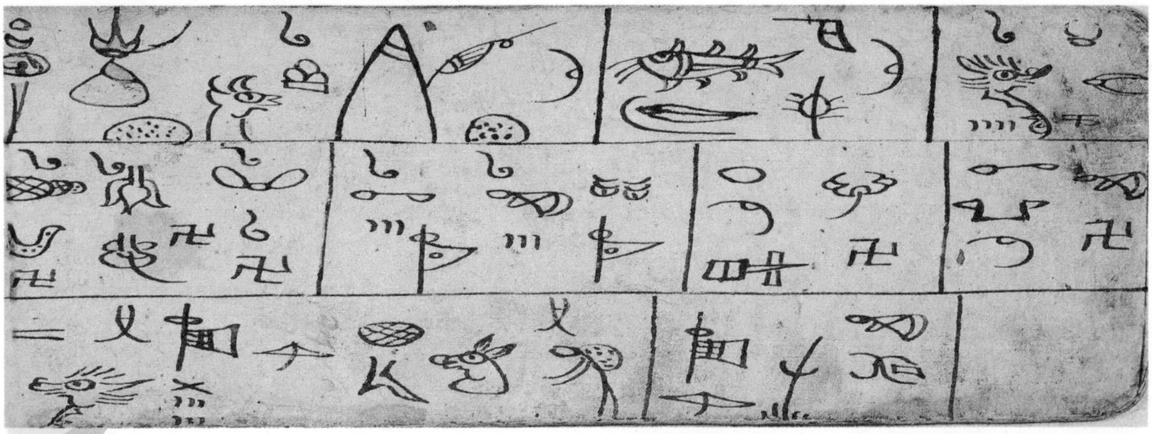

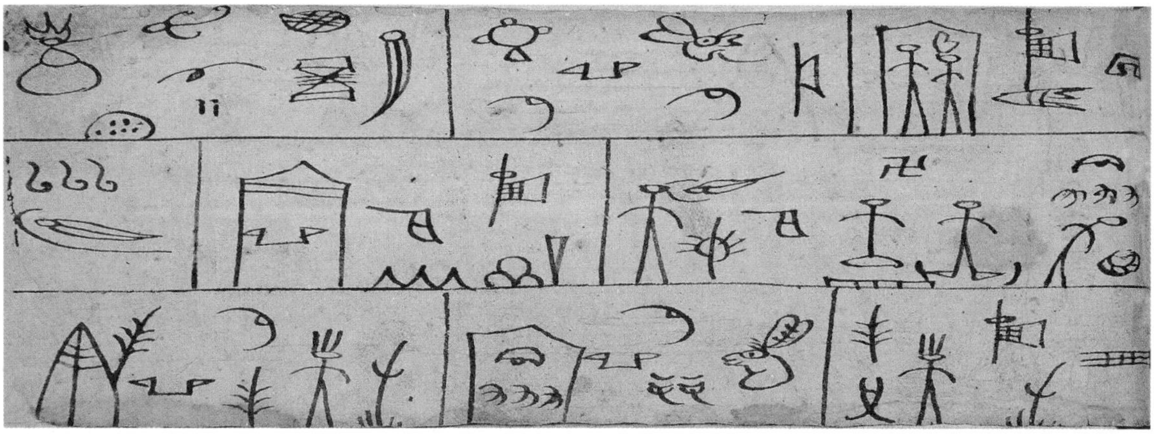

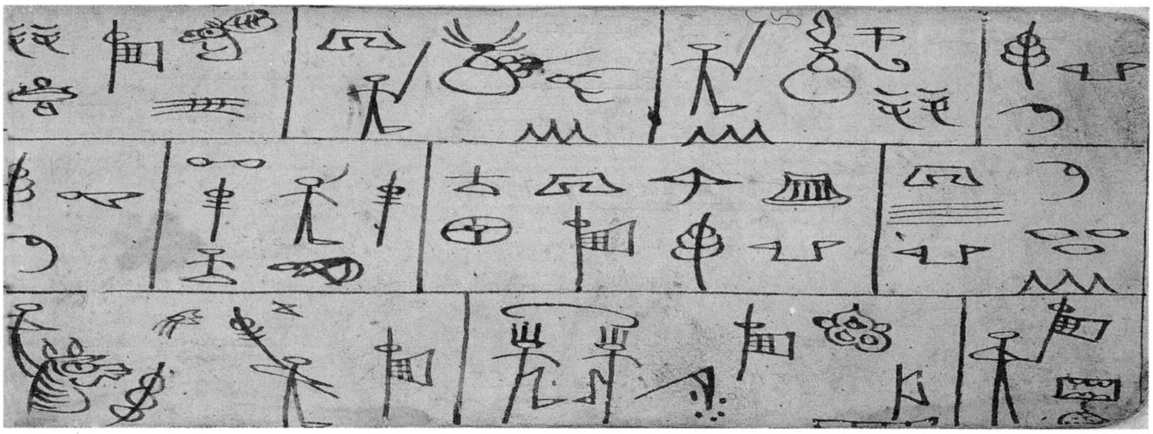

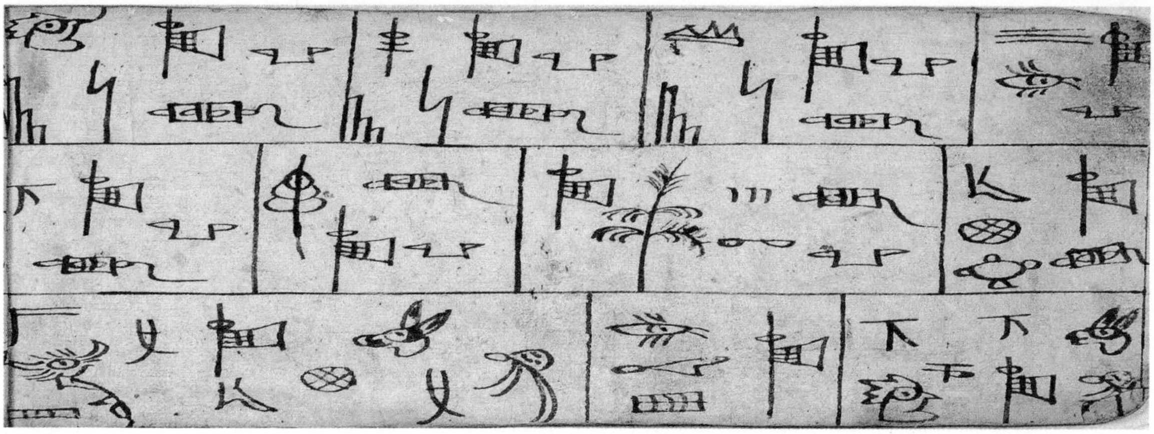

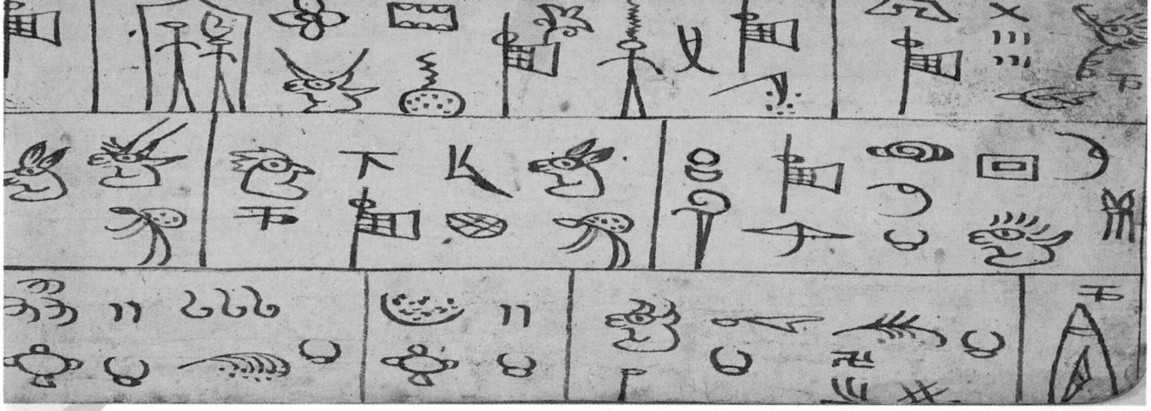

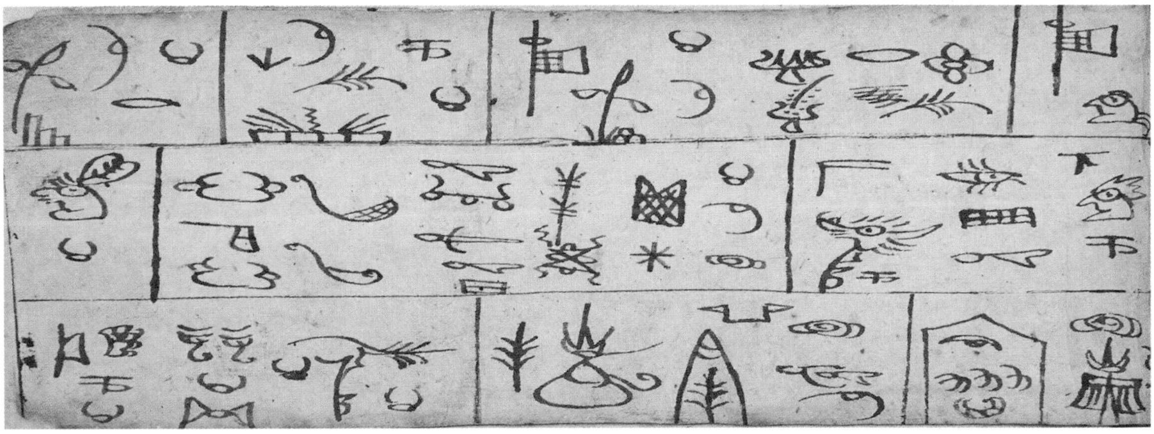

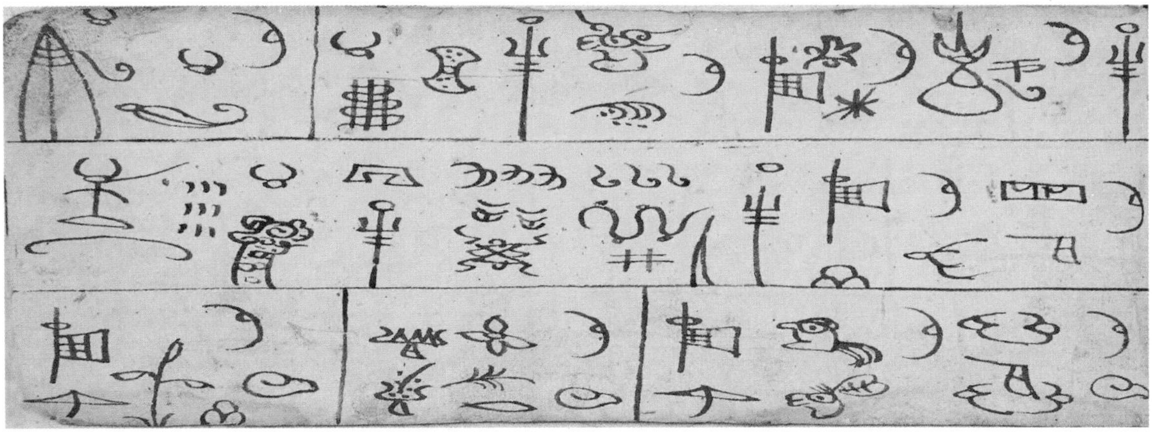

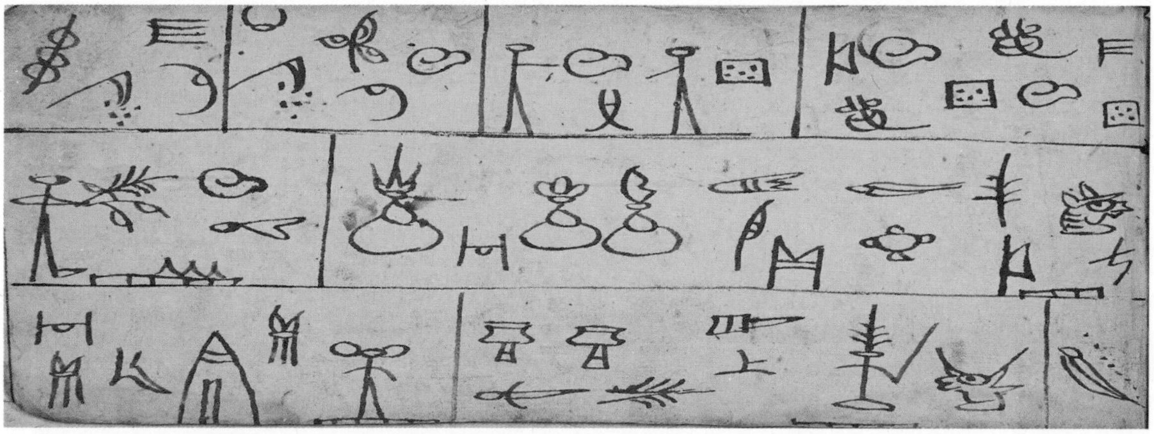

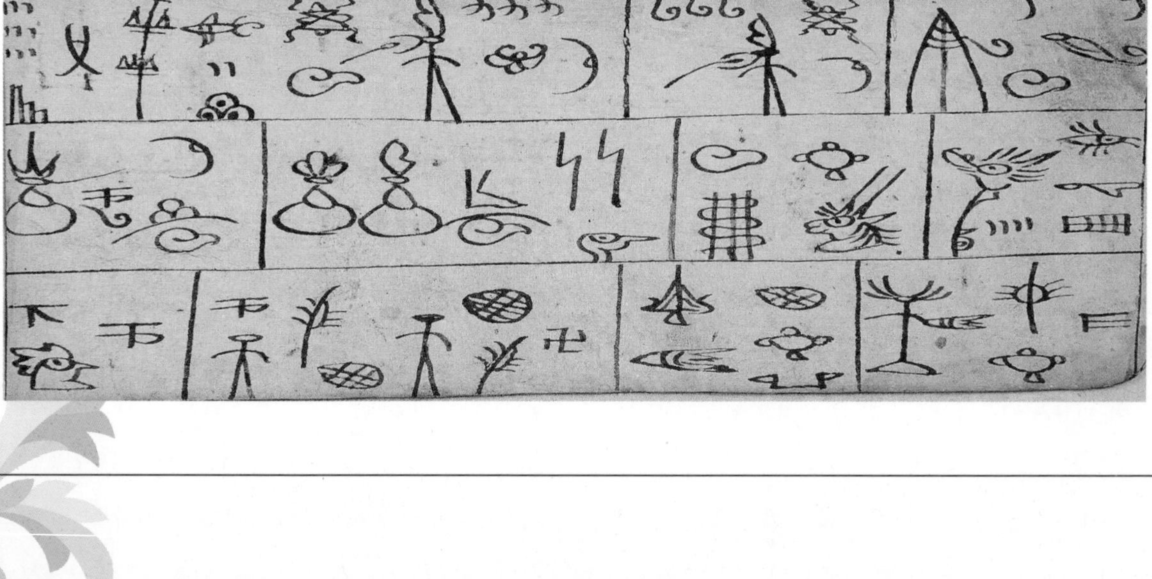

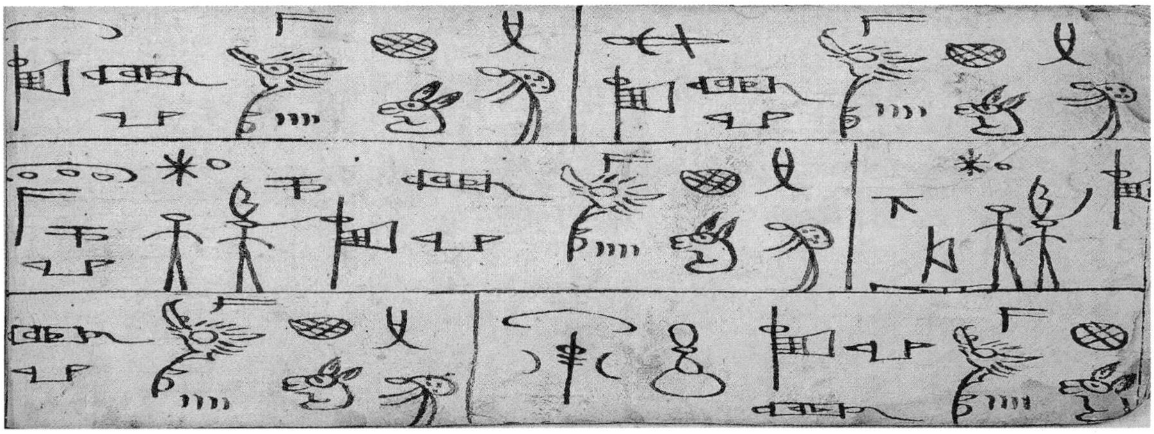

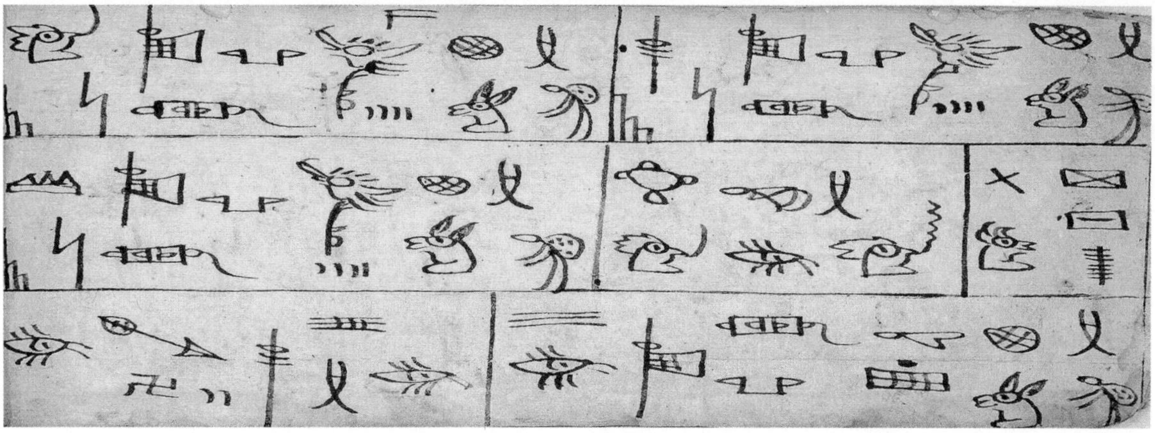

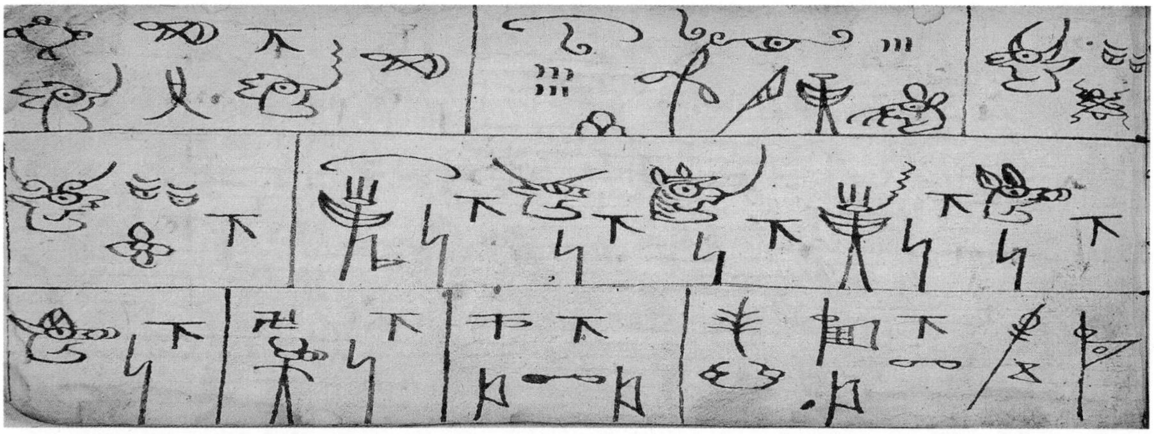

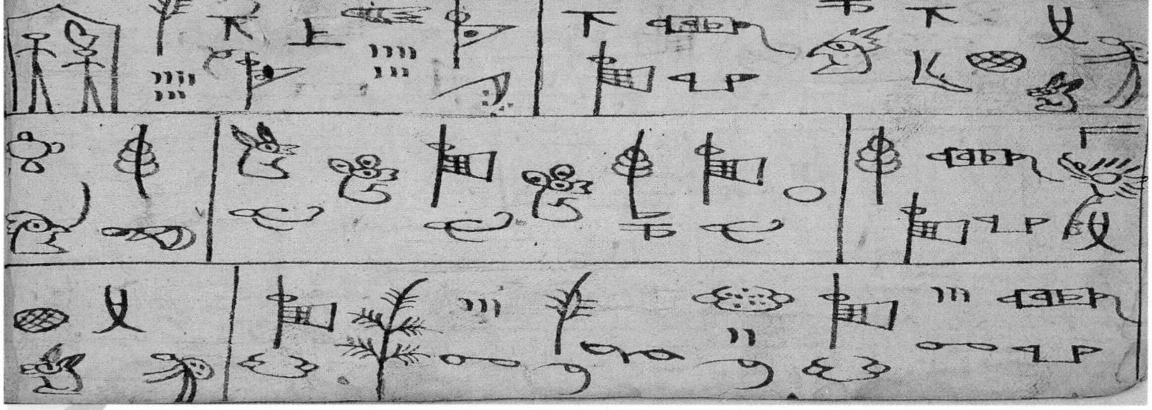

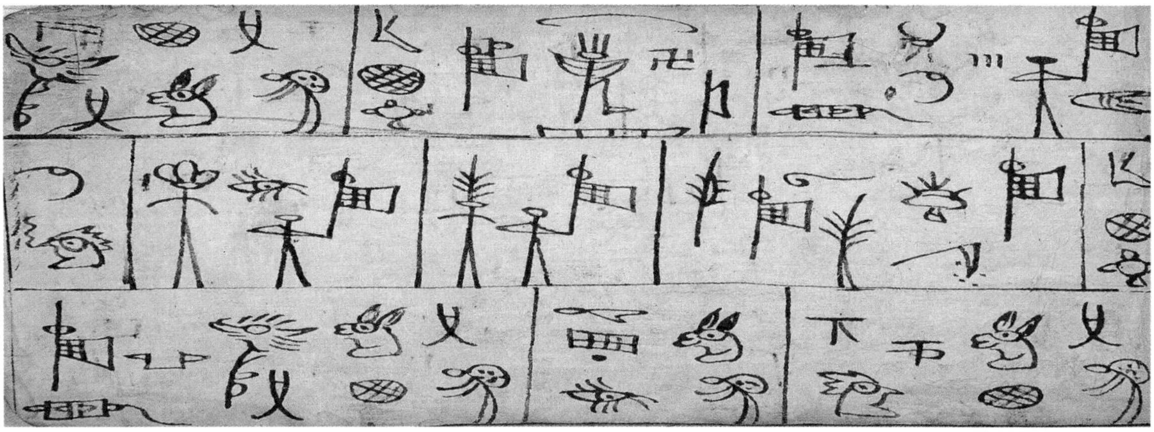

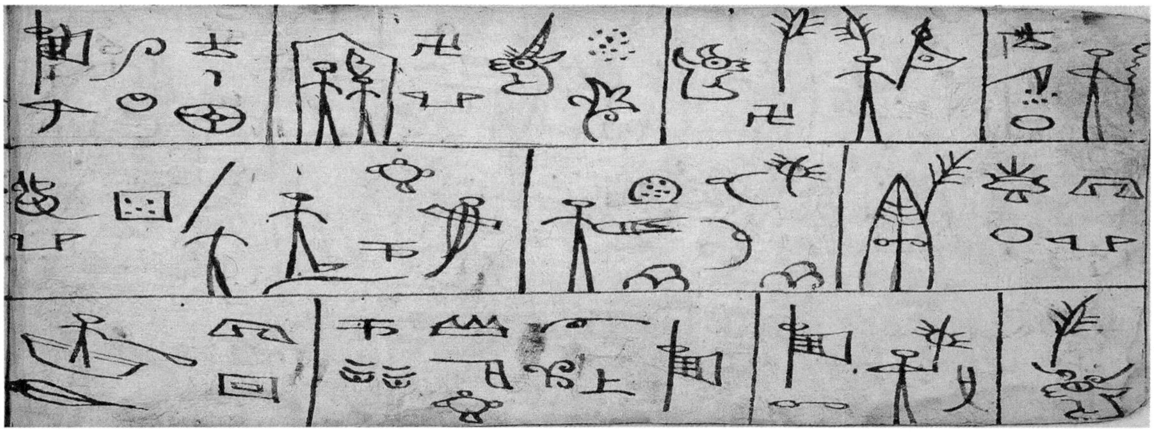

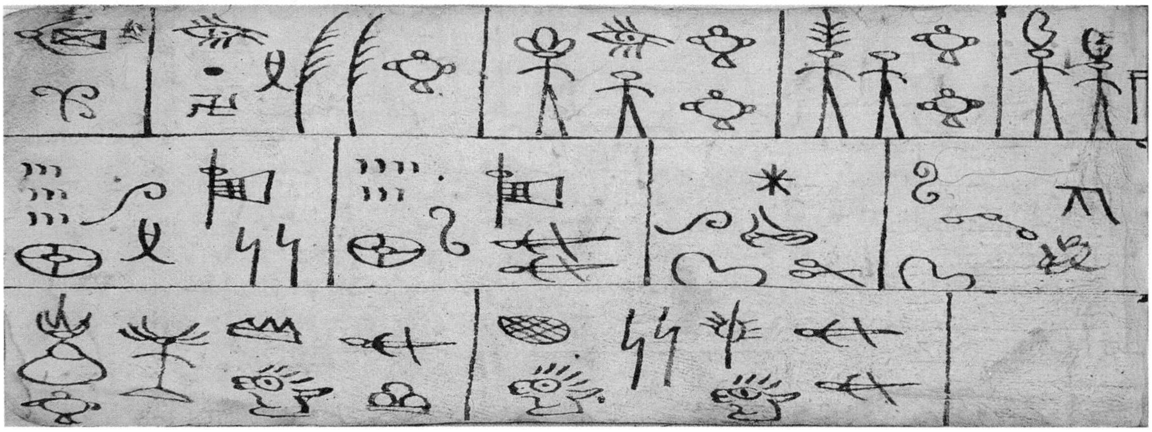

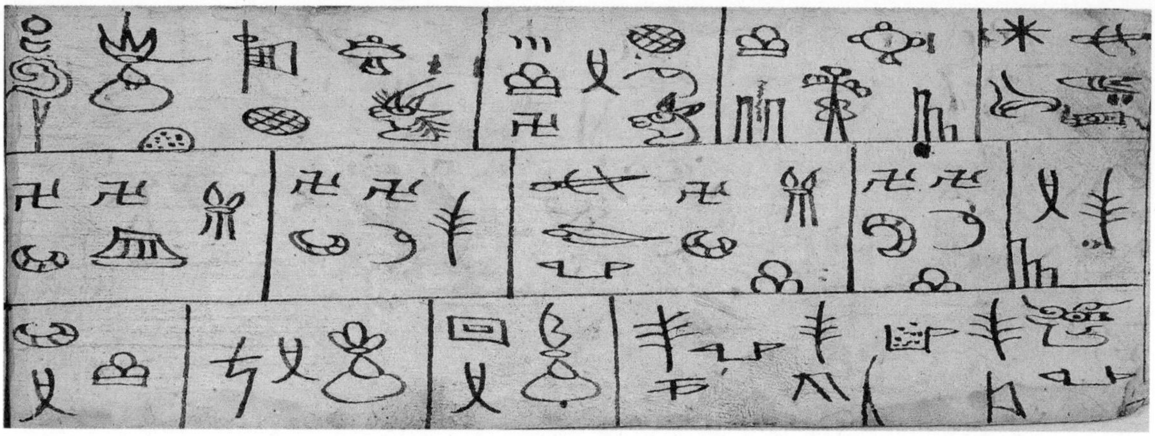

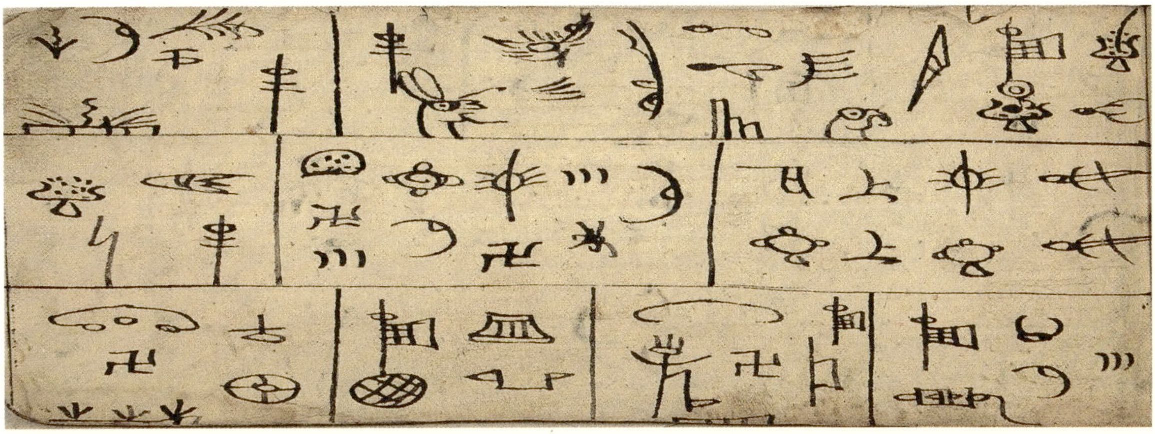

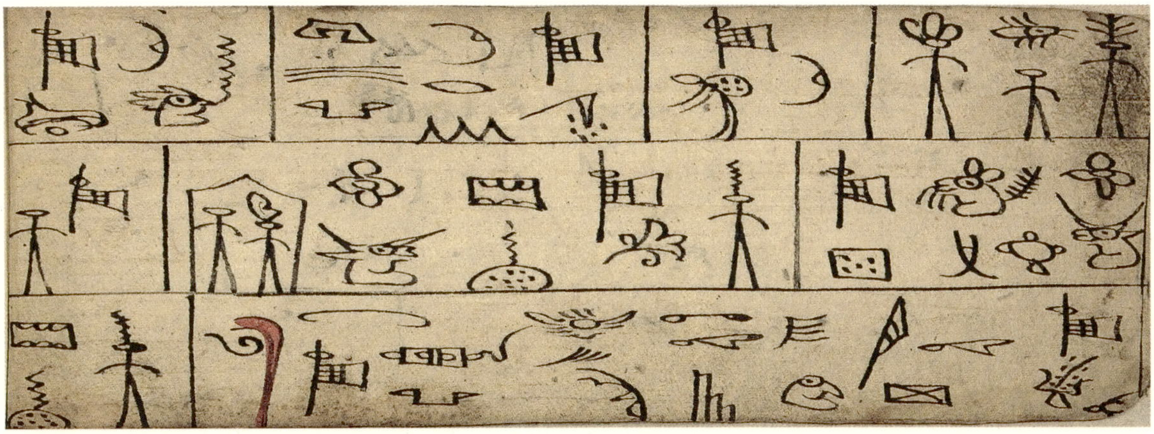

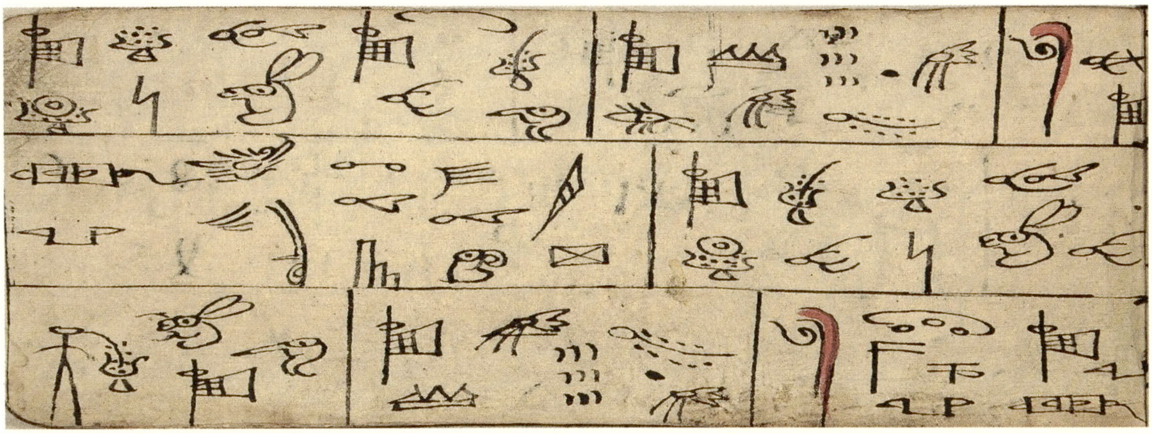

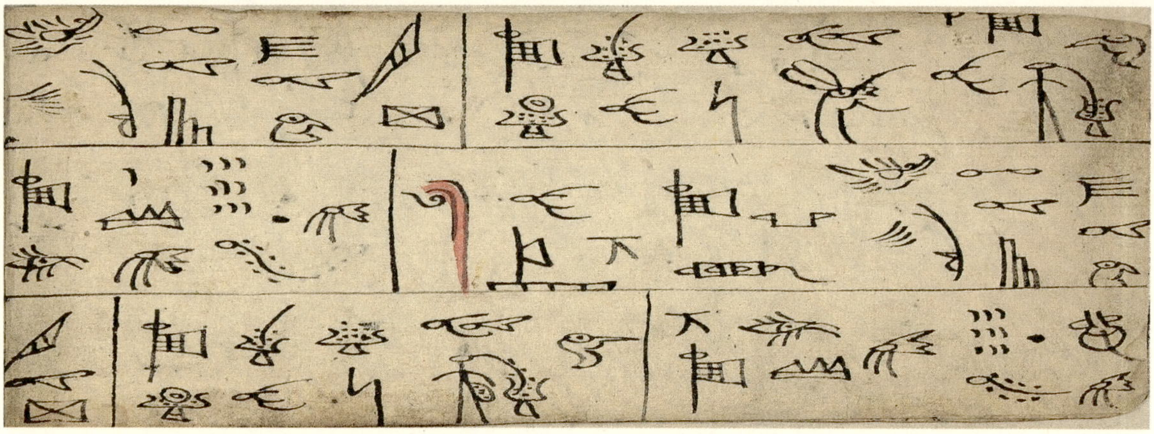

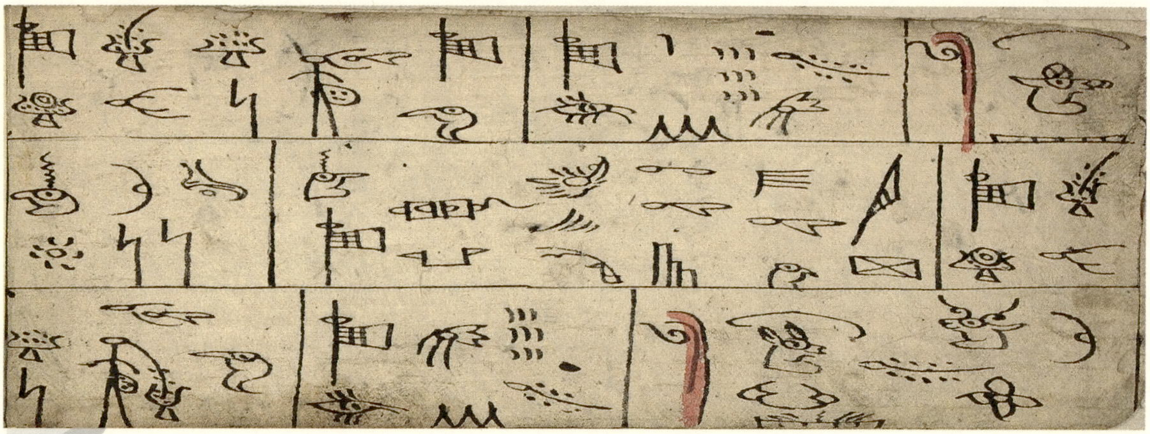

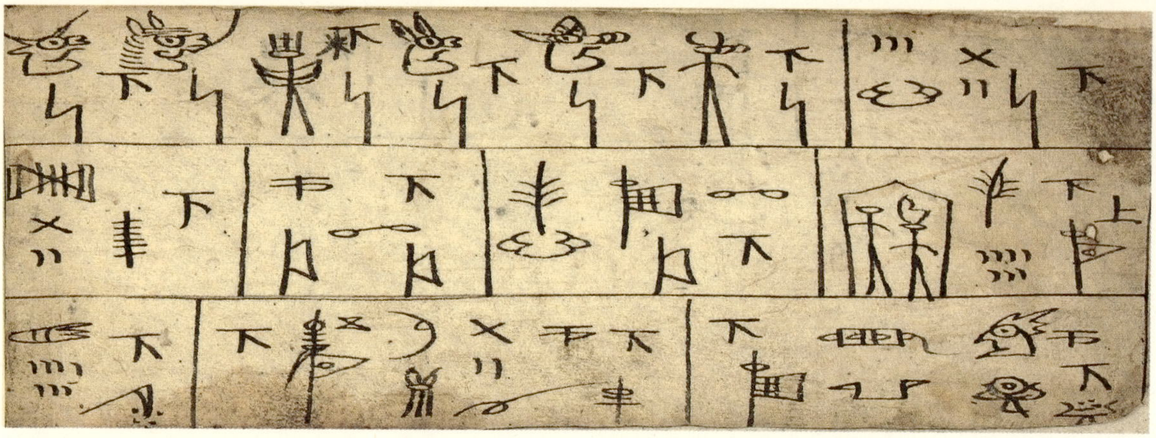

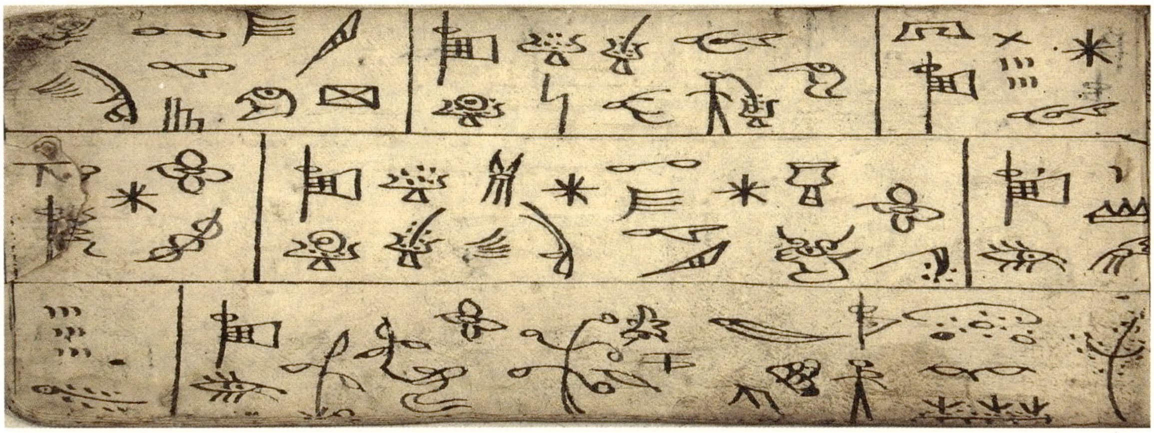

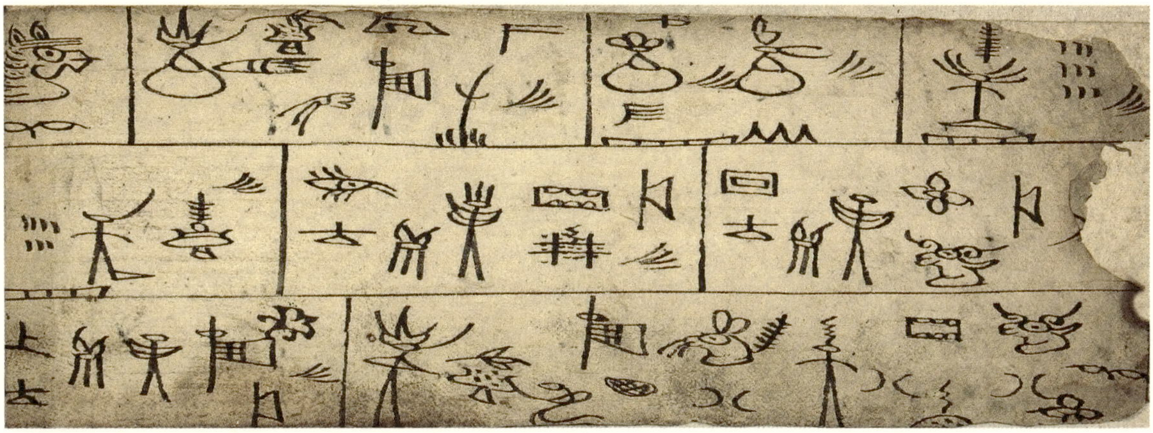

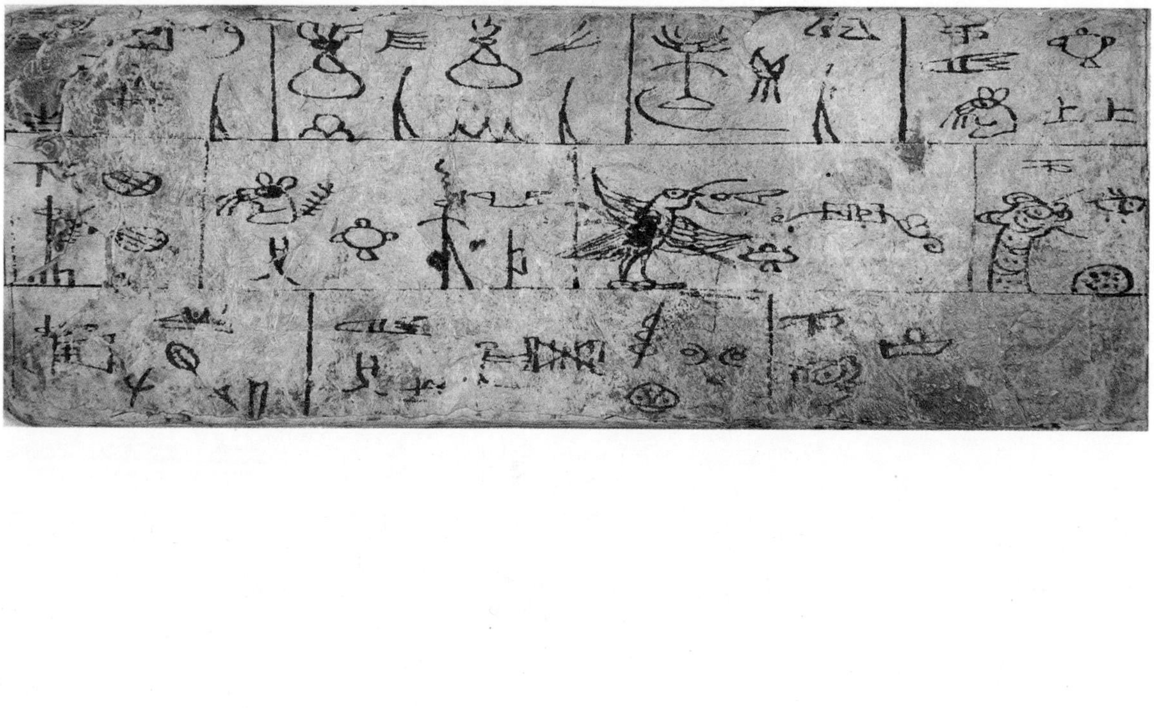

延寿仪式·偿还冷凑鬼之债·驱赶冷凑鬼·占绵羊之梦

纳西族东巴教延寿仪式典籍。流传于云南省丽江市纳西族地区。不分卷，1册，鲁甸乡新主村和世俊书。在吉祥的日子里，祭祀人家邀请神灵赐福时，会遇到各种鬼类，特别是冷凑鬼来挡道。唯有请东巴祭司把各种鬼镇压、驱赶，神灵才能顺利降临。该典籍还讲述了祭献给众神的牺牲品绵羊的来历和作用。旧抄本，本色构皮纸，线订册叶装，墨书。页面高9.5厘米，广28厘米。保存完好。今藏丽江市玉龙纳西族自治县图书馆。

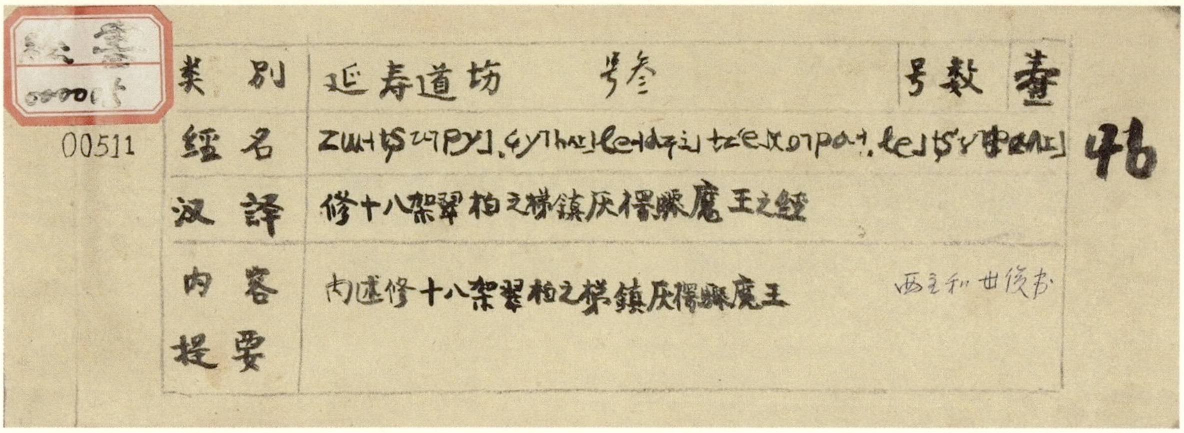

00511

类别	延寿道场 号叁	号数	壹
经名	[illegible]		
汉譯	修十八架翠柏之梯镇厌猖獗魔王之經		
内容提要	内述修十八架翠柏之梯镇厌猖獗魔王 西主和世俊书		

46

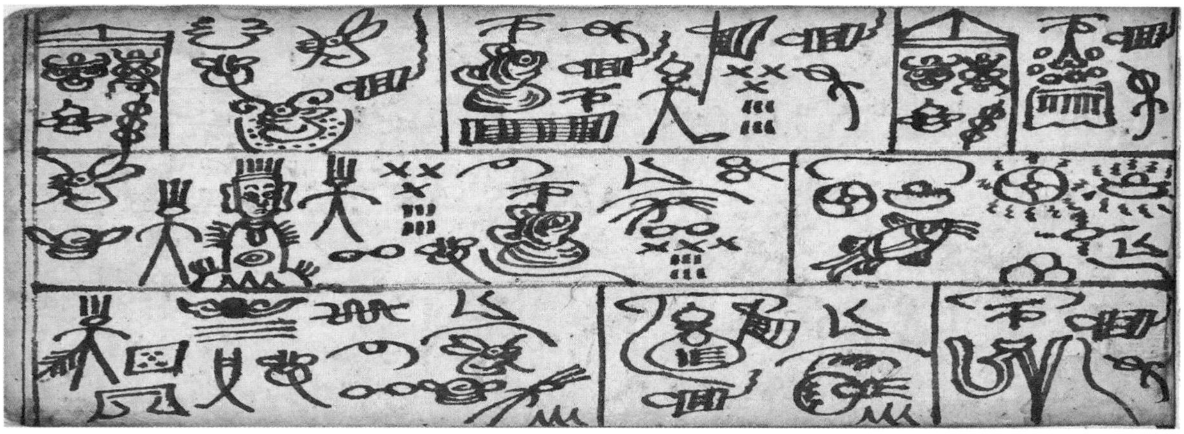

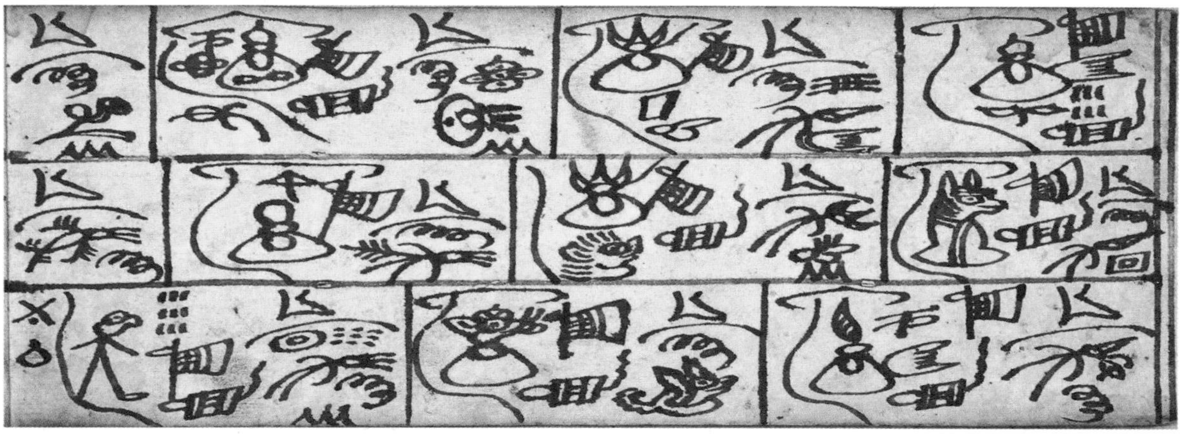

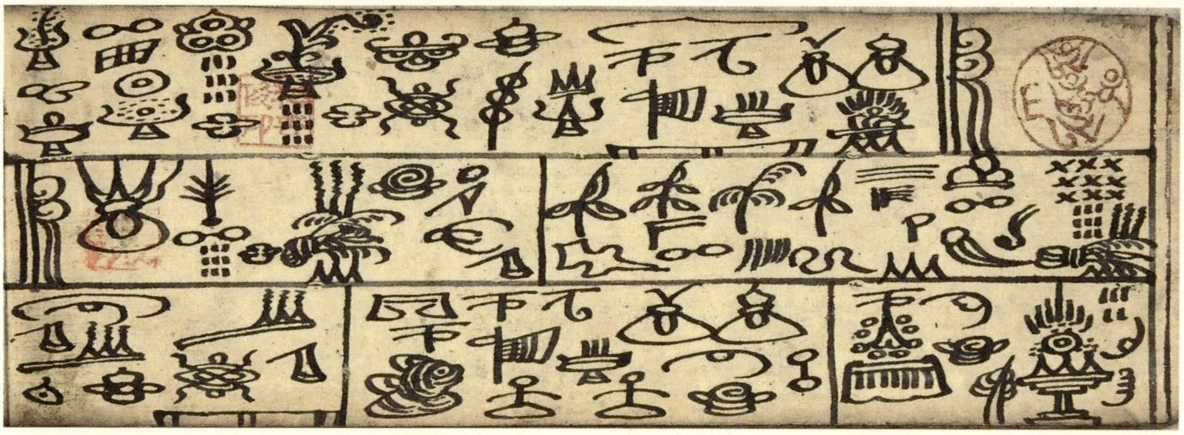

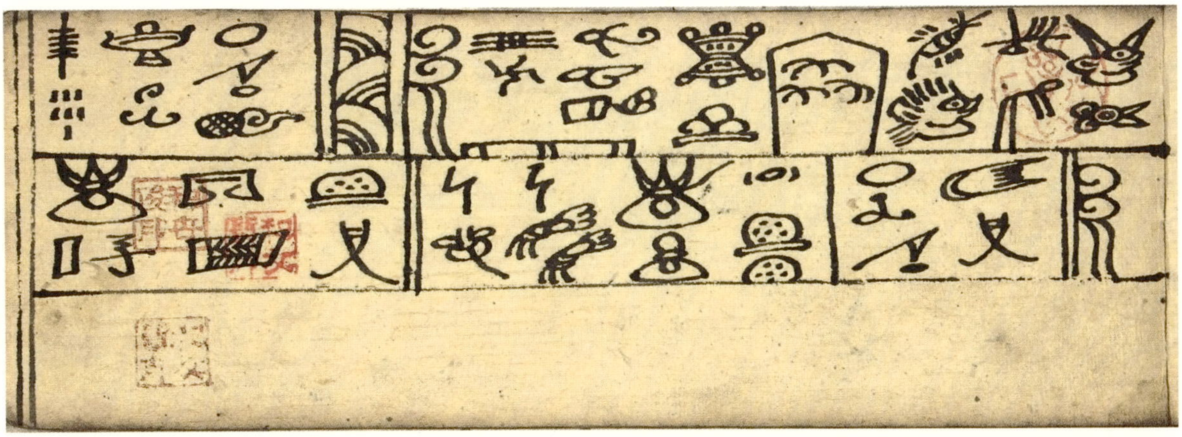

延寿仪式·镇压冷凑鬼

纳西族东巴教延寿仪式典籍。流传于云南省丽江市纳西族地区。不分卷，1册，鲁甸乡新主村和世俊书。讲述迎请并供养各种神灵，向各种神灵求寿岁、求富强、求子女时会遇到鬼特别是那些冷凑鬼挡道，就请东巴把各种鬼镇压下去，各种神灵才能顺利降临自己家里，接受后裔们的供养，并赐福庇佑子孙后代。旧抄本，本色构皮纸，线订册叶装，墨书，封面有彩色装饰。页面高9.5厘米，广28厘米。保存完好。今藏丽江市玉龙纳西族自治县图书馆。

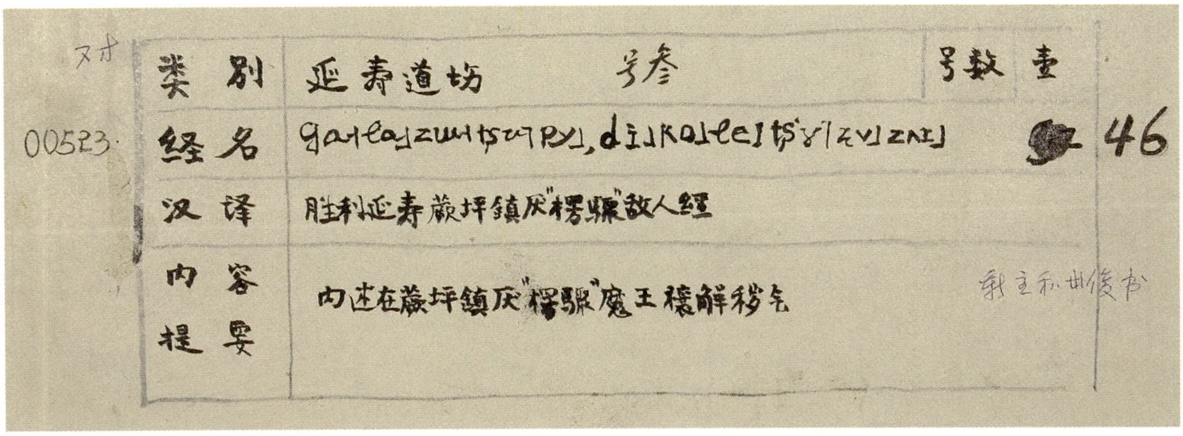
类别
号数
经名
汉译
内容
提要
00523
46

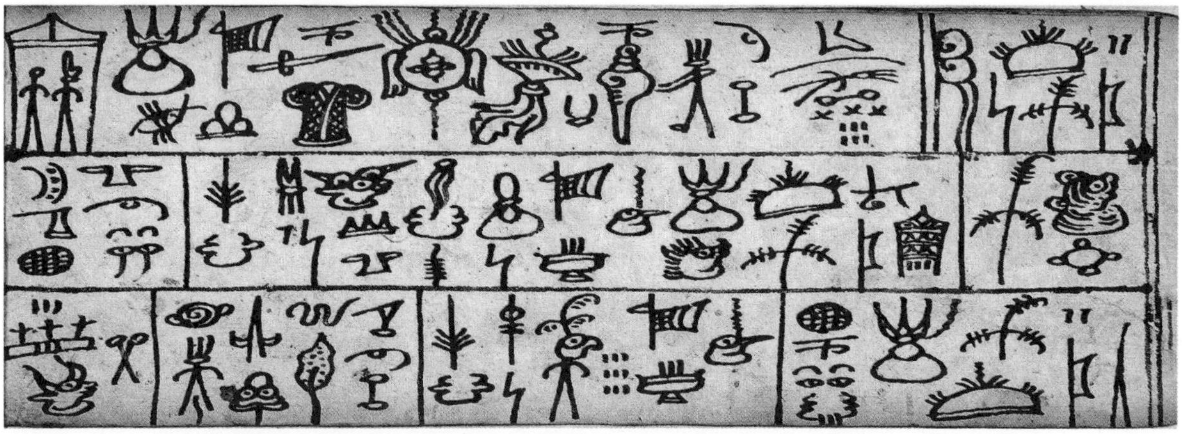

延寿仪式·拉朗·纳昌占卜

纳西族东巴教延寿仪式典籍。流传于云南省丽江市纳西族地区。不分卷，1册，白马龙潭多一清书。记录了在杀绵羊牺牲时，以羊呼出几口气，绵羊的双耳是否抖动，羊角节子是大还是小，羊肩胛骨如何等征兆来占卜，开膛后，再视羊的五脏进行占卜的全过程。旧抄本，本色构皮纸，线订册叶装，墨书，封面有彩色装饰。页面高9厘米，广29厘米。保存完好。今藏丽江市玉龙纳西族自治县图书馆。

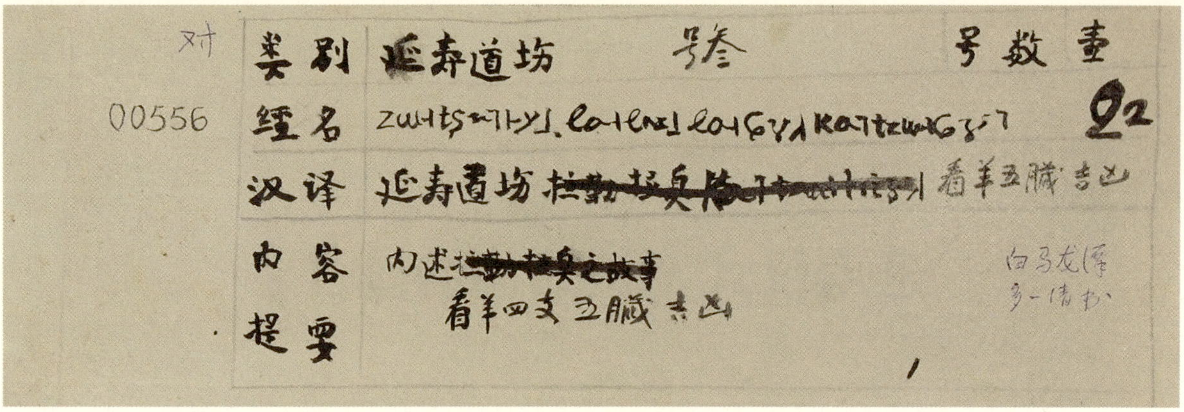
对
00556
类别 延寿道场 号叁
号数 壹
经名
汉译 延寿道场
看羊五脏吉凶
内容提要 内述
看羊四支五脏吉凶
白马龙序
多一清抄

天玉書

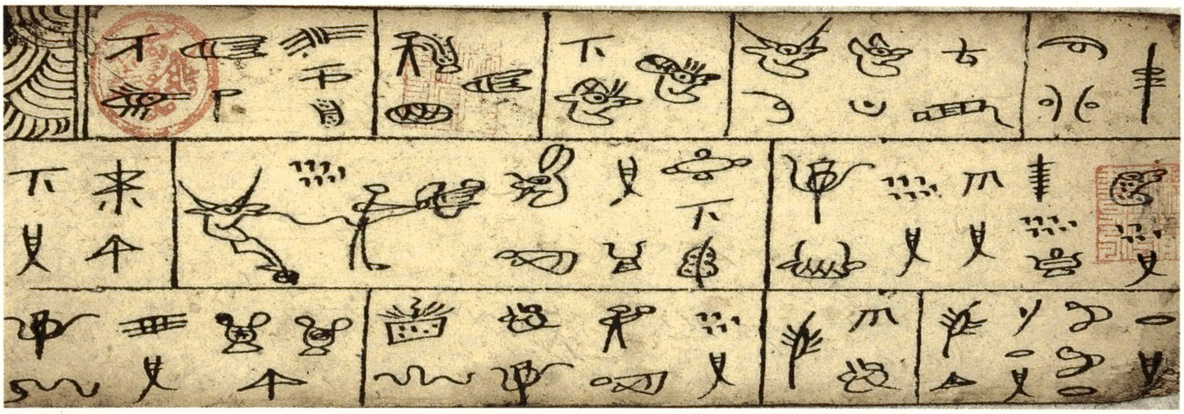

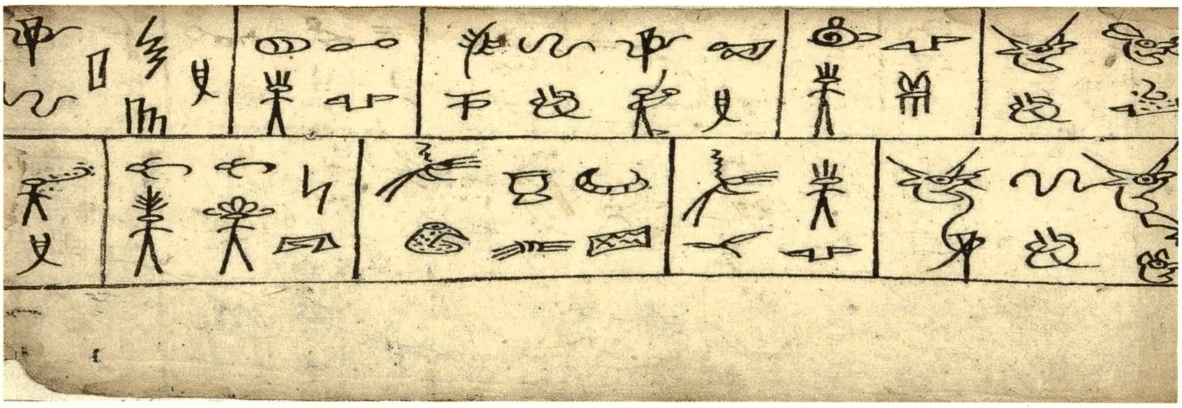

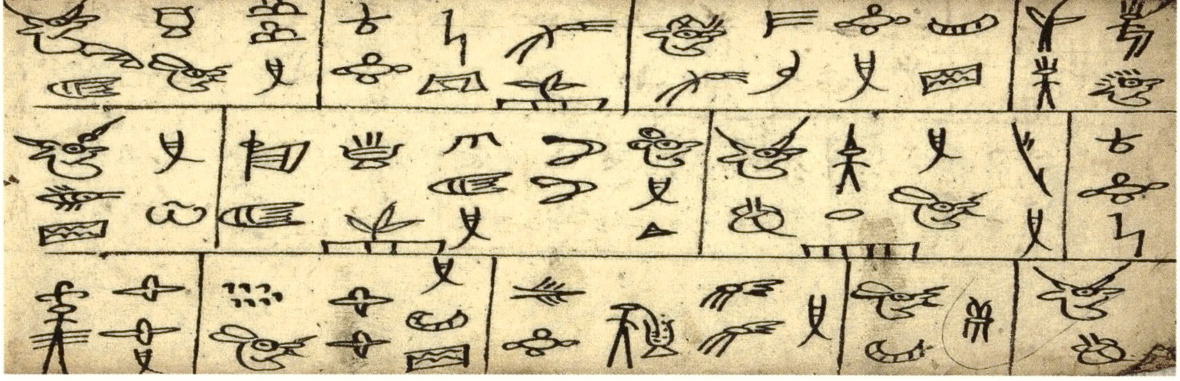

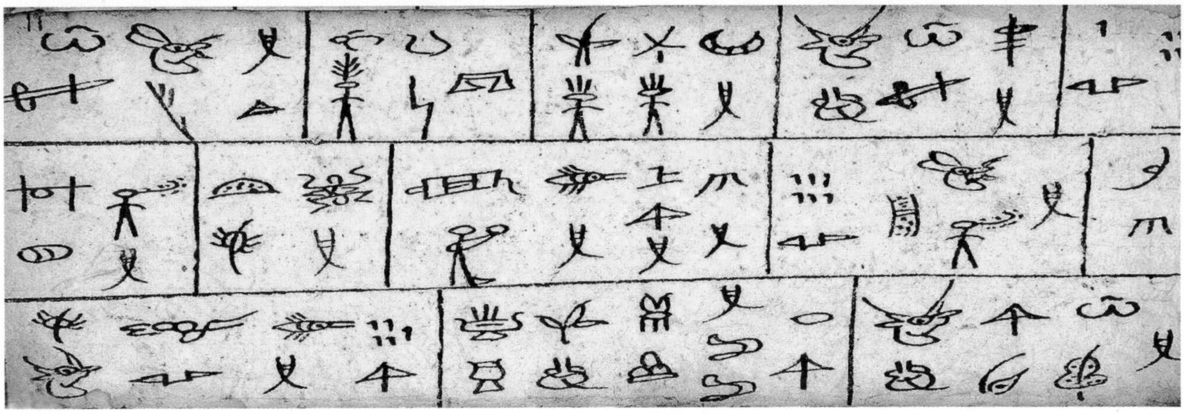

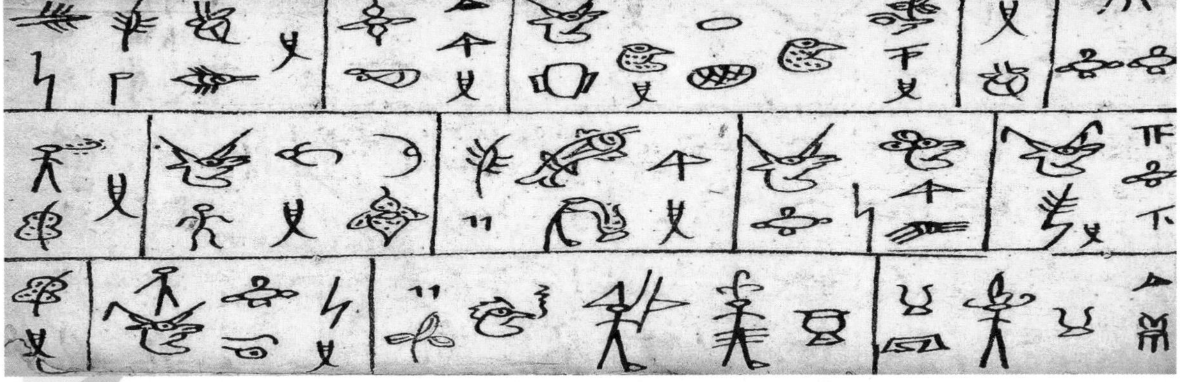

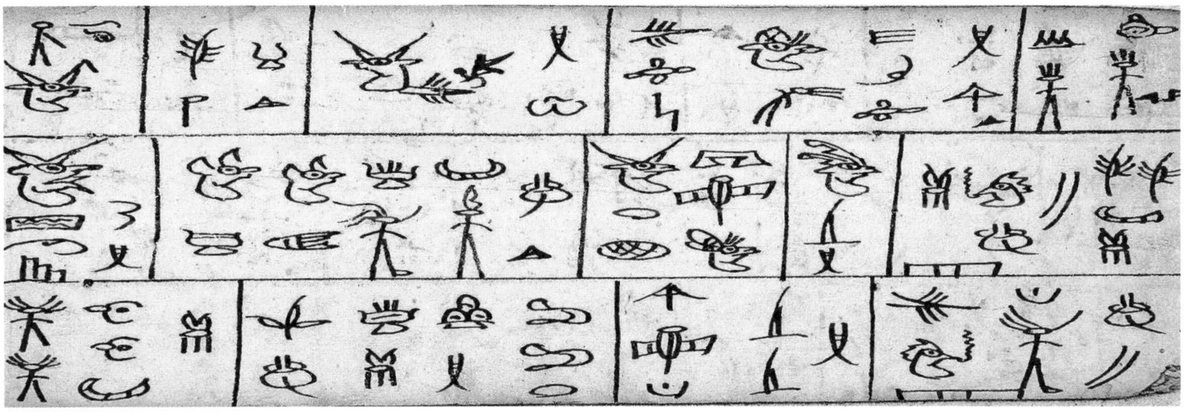

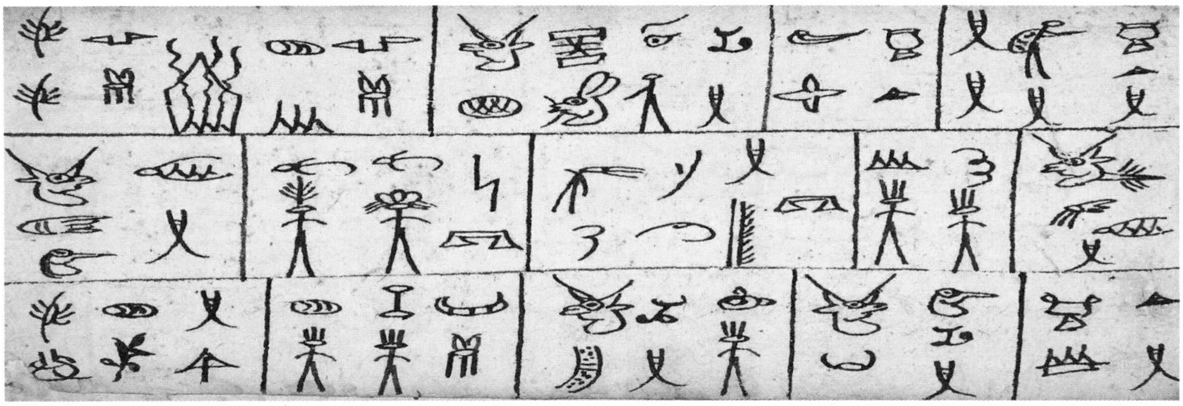

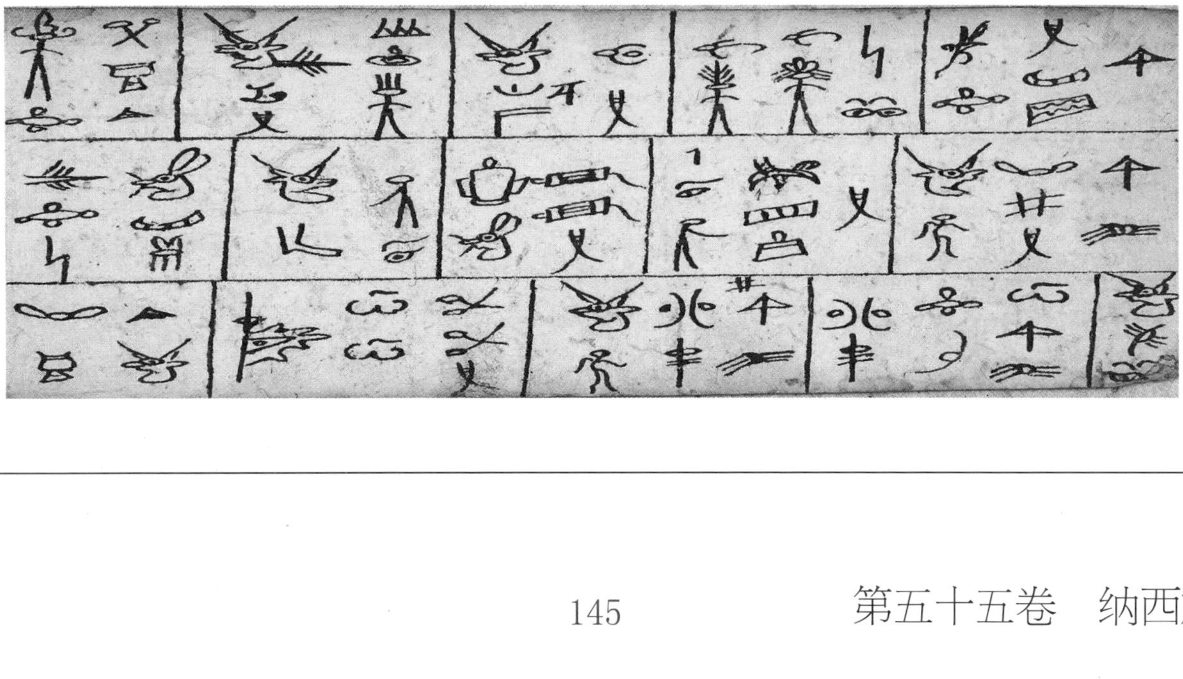

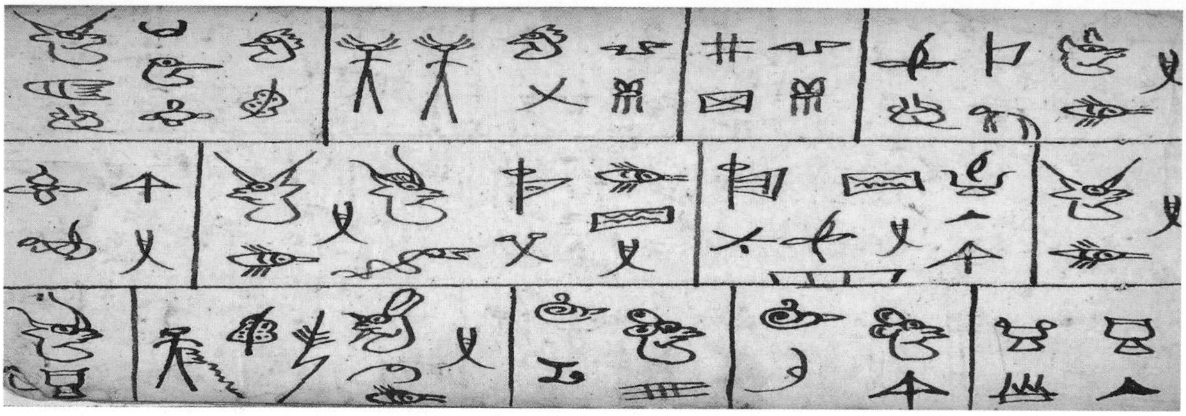

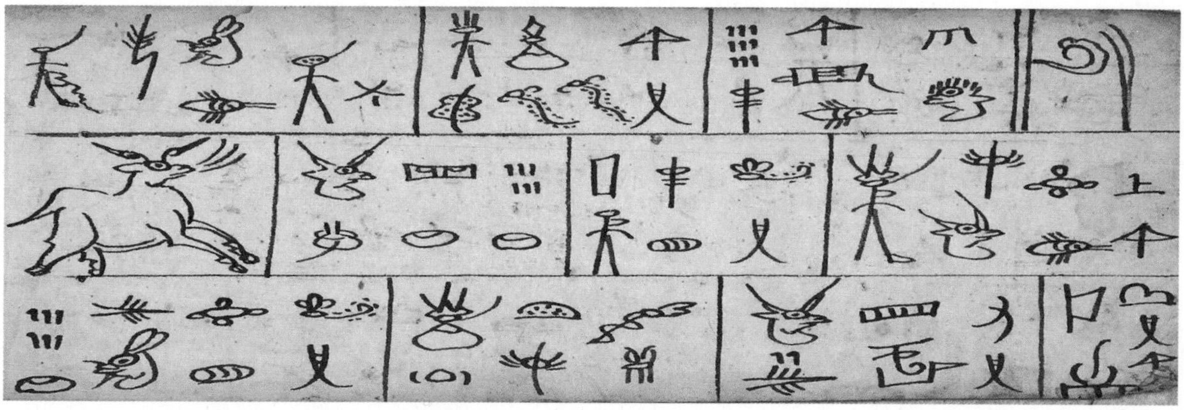

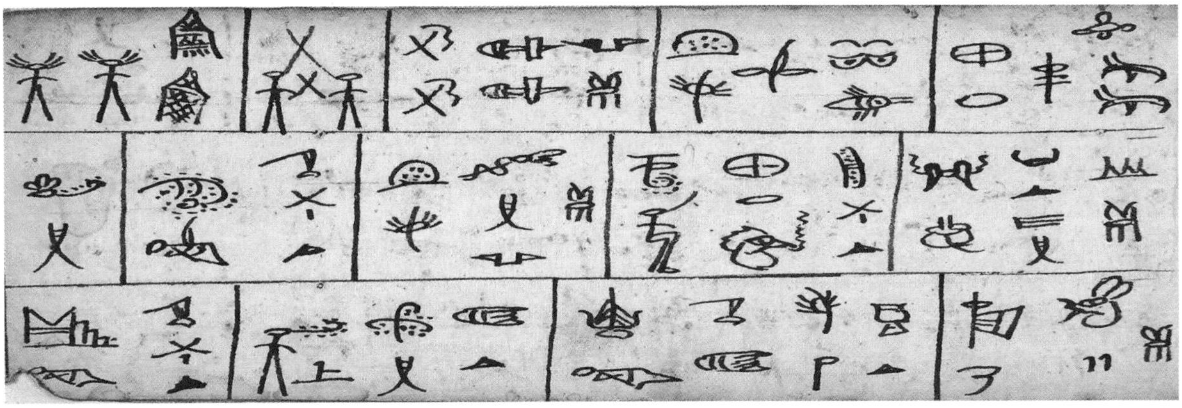

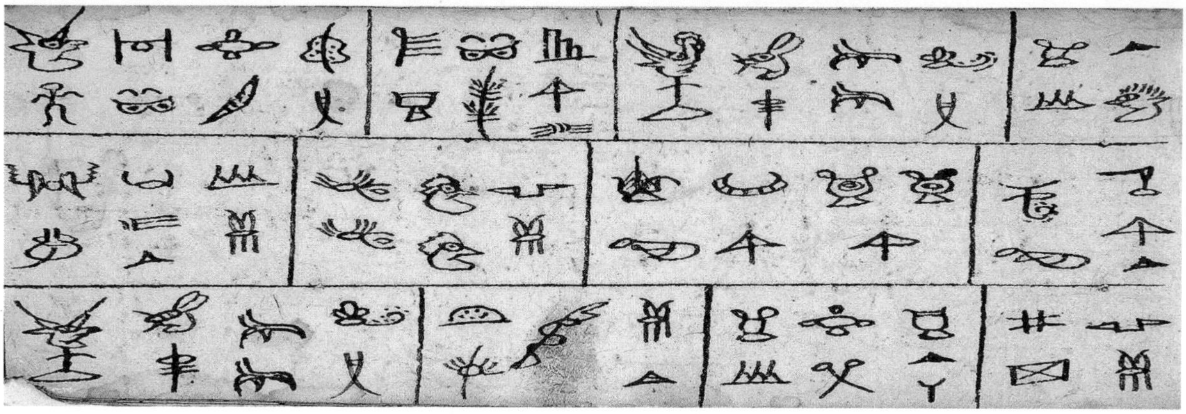

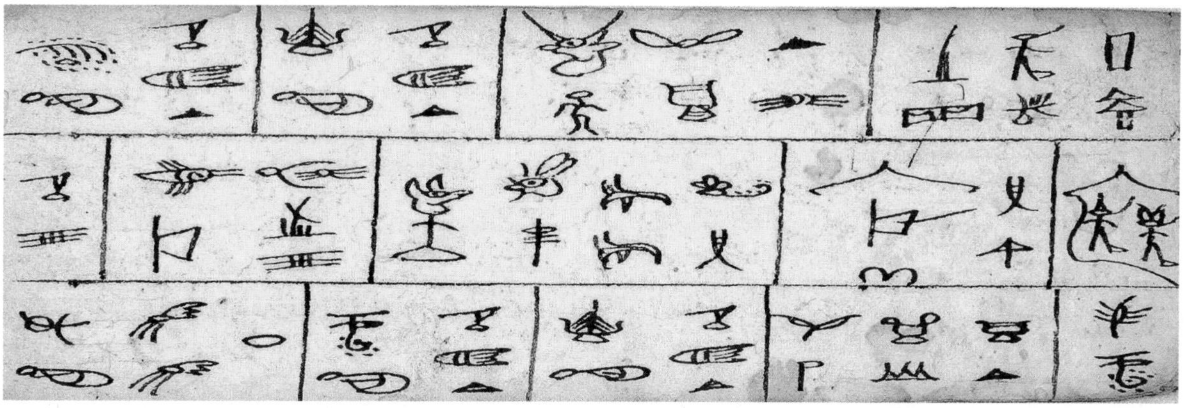

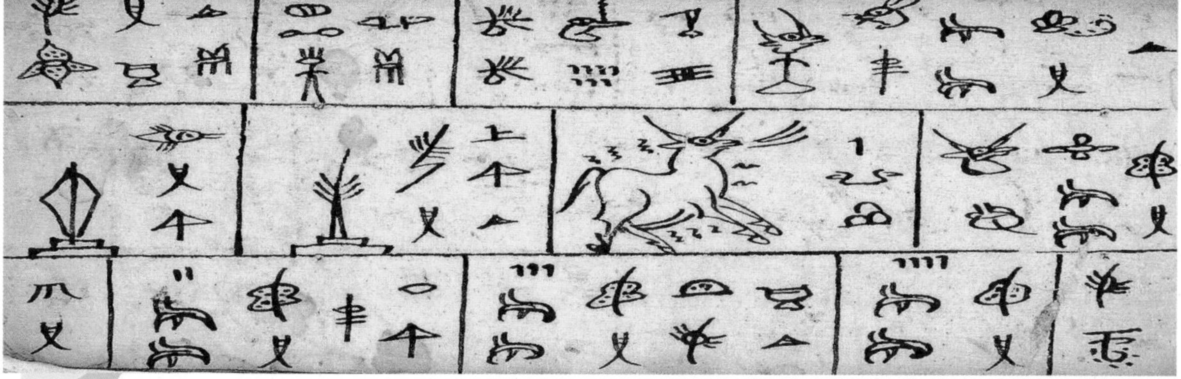

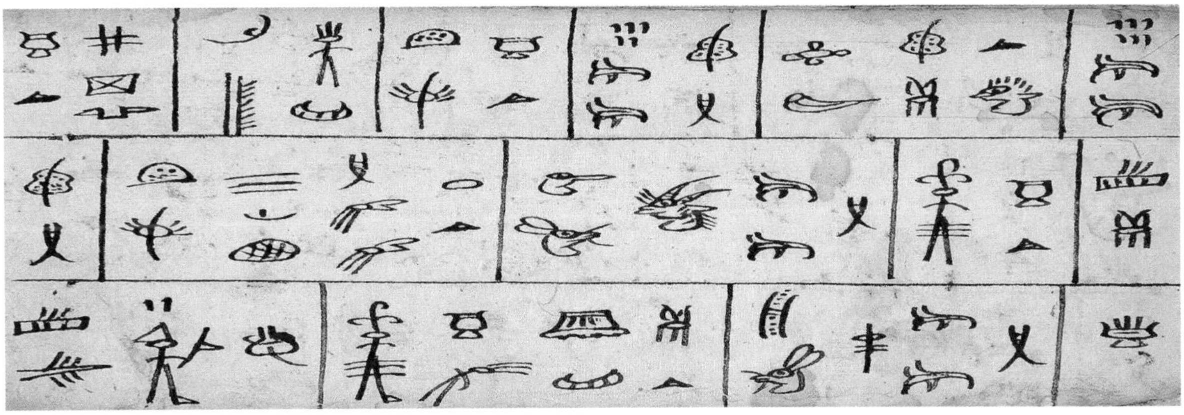

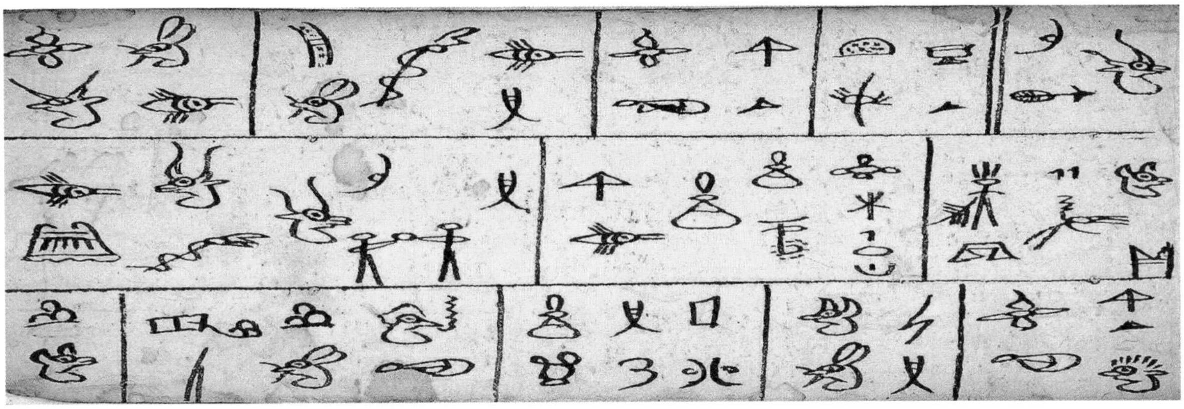

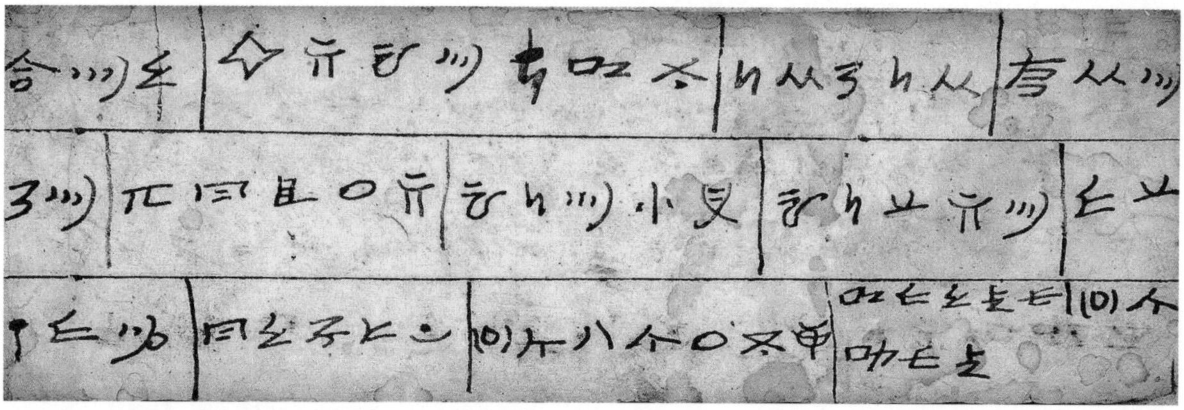

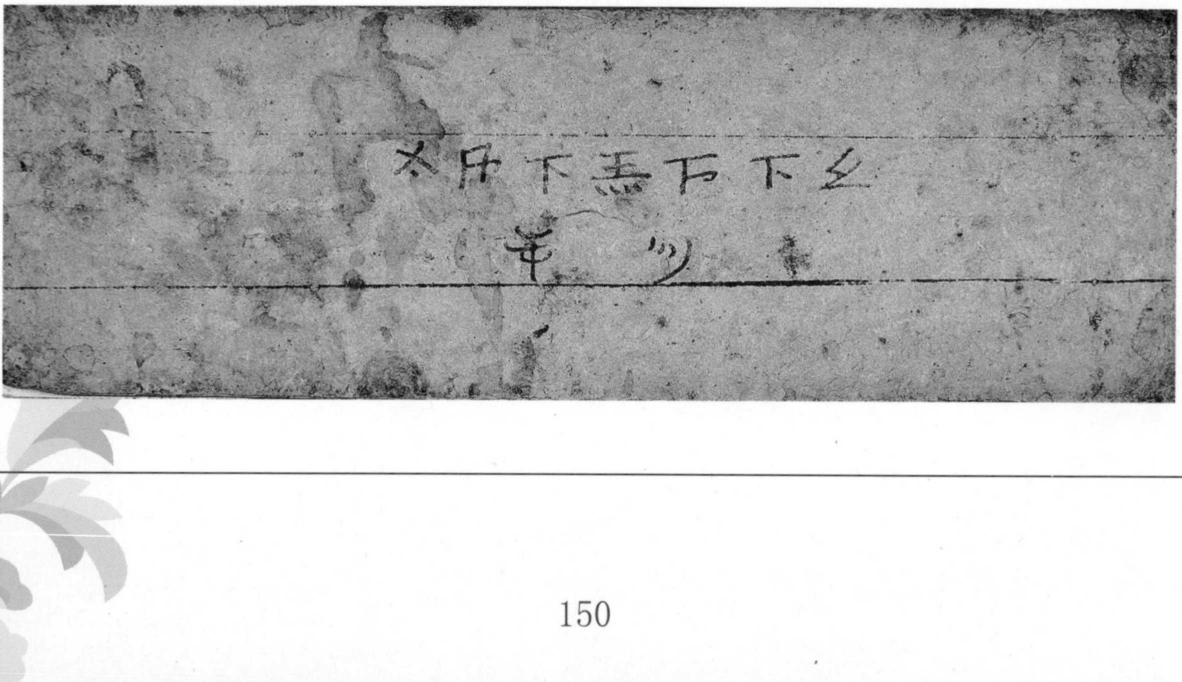

大祭风仪式·分开壬、枚

纳西族东巴教大祭风仪式典籍。流传于云南省丽江市纳西族地区。分卷，本书系上卷，佚名撰。讲述楚鬼纠合住在东、南、西、北各个方位的鬼和星鬼、娆鬼、壬鬼、枚鬼等到人们家中作祟，施放灾祸和疾病。东巴祭司把纠合在一起的壬鬼、枚鬼分开，通过祭祀把它们送回各自的住地，割断它们给人施放疾病和灾祸的绳索，使这一人家重得安定、幸福的生活，脱离疾病的缠绕。旧抄本，本色构皮纸，线订册叶装，彩书。页面高9厘米，广27.5厘米。保存完好。今藏丽江市玉龙纳西族自治县图书馆。

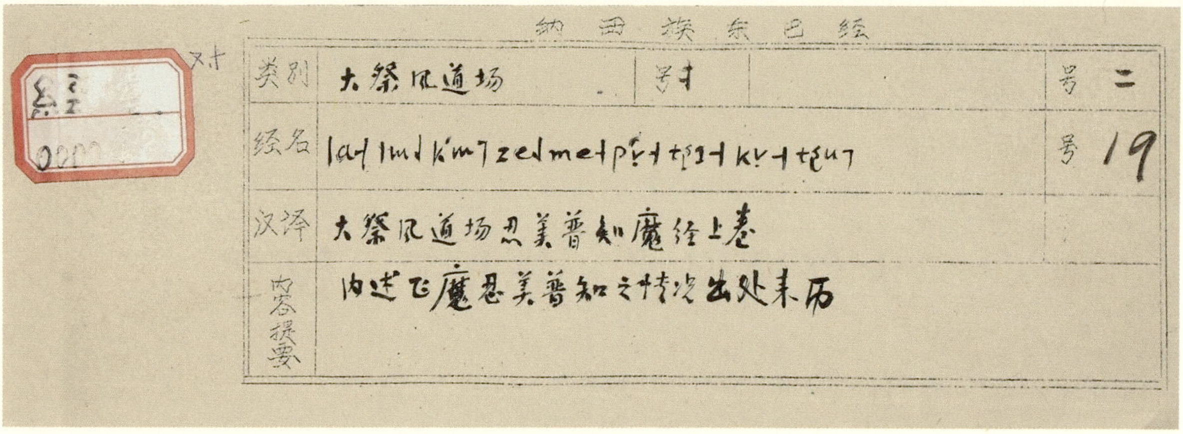

纳西族东巴经

类别	大祭风道场	字		号	二
经名	la˧ lm˧ k'm˥ ze˧ me˧ pɤ˧ tʂɤ˧ kv˧ tɕu˥			号	19
汉译	大祭风道场忍美普知魔经上卷				
内容提要	内述飞魔忍美普知之情况出处来历				

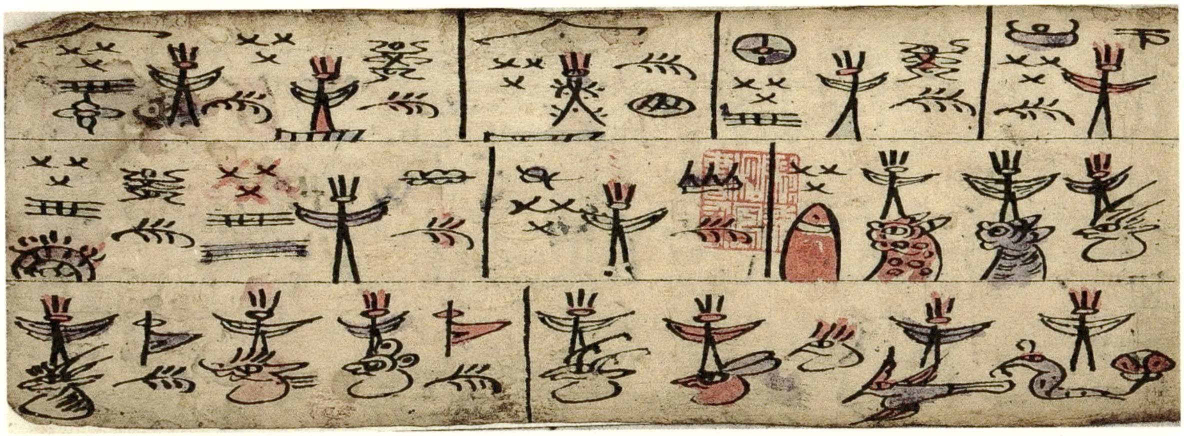

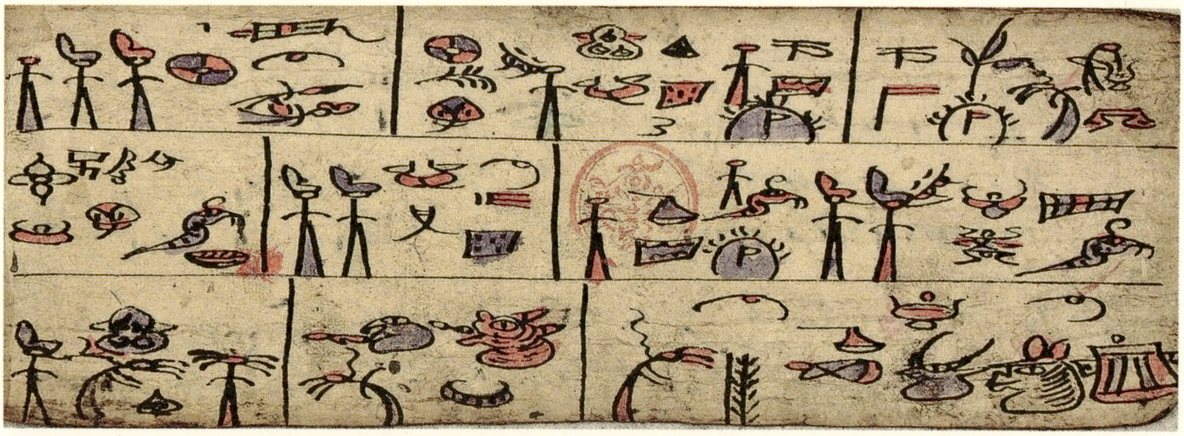

大祭风·鲁般鲁饶

纳西族东巴教大祭风仪式重要典籍。流传于云南省丽江市纳西族地区。分卷，本书系上卷，佚名撰。讲述了一群青年男女不顾亲人的劝阻到高原上殉情的故事，详述了孜补羽勒盘和开美久命金的爱情，两人情投意合，互赠信物传真情，不料开美久命金姑娘被人诬为失了贞操，又久久没有心上人孜补羽勒盘的消息，最后独自吊死在高原上的故事。旧抄本，本色构皮纸，线订册叶装，墨书。页面高8.5厘米，广28厘米。保存基本完好。今藏丽江市玉龙纳西族自治县图书馆。

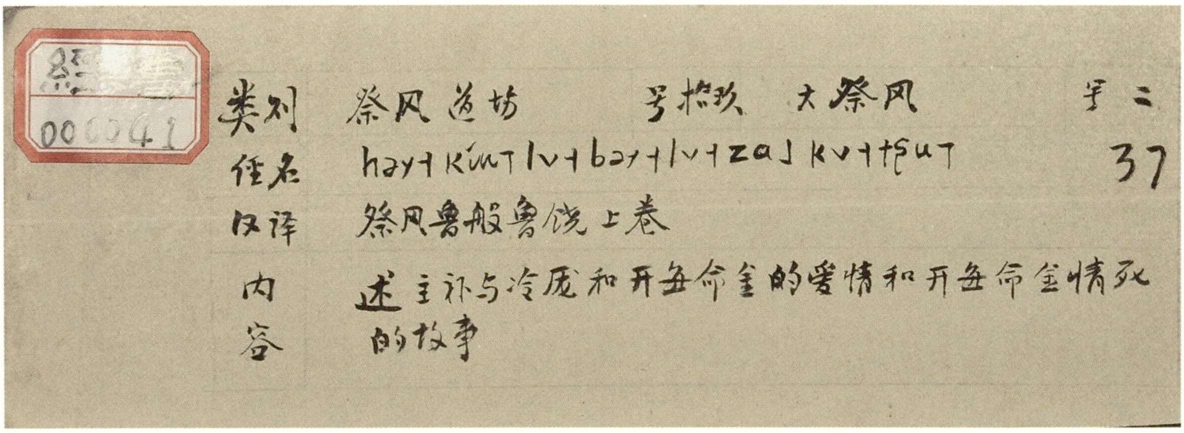

000041

类别 祭风道场 另称 大祭风 第二

经名 [illegible] 37

汉译 祭风鲁般鲁饶上卷

内容 述主补与冷庞和开每命金的爱情和开每命金情死的故事

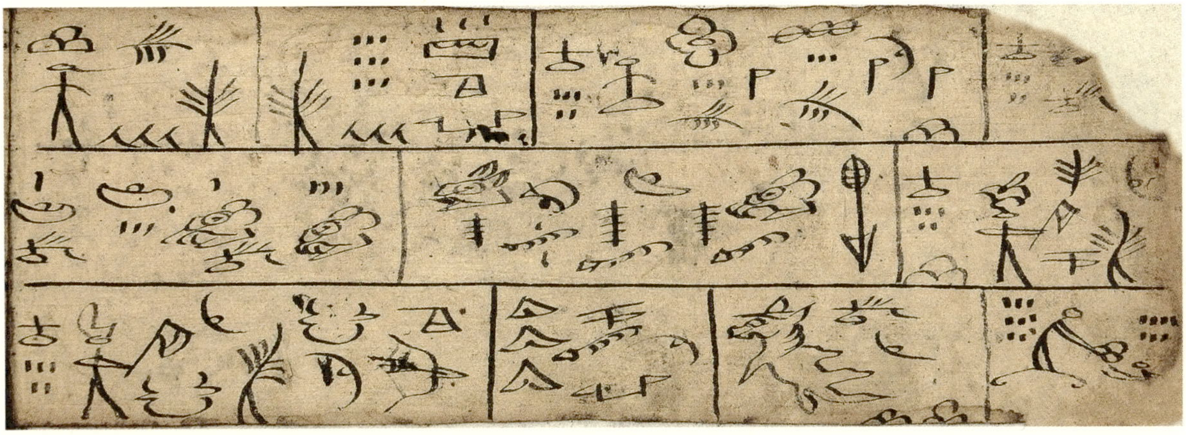

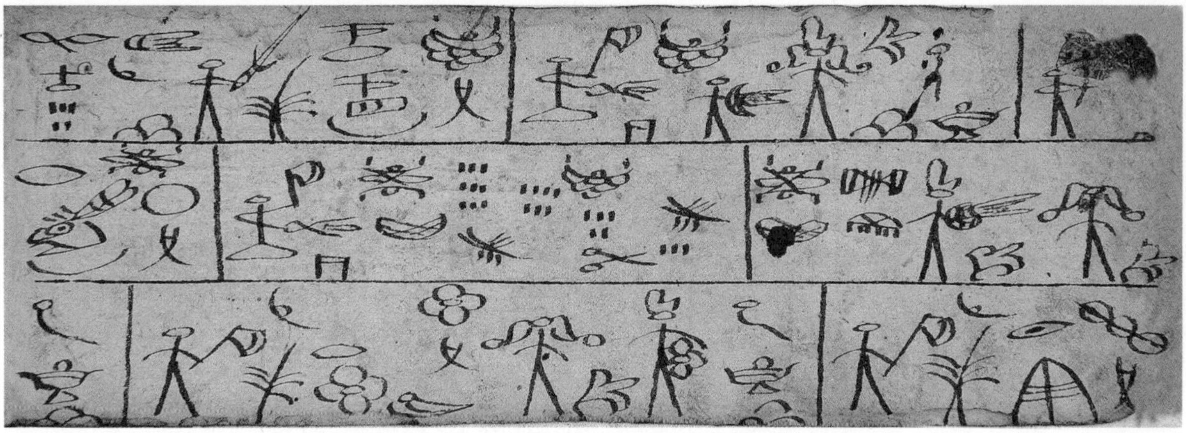

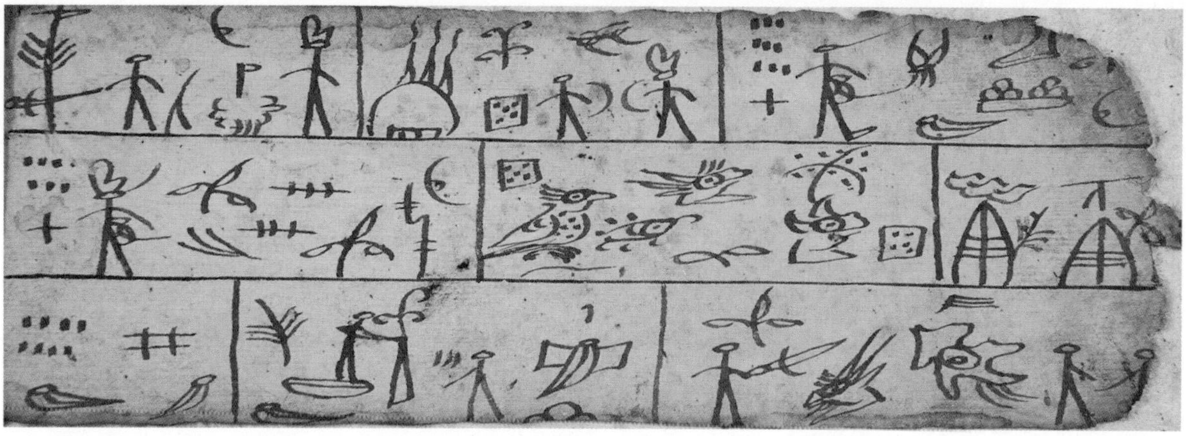

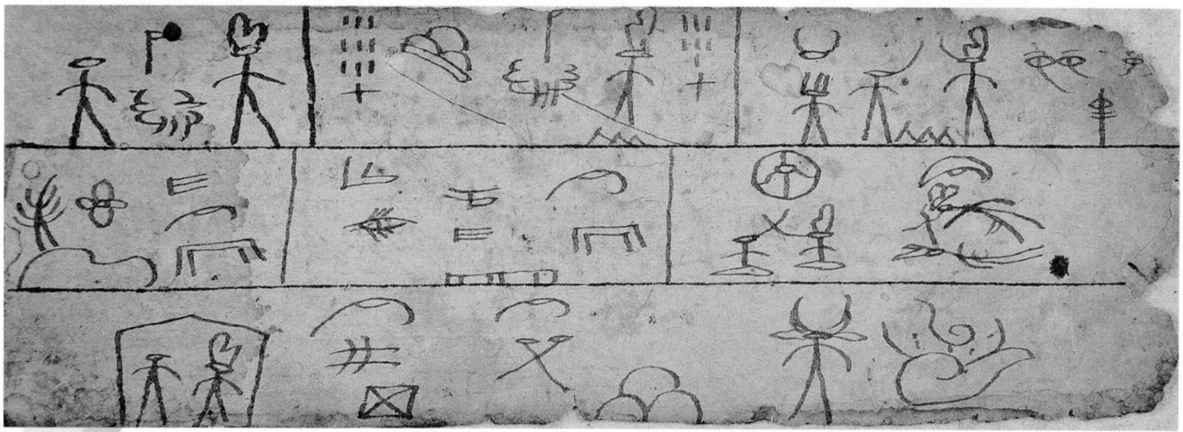

大祭风·迎请莫毕精如神

纳西族东巴教大祭风仪式重要典籍。流传于云南省丽江市纳西族地区。分卷，本书系下卷，佚名撰。讲述东巴迎请莫毕精如大神，莫毕精如大神到辽阔的大地上以后，在人类居住的各个地方镇压降伏各种鬼族。人们用各种物品供奉莫毕精如大神，并将他送回十八层天上去。最后，由人类各地各方的东巴祭司念不同的咒语，继续镇压鬼族。旧抄本，本色构皮纸，线订册叶装，墨书。页面高8.5厘米，广28厘米。保存完好。今藏丽江市玉龙纳西族自治县图书馆。

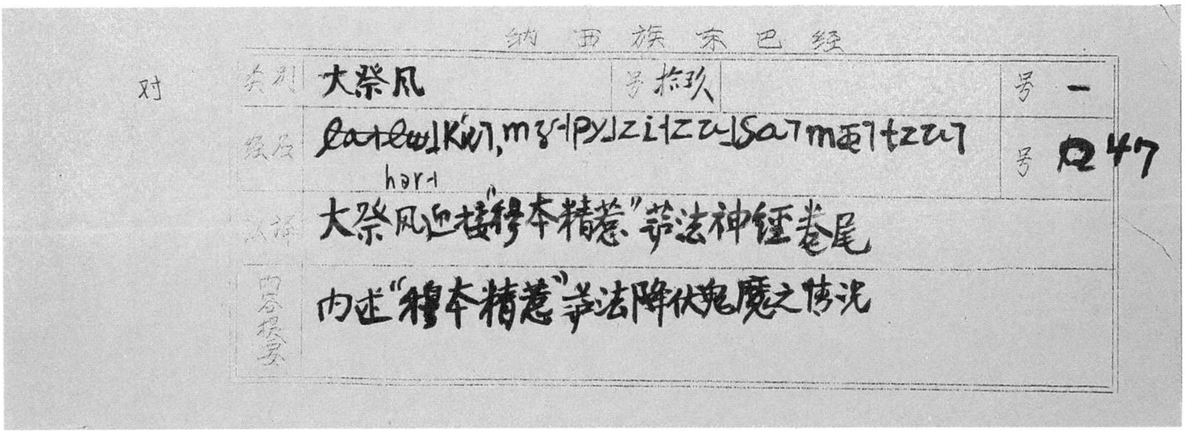

纳西族东巴经

对

类别	大祭风	书号 捺玖	号 一
经名	ʂa˧tʂʰɯ˩kʰɯ˥, mɯ˧py˩zi˧zɯ˩sa˥mɯ˥tzɯ˥ (har˧)		号 R47
汉译	大祭风迎接"穆本精慈"等法神经卷尾		
内容提要	内述"穆本精慈"等法降伏鬼魔之情况		

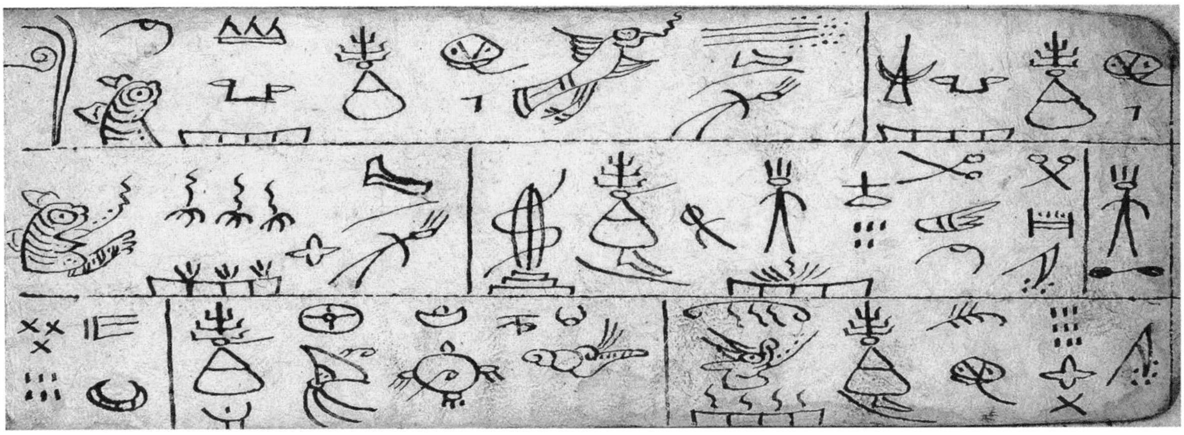

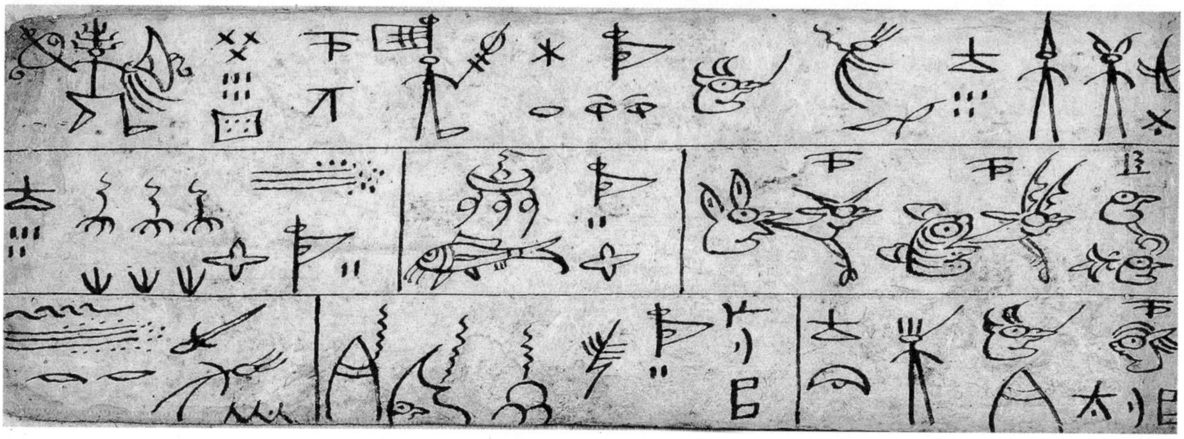

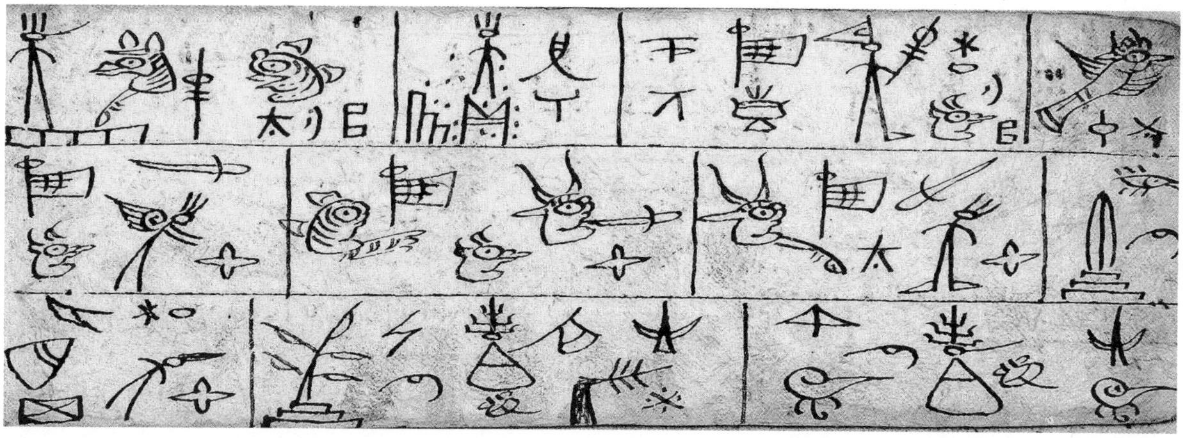

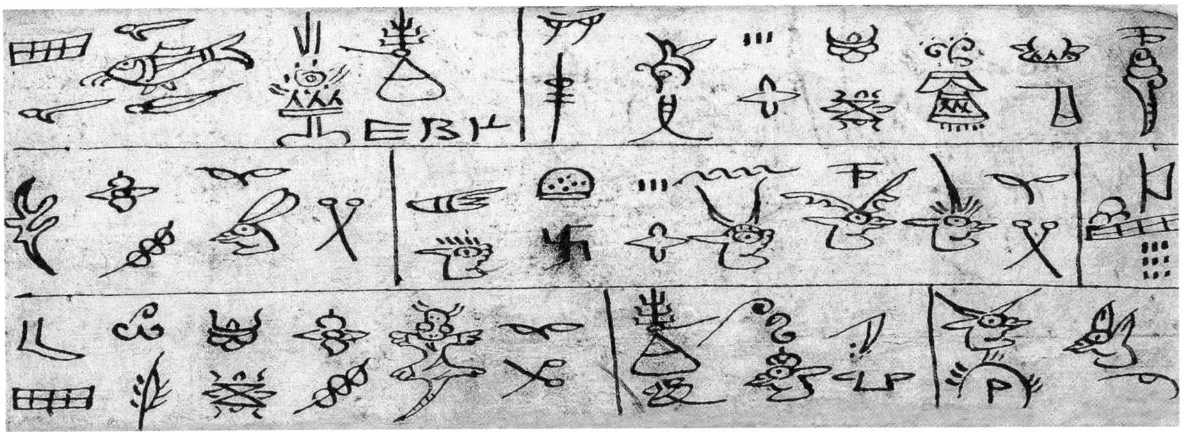

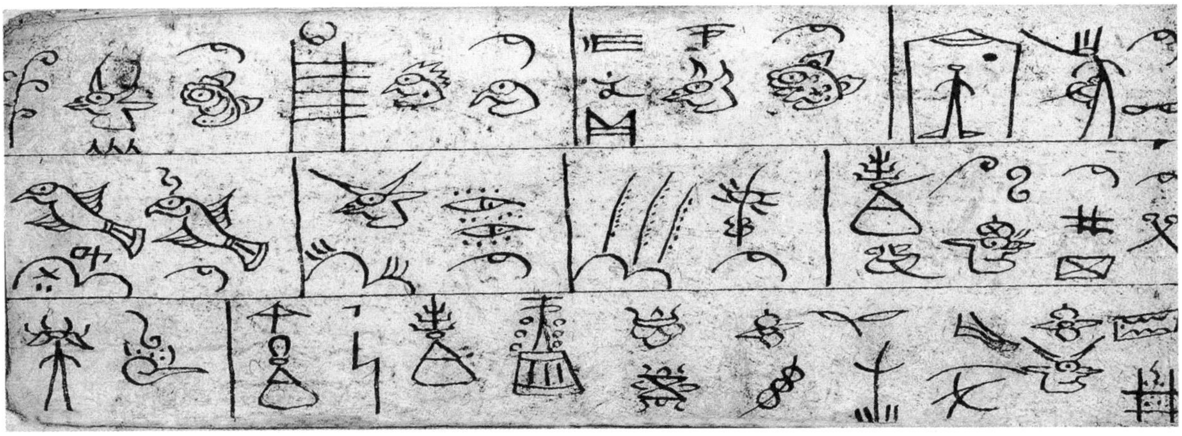

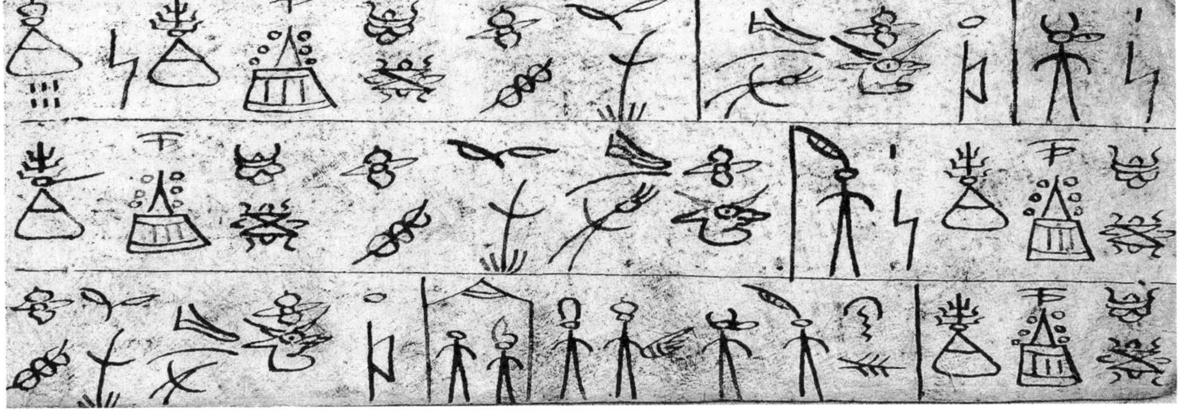

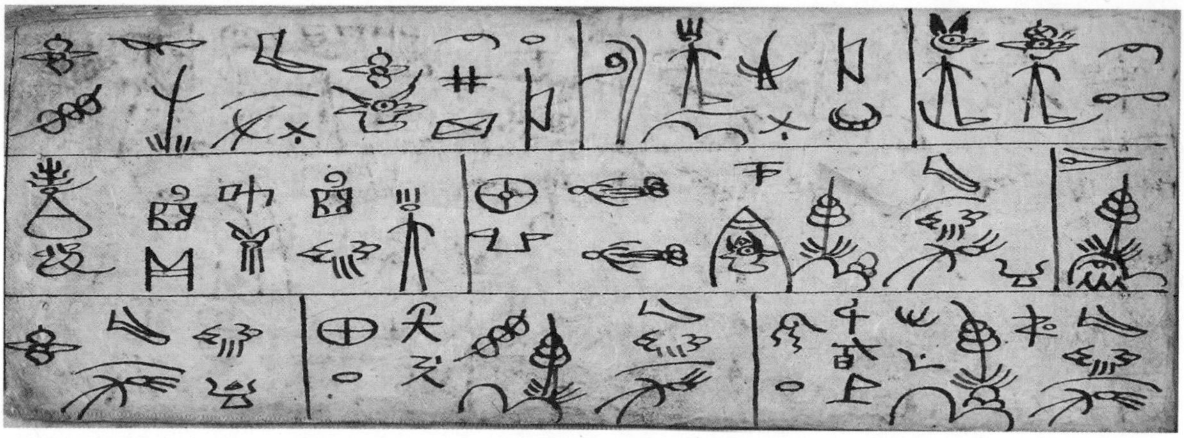

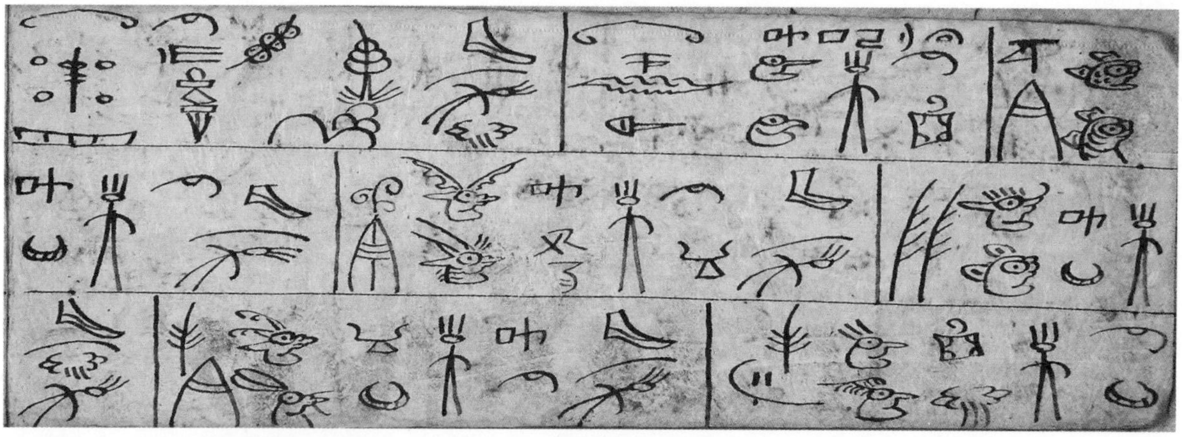

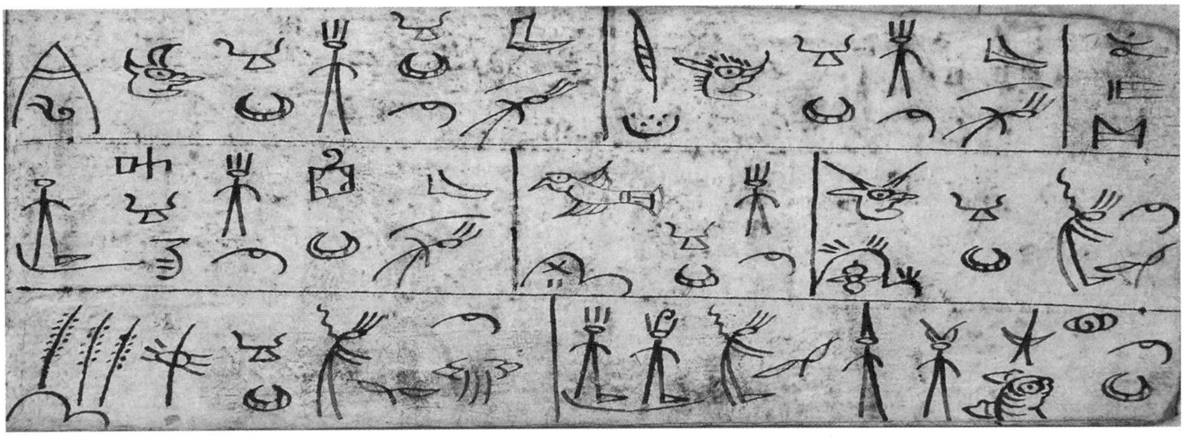

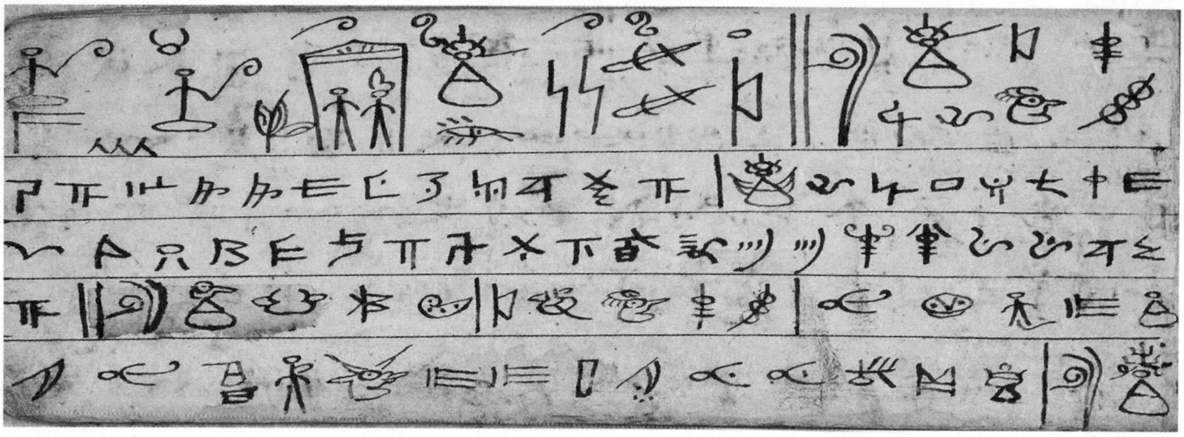

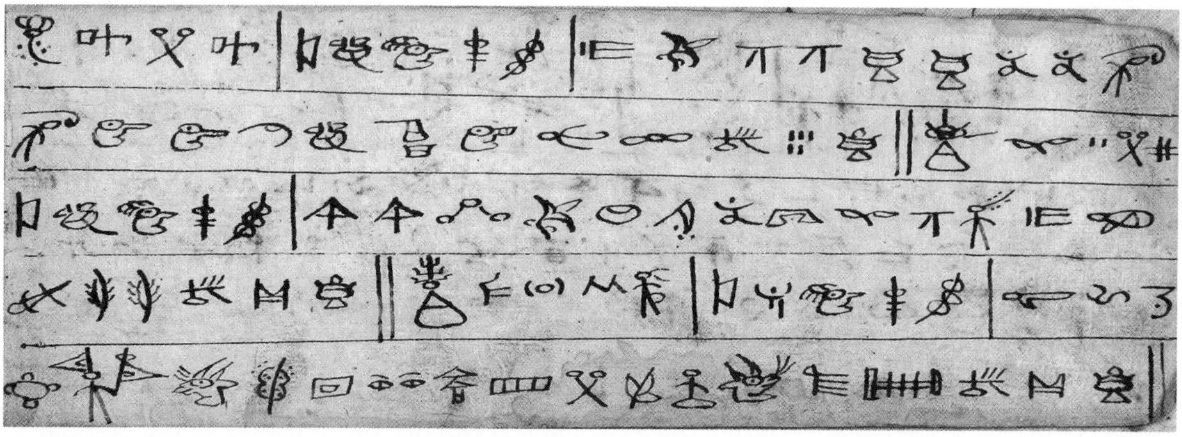

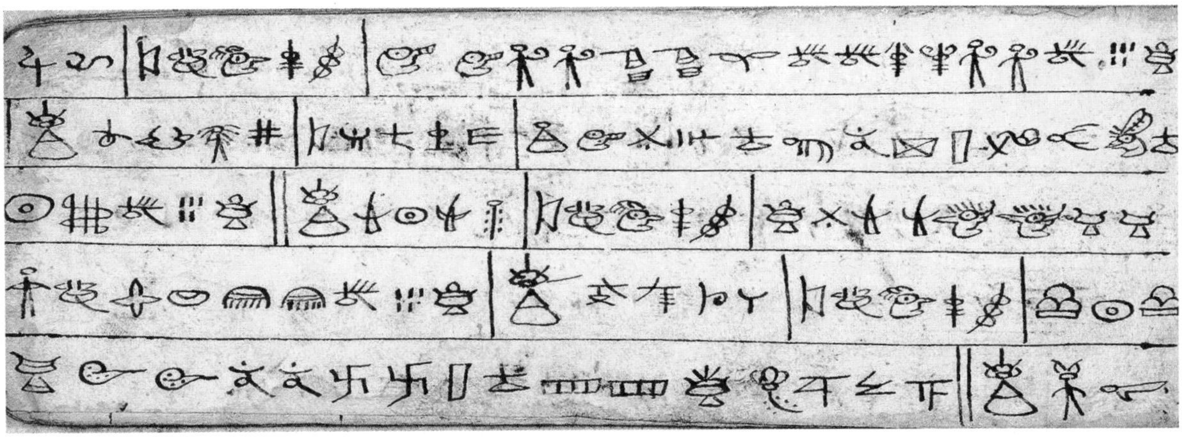

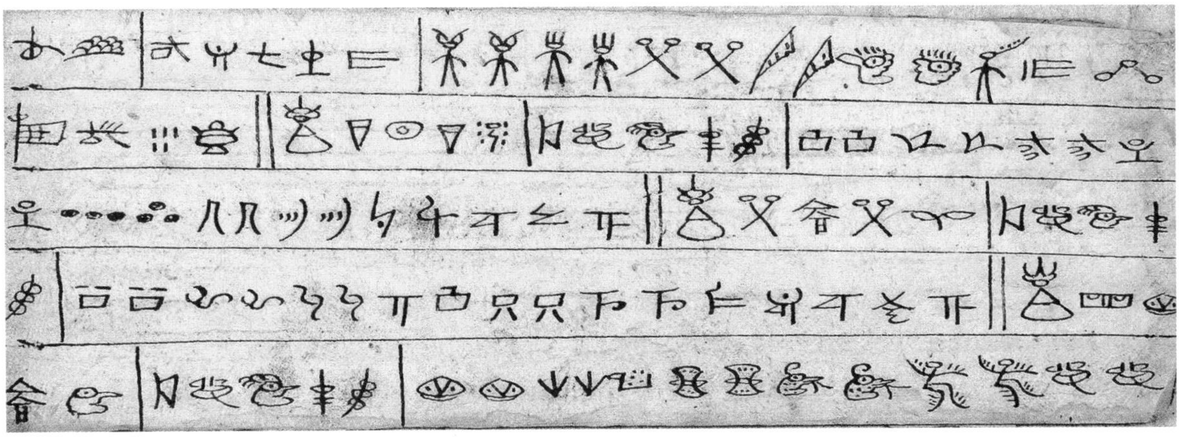

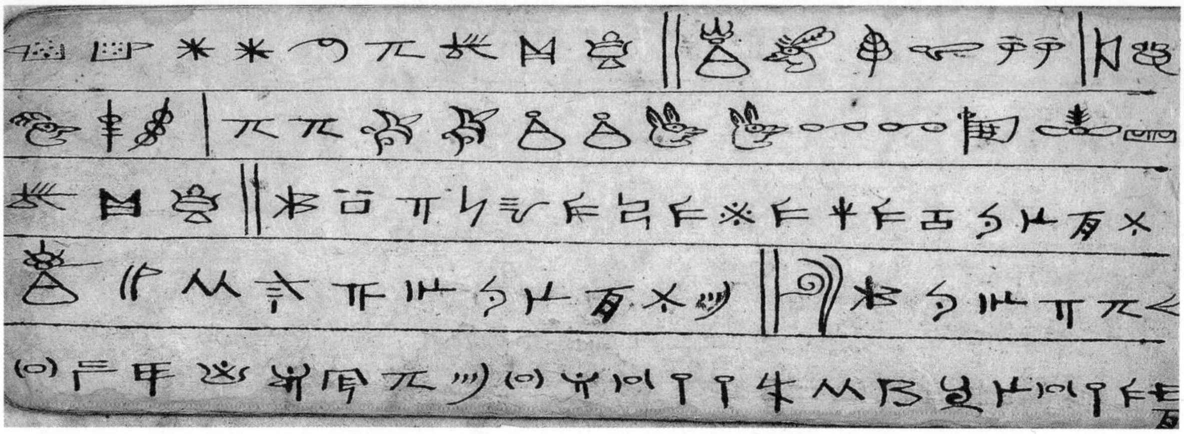

大祭风·超度吊死情死者·安慰死者

纳西族东巴教大祭风仪式典籍。流传于云南省丽江市纳西族地区。不分卷，1册，佚名撰。讲述因吊死者、情死者无可归宿，东巴要吟唱“孟兹铭”之歌安慰死者，告诉死者生死是自然规律，规劝他们不要留念人间，把福泽赐予活着的人，并送吊死者、情死者回归祖先地。旧抄本，本色构皮纸，线订册叶装，墨书。页面高10.5厘米，广31厘米。保存完好。今藏丽江市玉龙纳西族自治县图书馆。

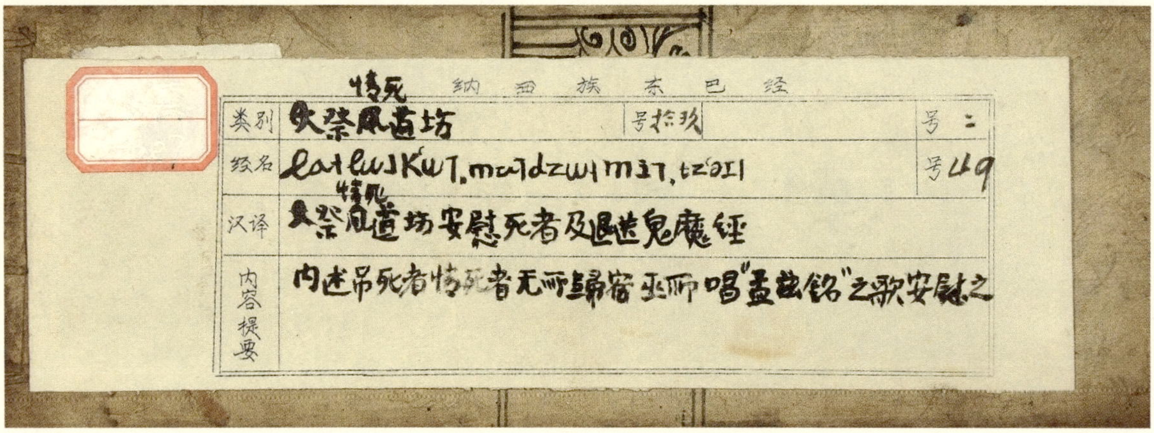
纳西族东巴经
类别
祭风道场
经名
汉译
祭风道场安慰死者及退送鬼魔经
内容提要
内述吊死者情死者无所归宿巫师唱"盖兹铭"之歌安慰之

142

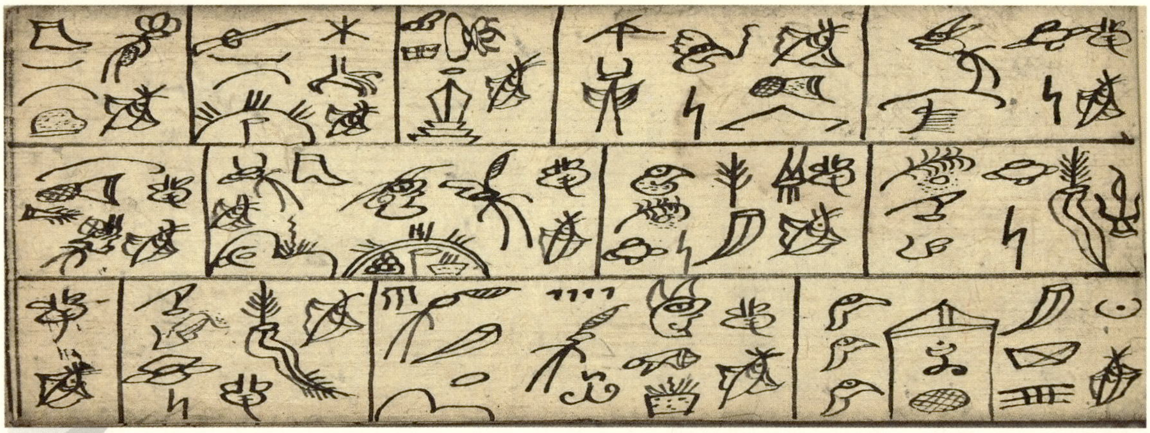

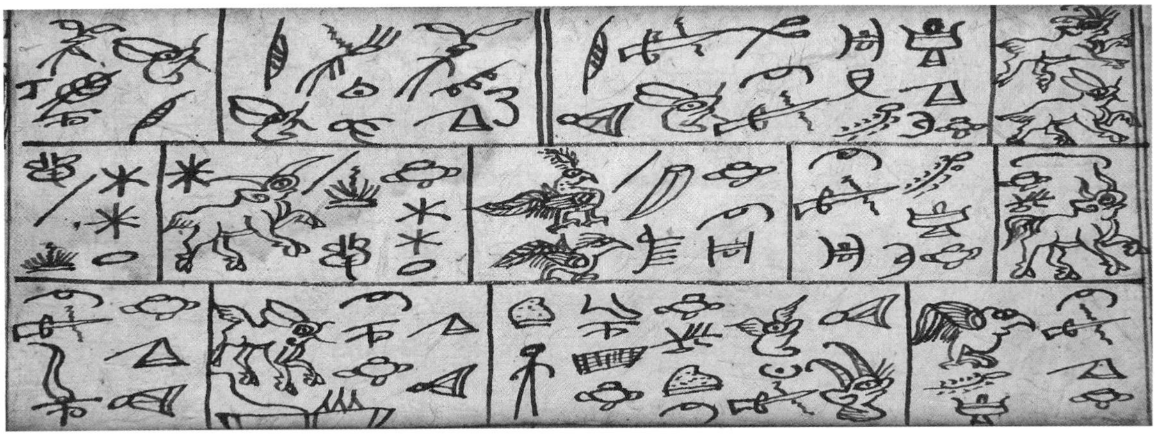

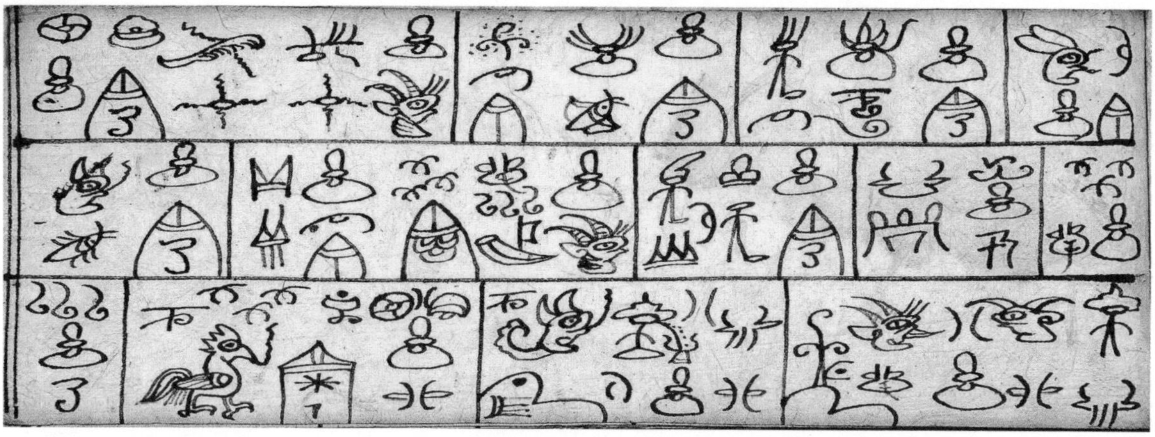

超度什罗仪式·打开“罗梭”之门

纳西族东巴教超度什罗仪式典籍。流传于云南省丽江市纳西族地区。不分卷，1册，佚名撰。讲述东巴什罗生前曾前往六大鬼域寻找威力。人死后，鬼域的鬼会伤害死者的灵魂，把死者的灵魂囚在罗梭海里。罗梭海的八扇门由八个鬼把守，祭司施食给鬼，然后镇压八个守门鬼，才能把死者的灵魂从海里接上来，送往幸福吉祥的神地。旧抄本，本色构皮纸，线订册叶装，墨书，封面有彩色装饰。页面高10厘米，广28厘米。保存完好。今藏丽江市玉龙纳西族自治县图书馆。

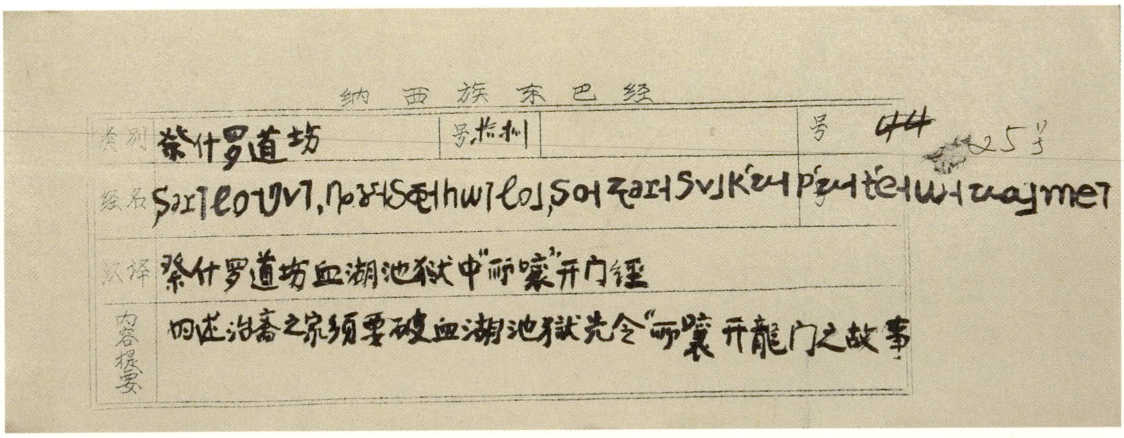

纳西族东巴经

类别	祭什罗道场	号	44
经名	[illegible]		
试译	祭什罗道场血湖池狱中"丽嚷"开门经		
内容提要	叙述治斋之家须要破血湖池狱先令"丽嚷"开龍门之故事		

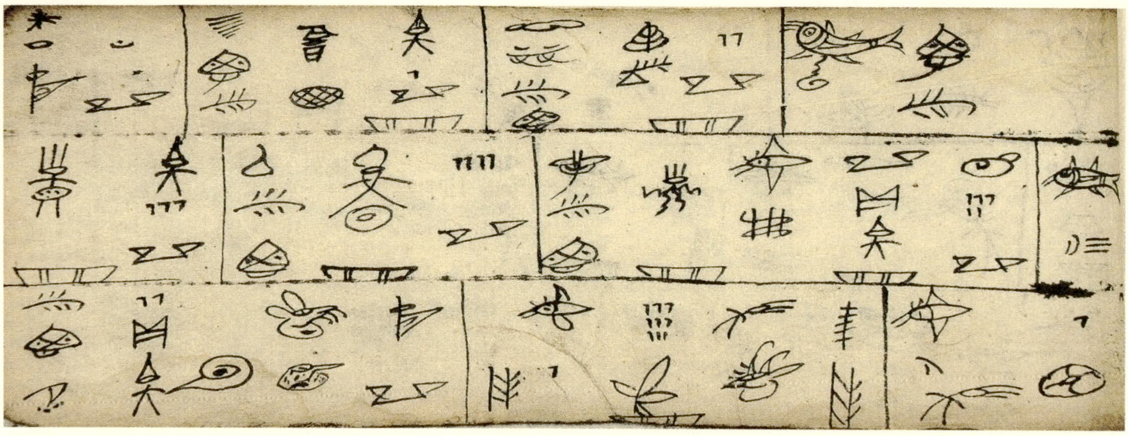

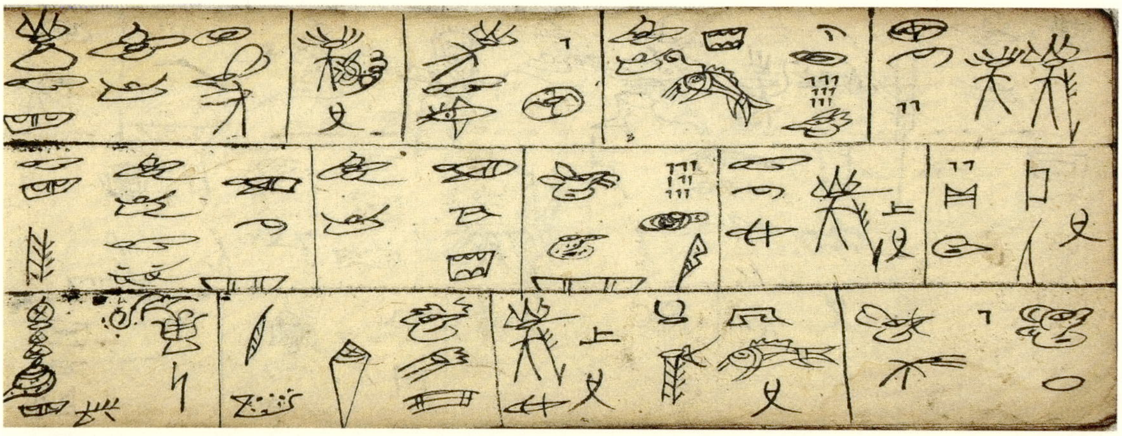

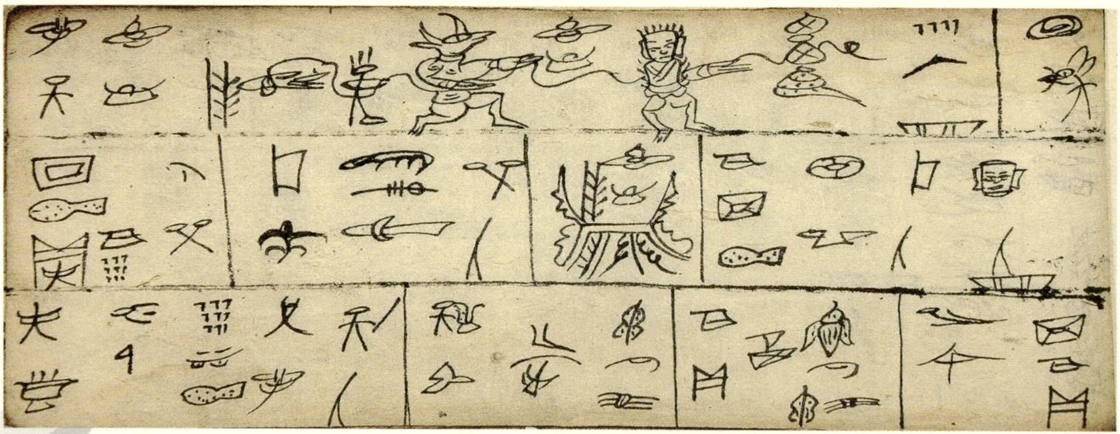

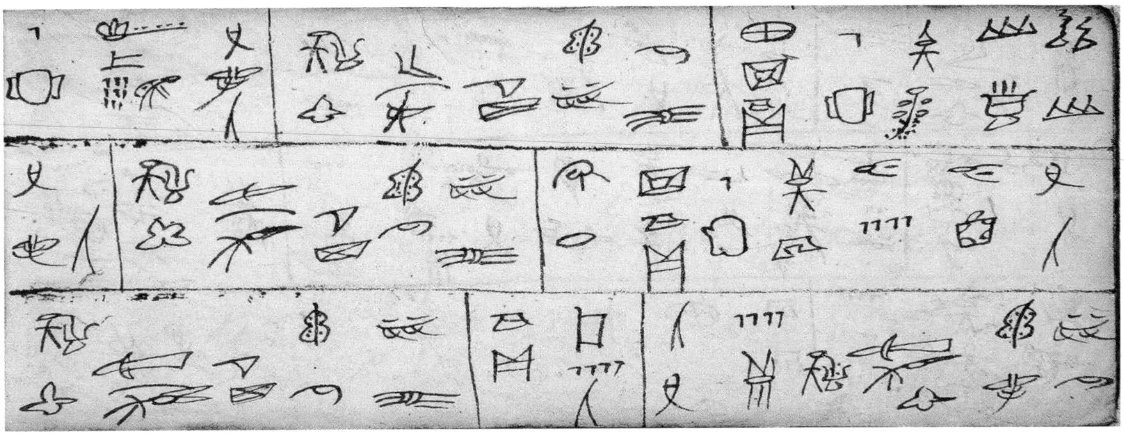

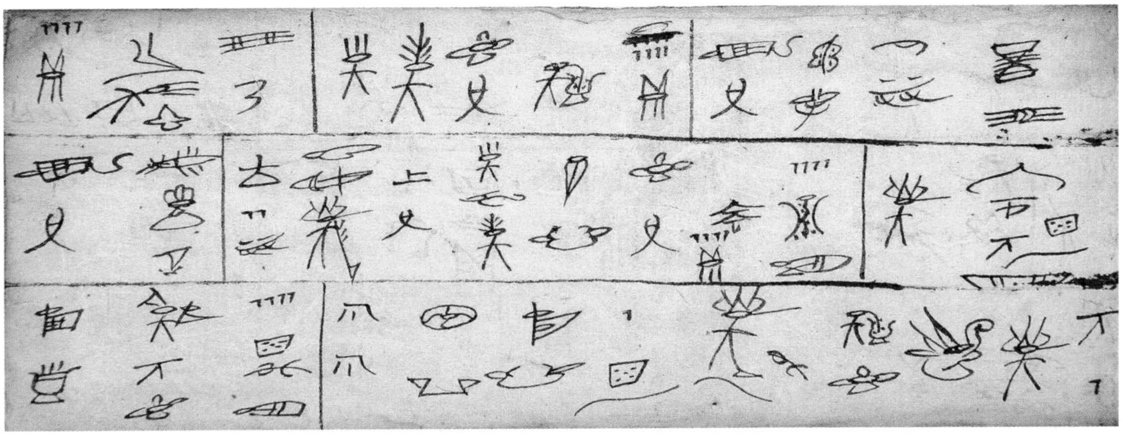

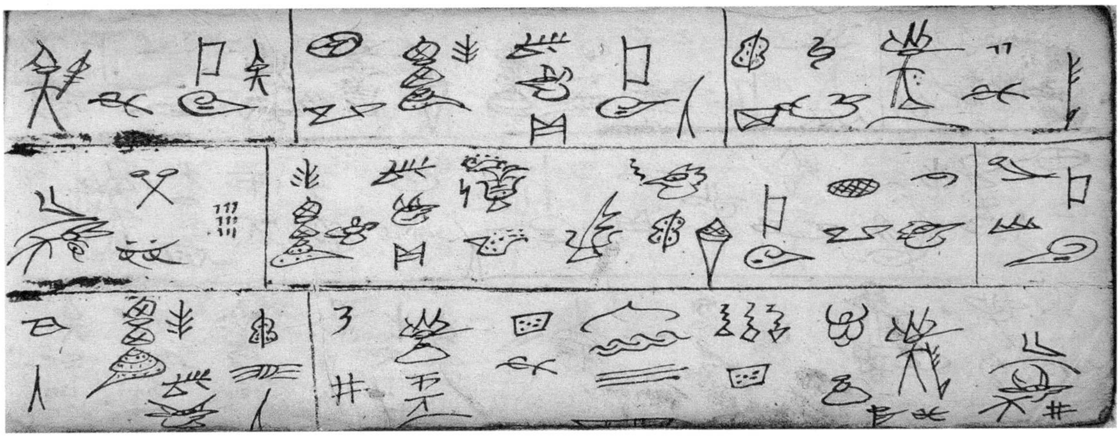

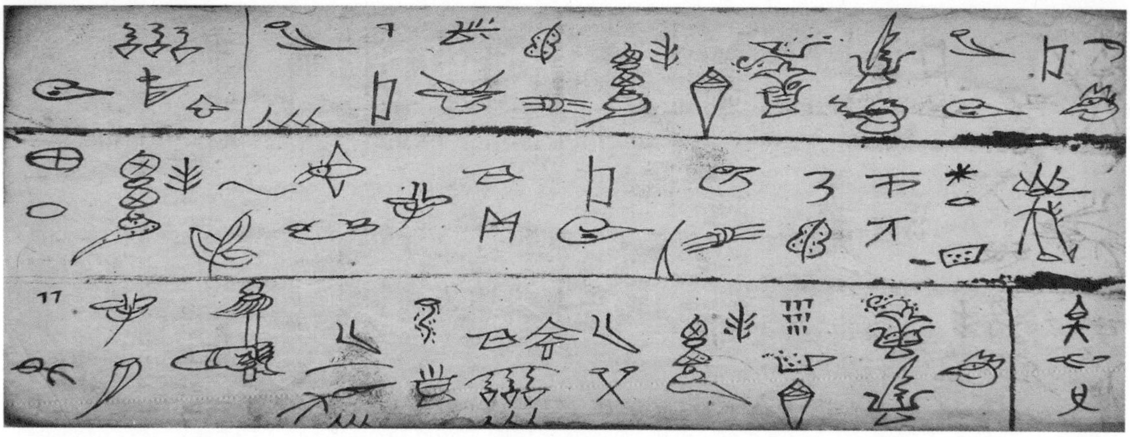

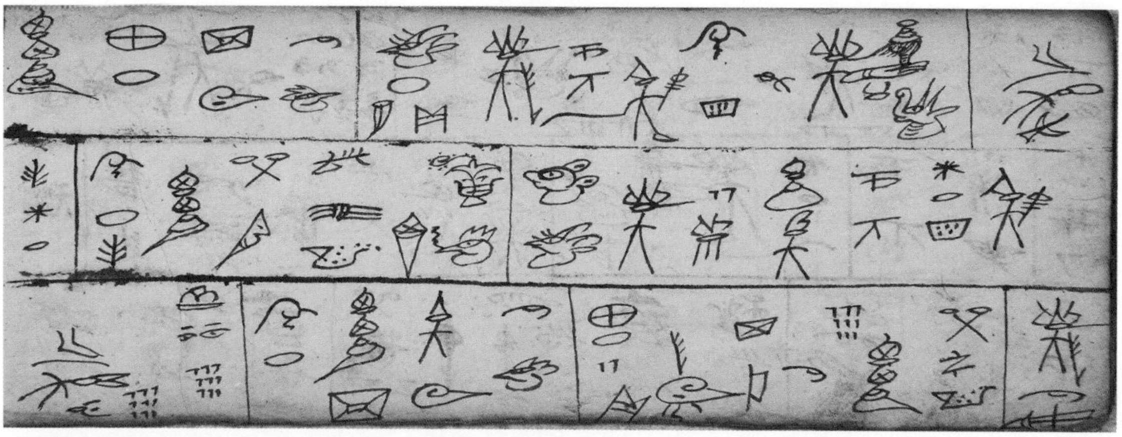

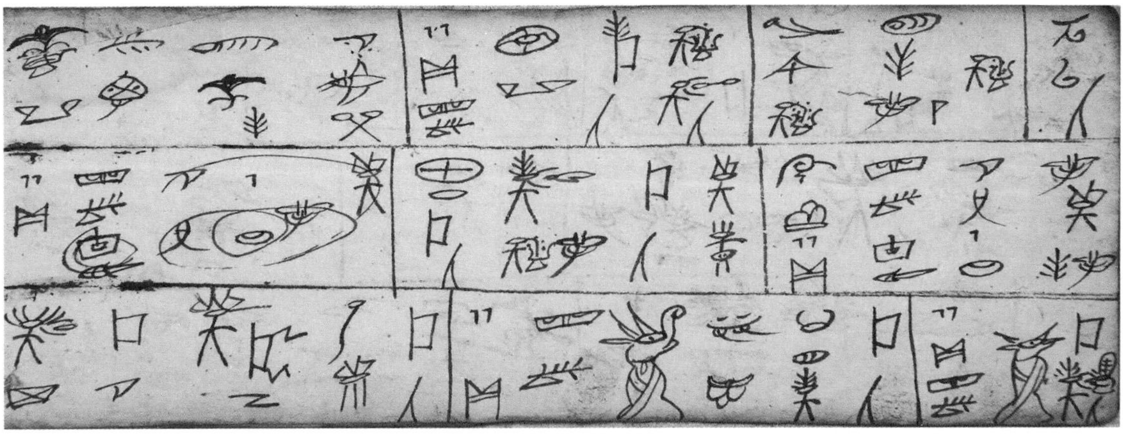

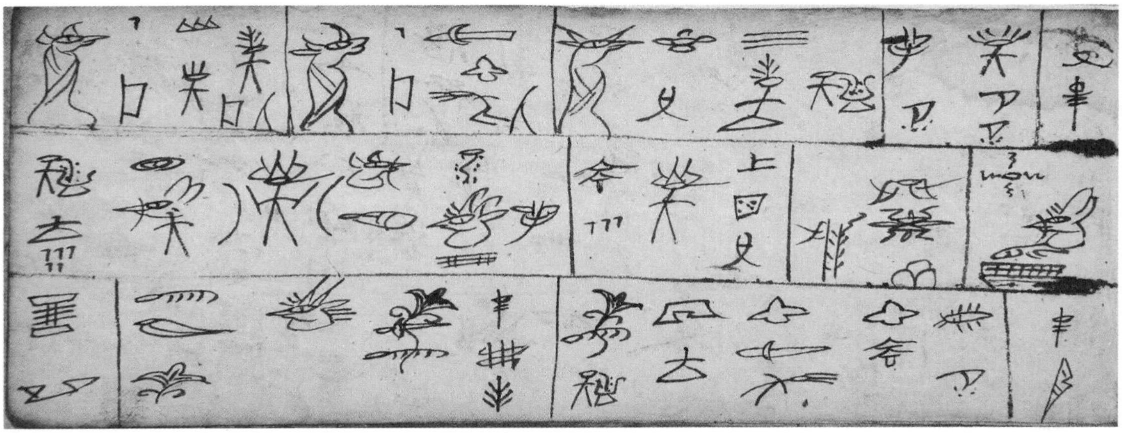

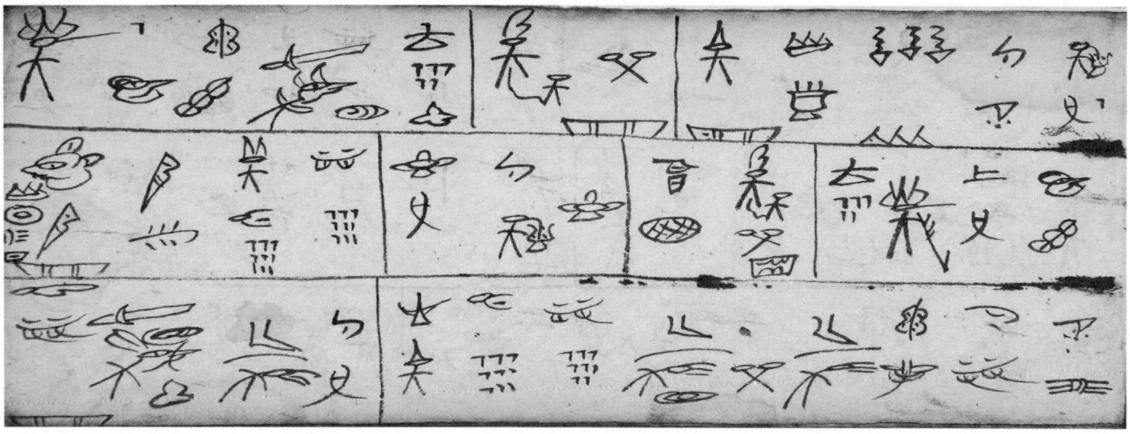

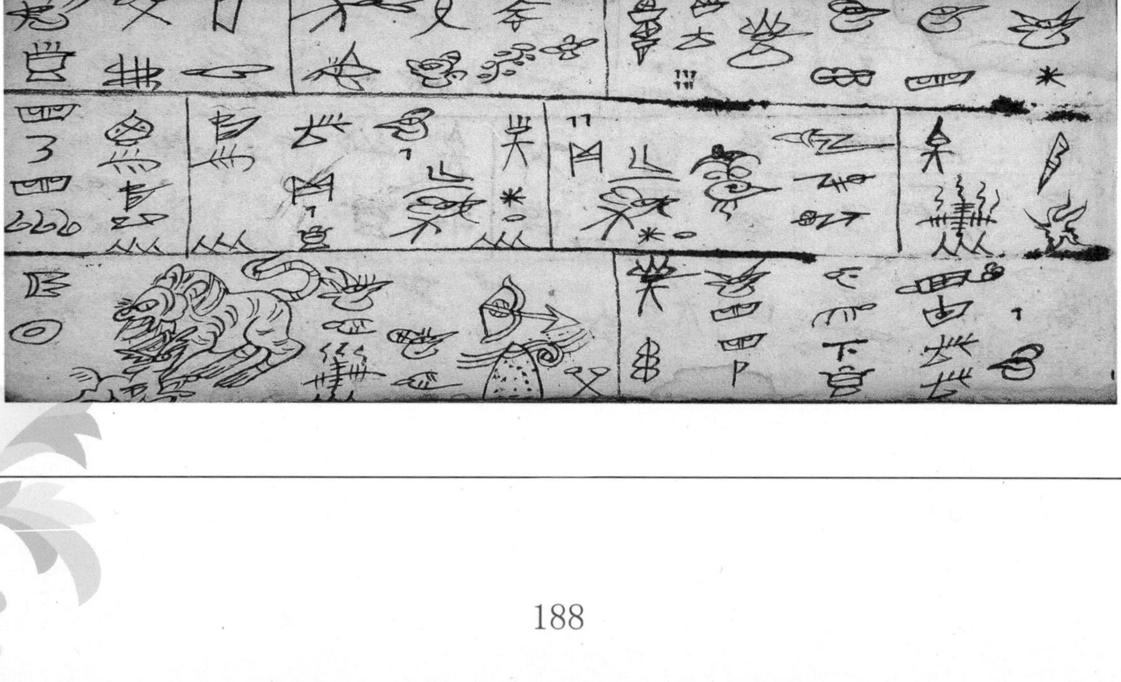

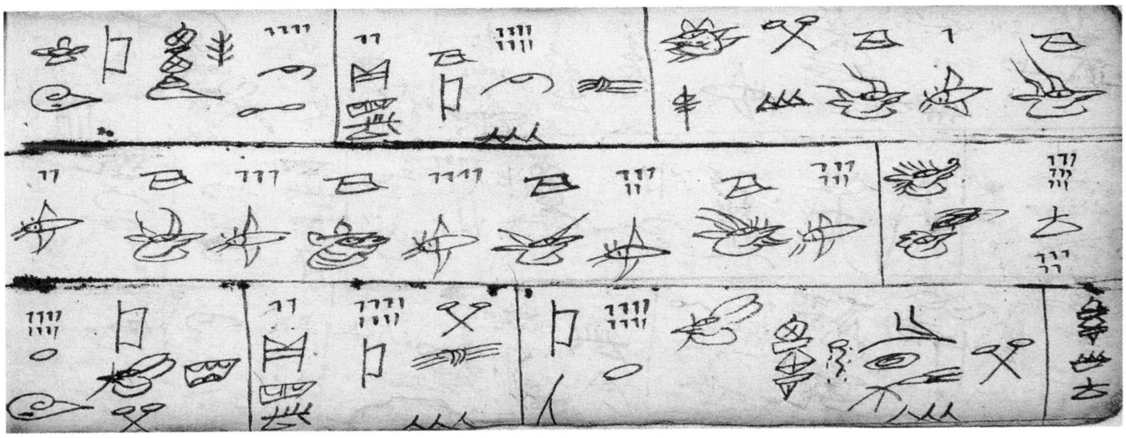

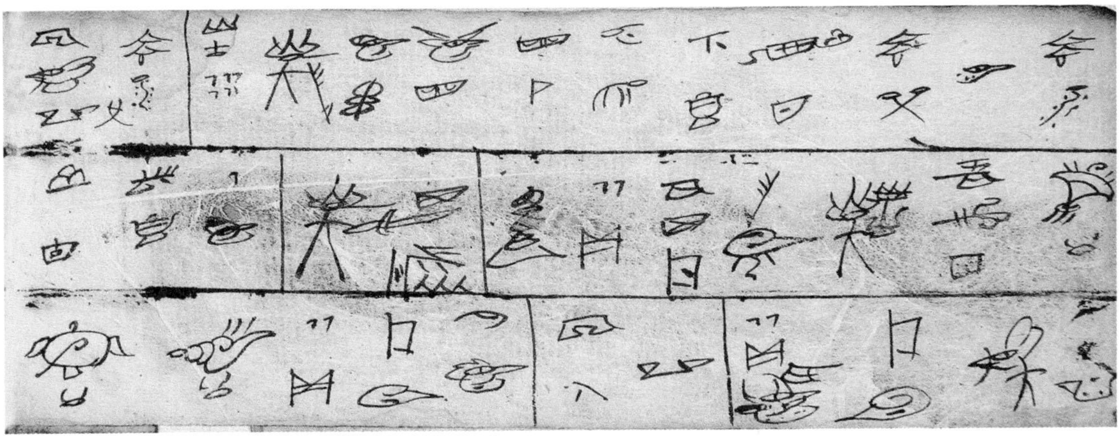

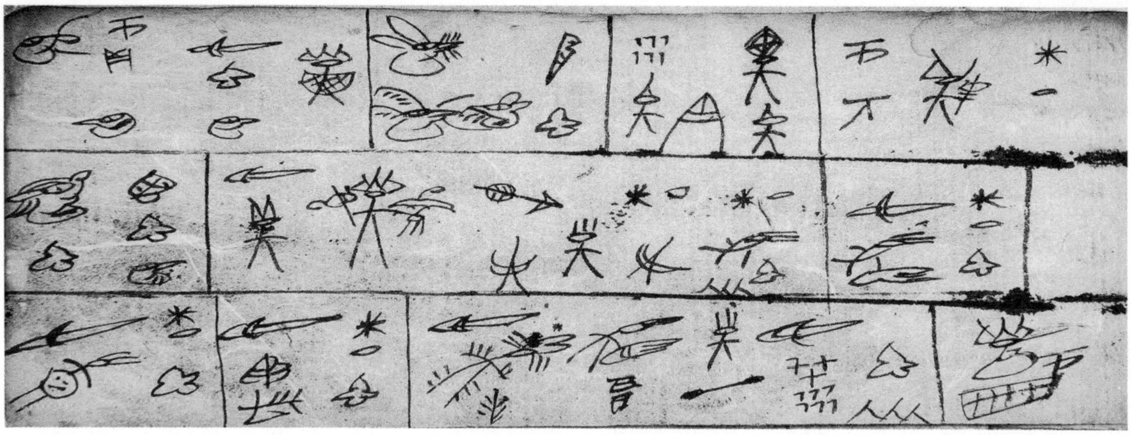

超度什罗仪式·咒语

纳西族东巴教超度什罗仪式典籍。流传于云南省丽江市纳西族地区。不分卷，1册，佚名撰。超度逝去东巴的仪式中念诵的经咒，现只能按字读其音，不知其义。旧抄本，哥巴文书写，本色构皮纸，线订册叶装，墨书。页面高8.5厘米，广28.3厘米。经书末尾页码残缺。今藏丽江市玉龙纳西族自治县图书馆。

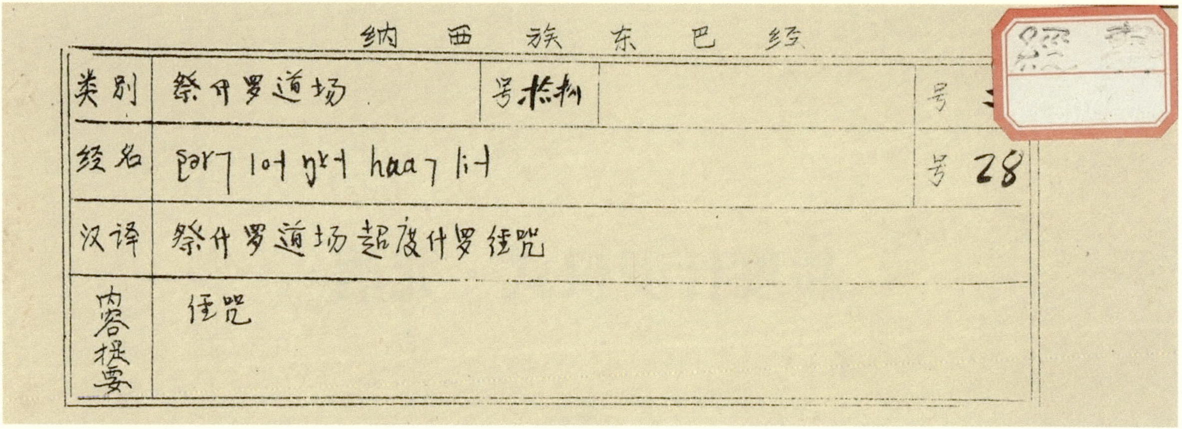

纳西族东巴经

类别	祭什罗道场	号	号
经名	ʂər˥ lo˧ ŋv˧ haa˥ ʂʅ˧		号 28
汉译	祭什罗道场超度什罗经咒		
内容提要	经咒		

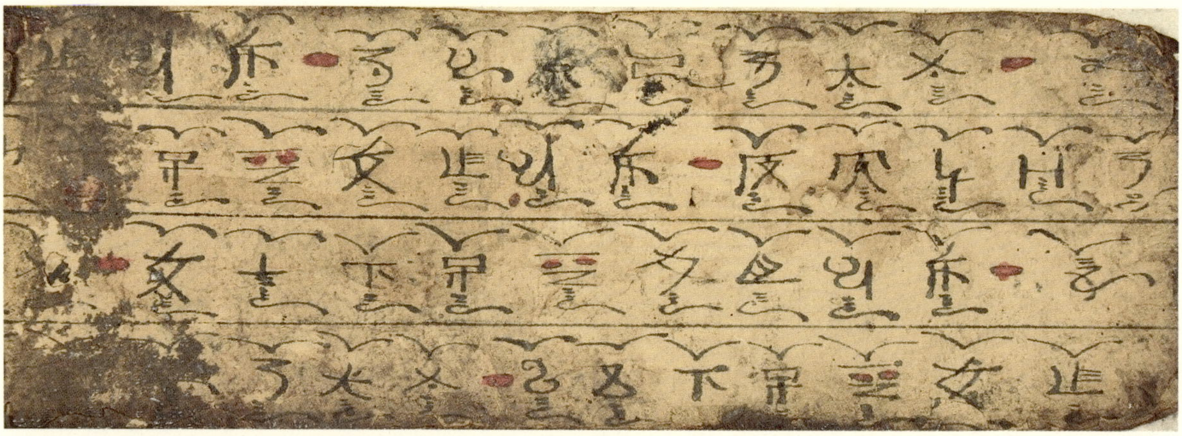

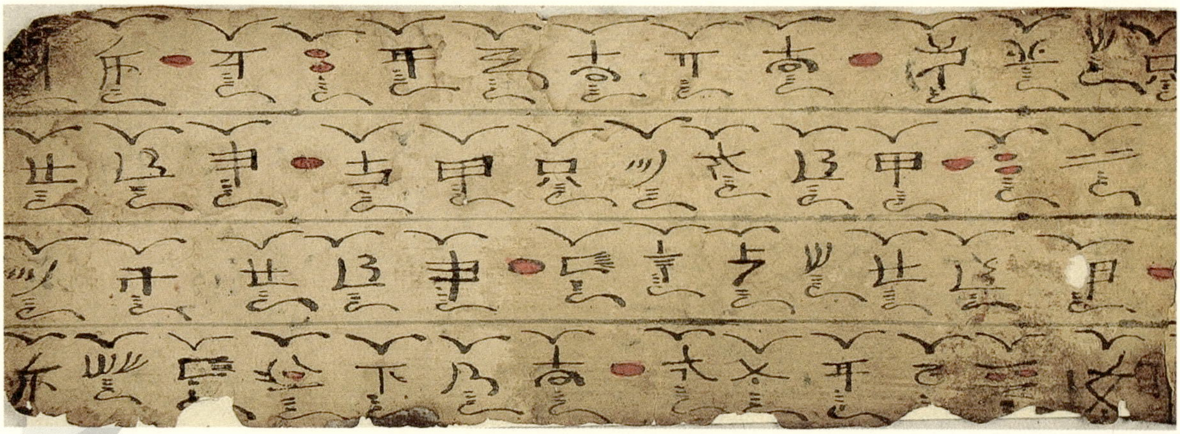

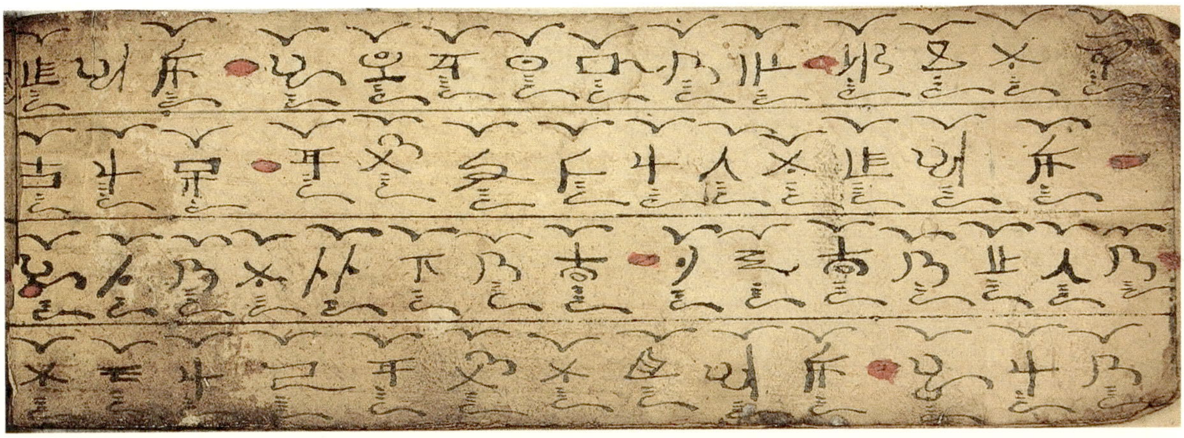

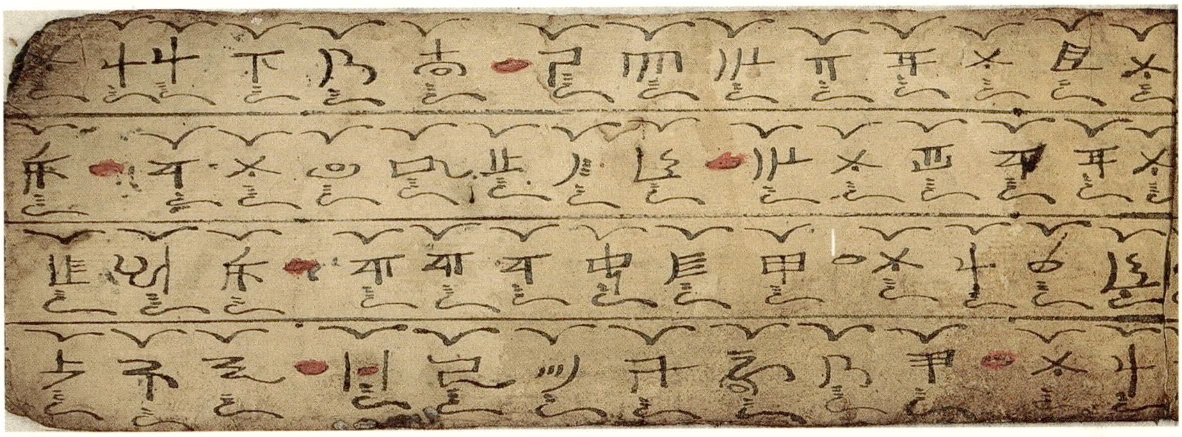

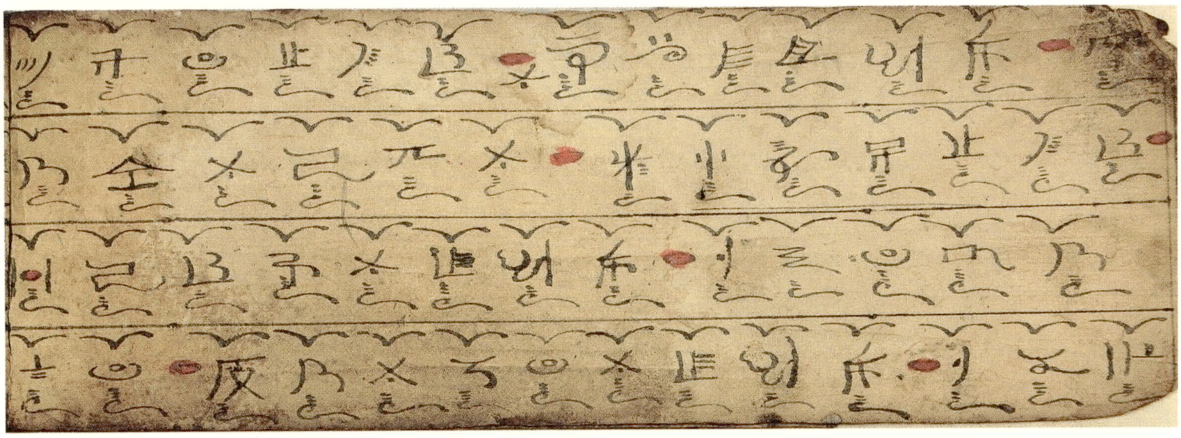

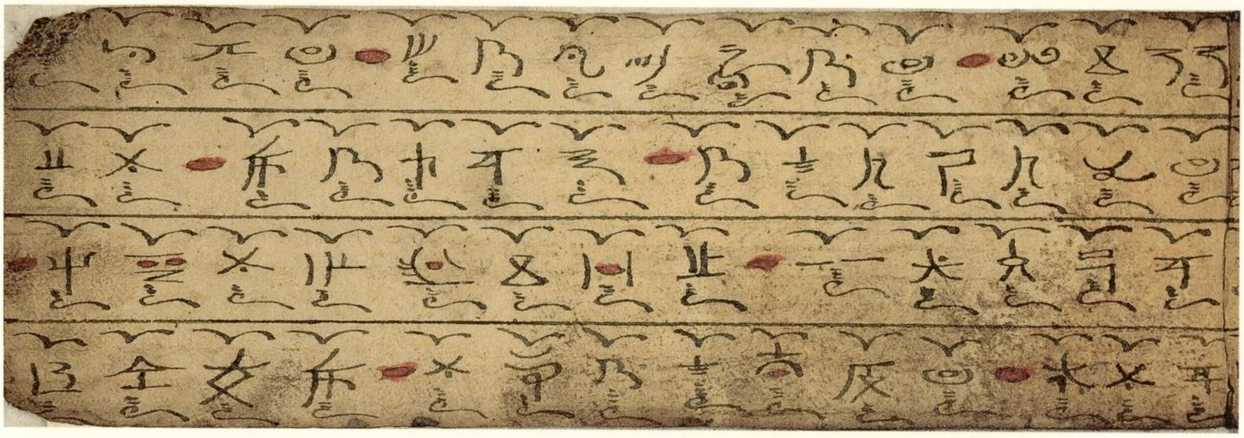

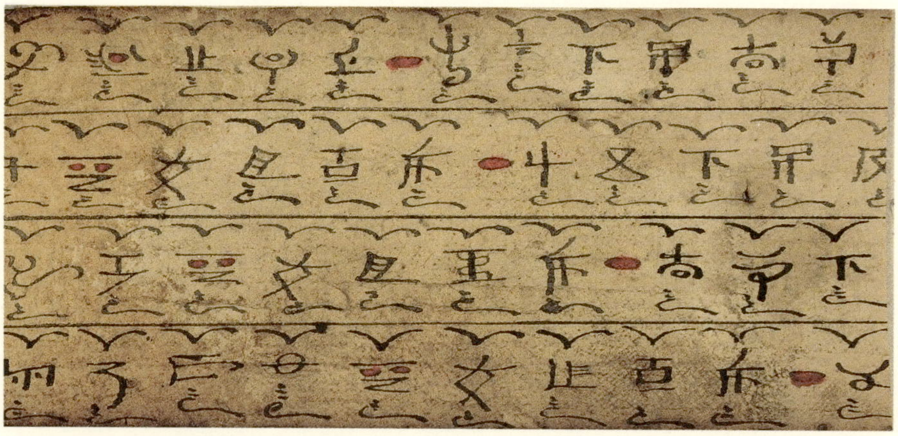

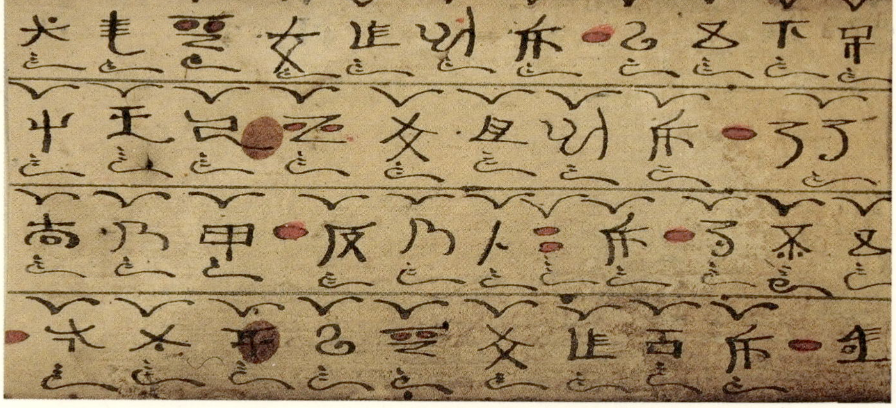

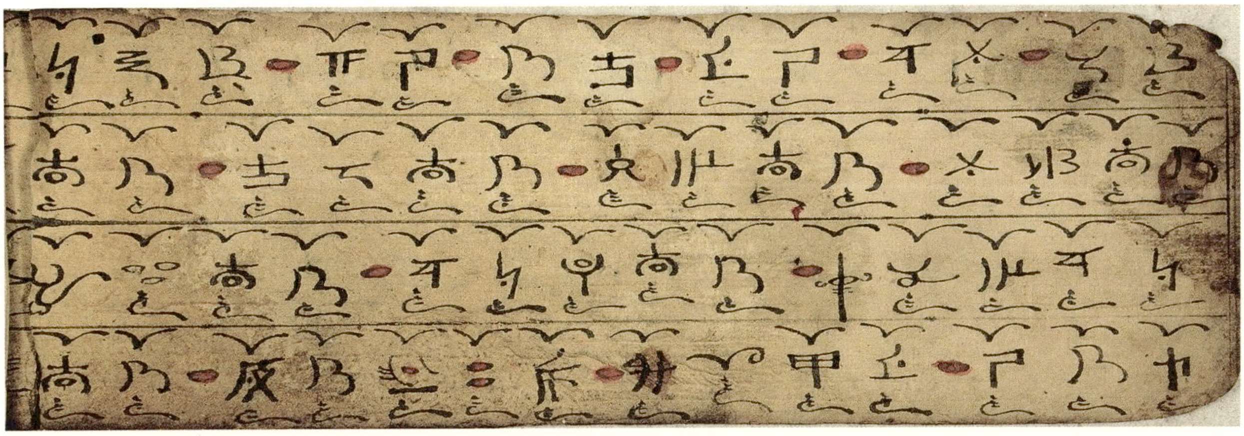

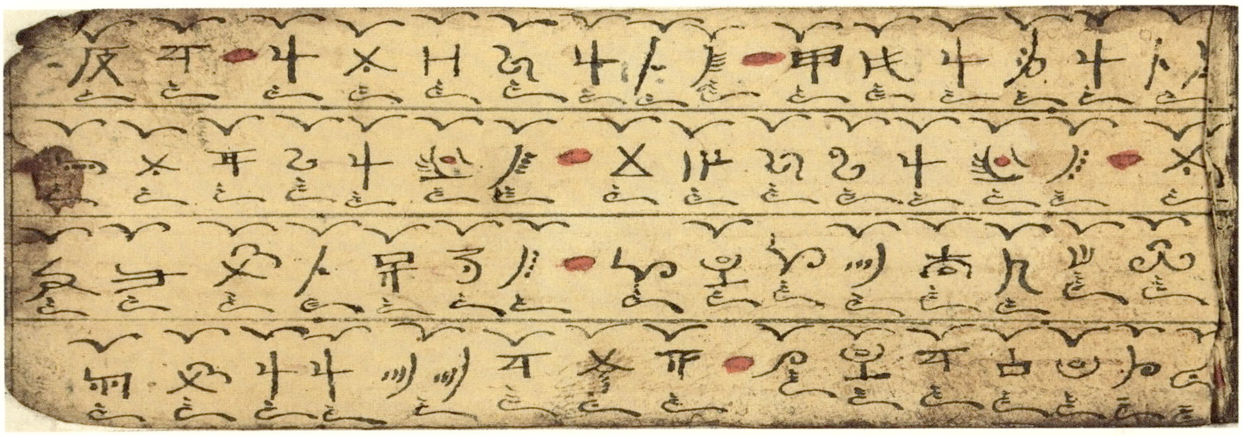

超度什罗仪式·什罗改名

纳西族东巴教超度什罗仪式典籍。流传于云南省丽江市纳西族地区。不分卷，1册，佚名撰。经文先用东巴文书写，再用哥巴文书写，经文以哥巴文诵读为准。讲述东巴什罗生在吉祥的十八层神界，生在巴格图之八方的东方时叫毕巴古恭补，生在南方时叫莹世古共明，生在西方时叫达莫古恭，生在北方时叫纽妞古恭共，生在龙居地（东南方）时叫吉工古恭，生在羊居地（西南方）时名叫余若古恭，生在狗居地（西北方）时叫纳纽古恭，生在牛居地（东北方）时叫构吉庚罗。东巴什罗在十八层天上学神的九十九驮经书，他读经文从未出差错。什罗去世了，要送他与父母相聚，送到各位大神居住的十八层天界里。旧抄本，本色构皮纸，线订册叶装，墨书。页面高10.5厘米，广31厘米。保存完好。今藏丽江市玉龙纳西族自治县图书馆。

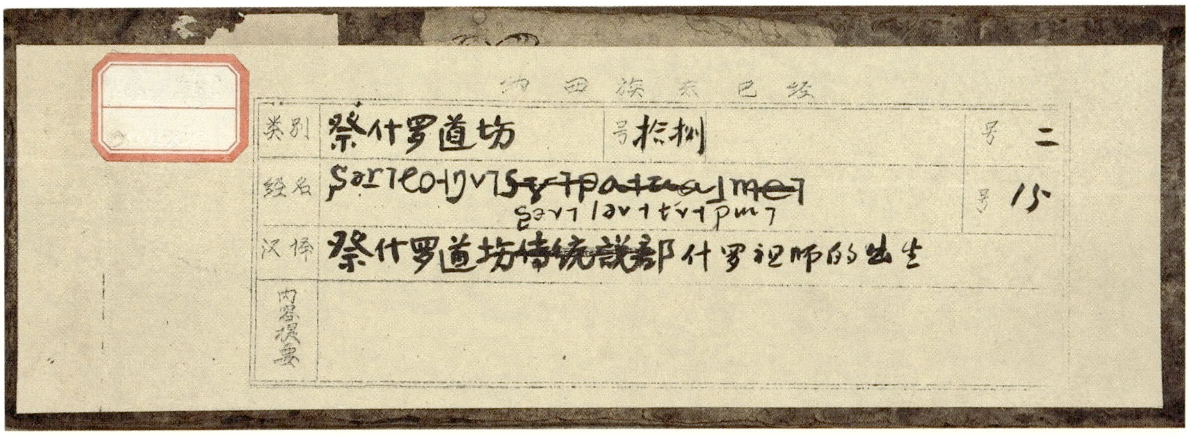
类别 祭什罗道场
号 二
经名
号 15
汉译 祭什罗道场什罗祖师的出生
内容提要

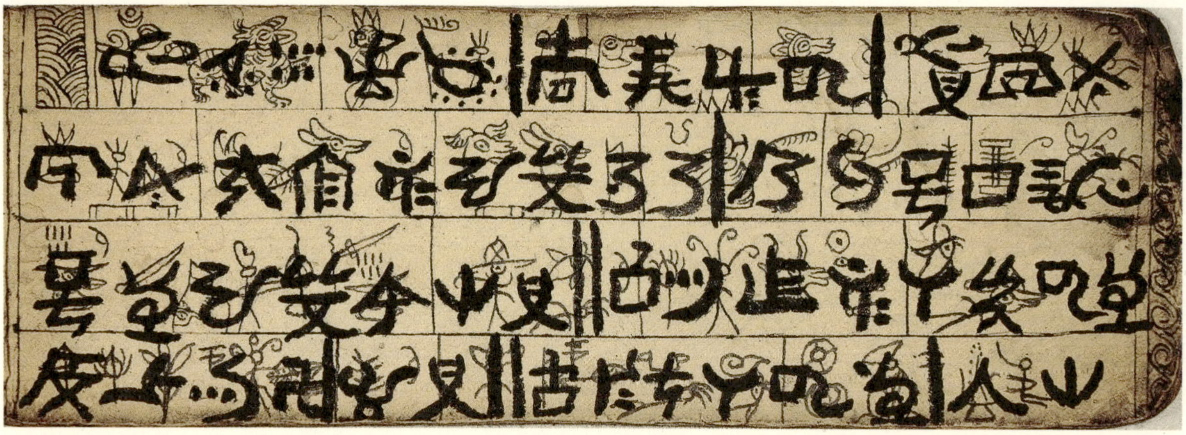

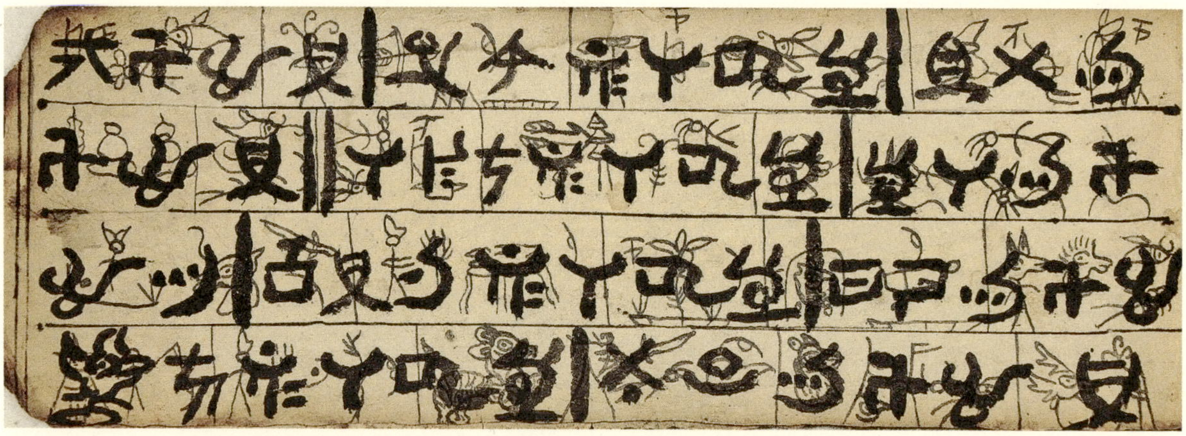

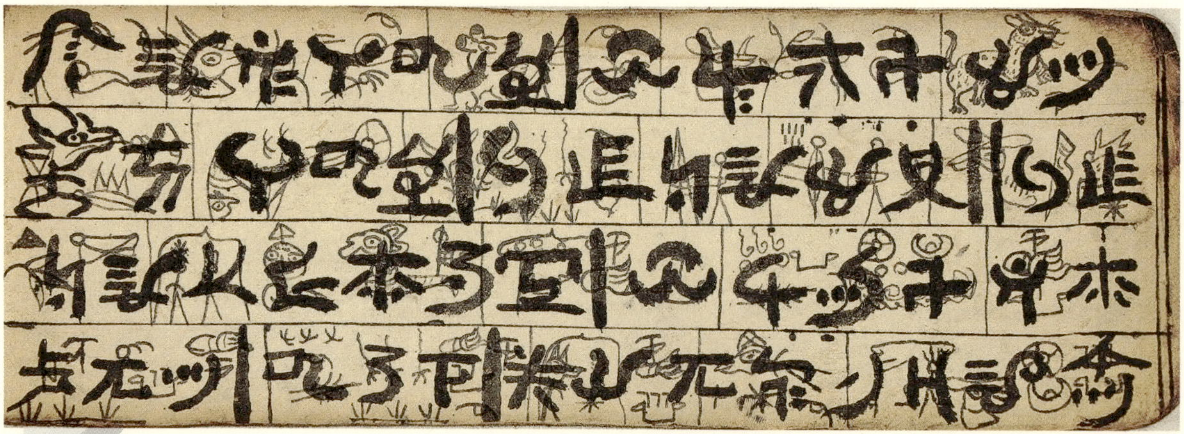

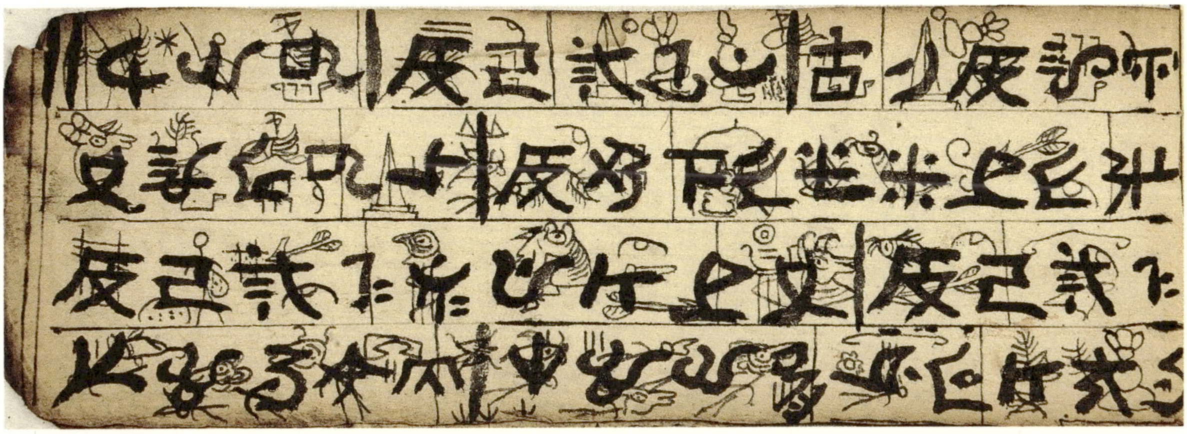

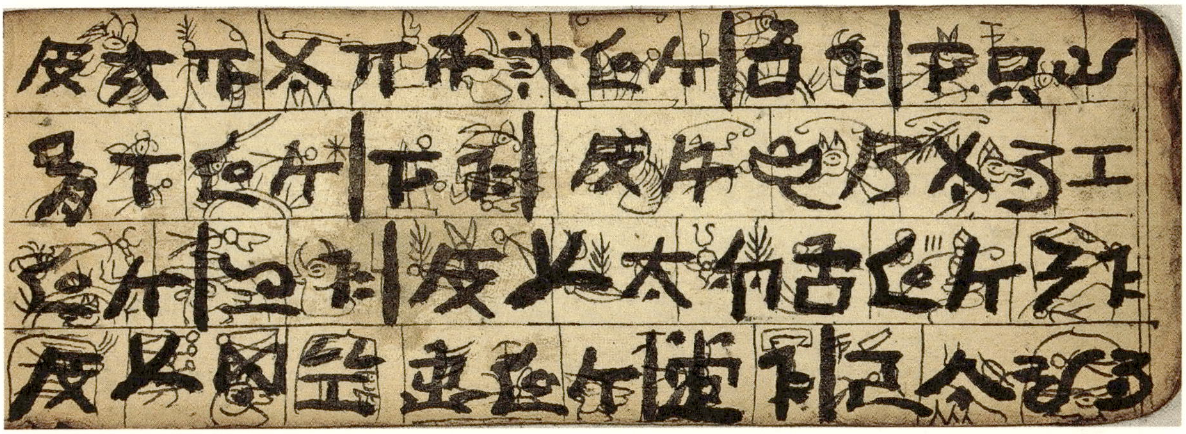

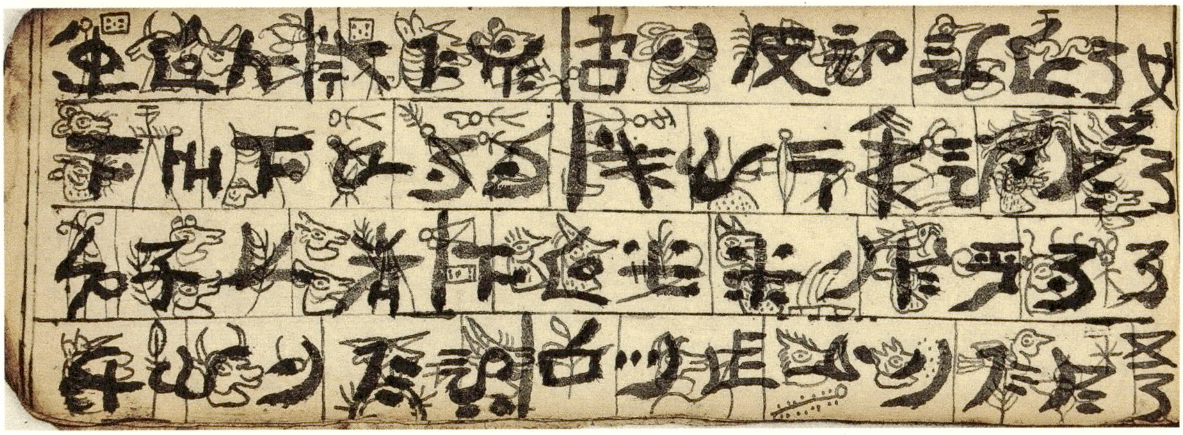

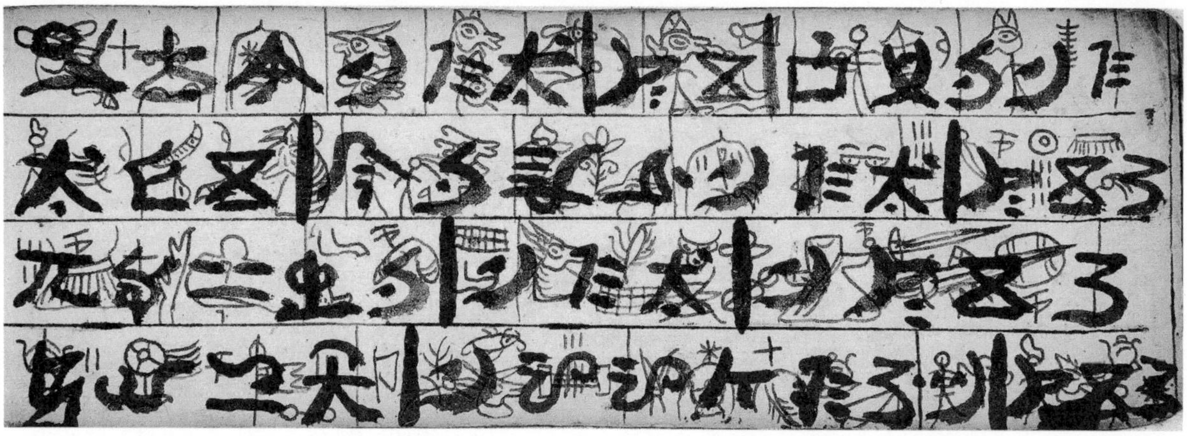

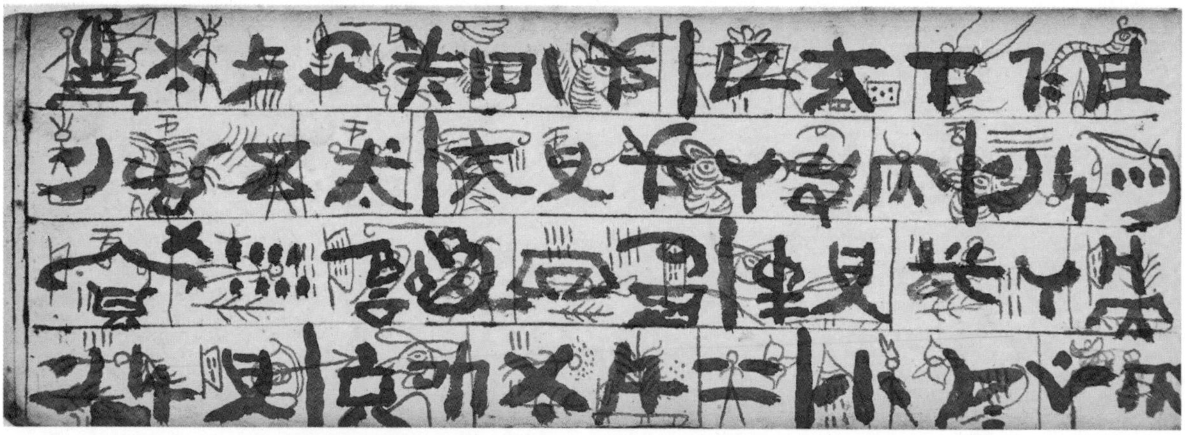

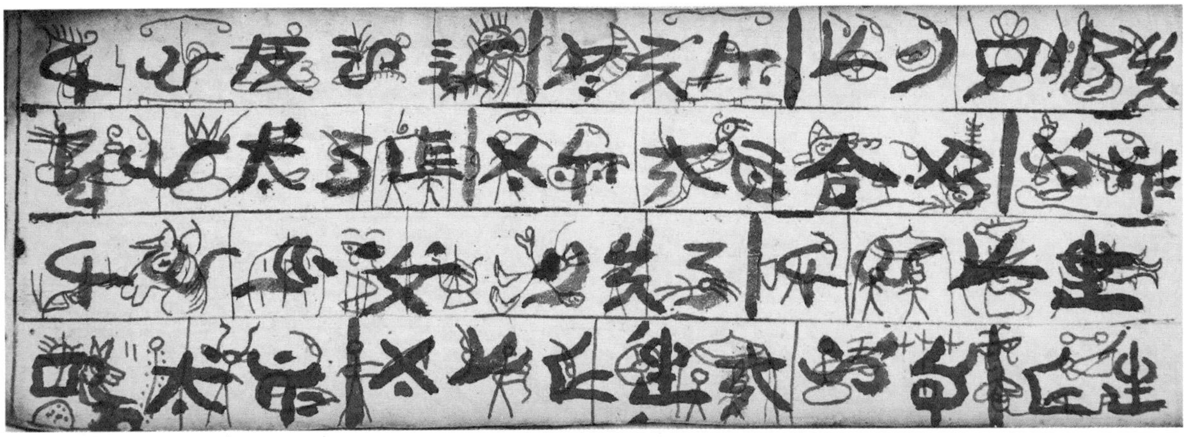

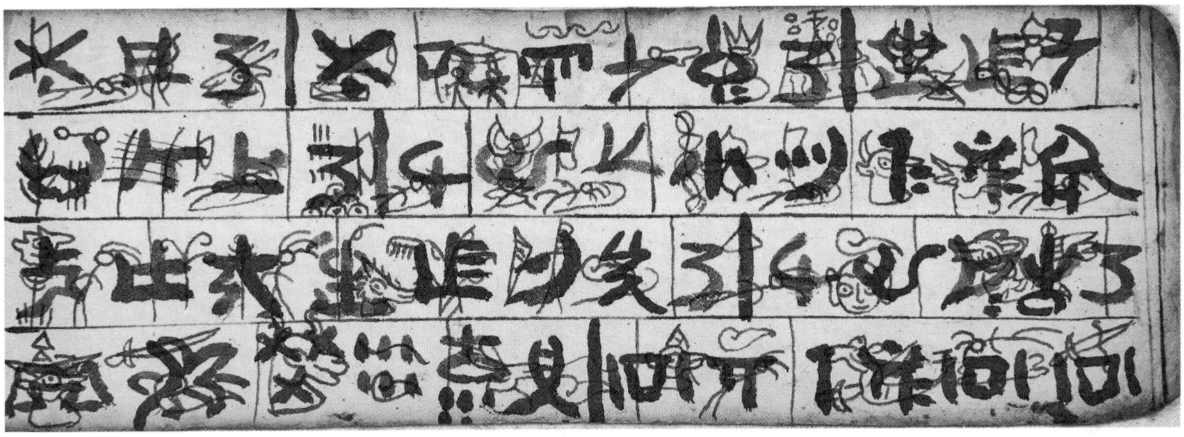

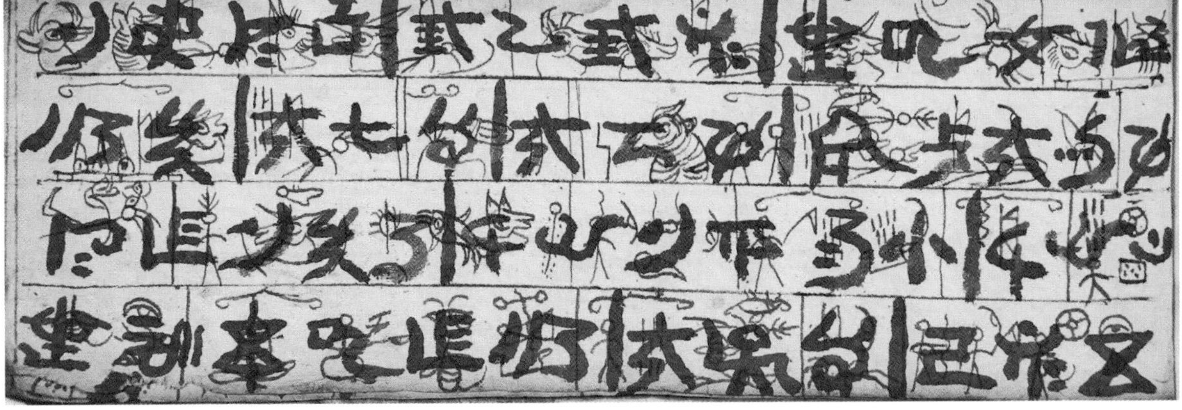

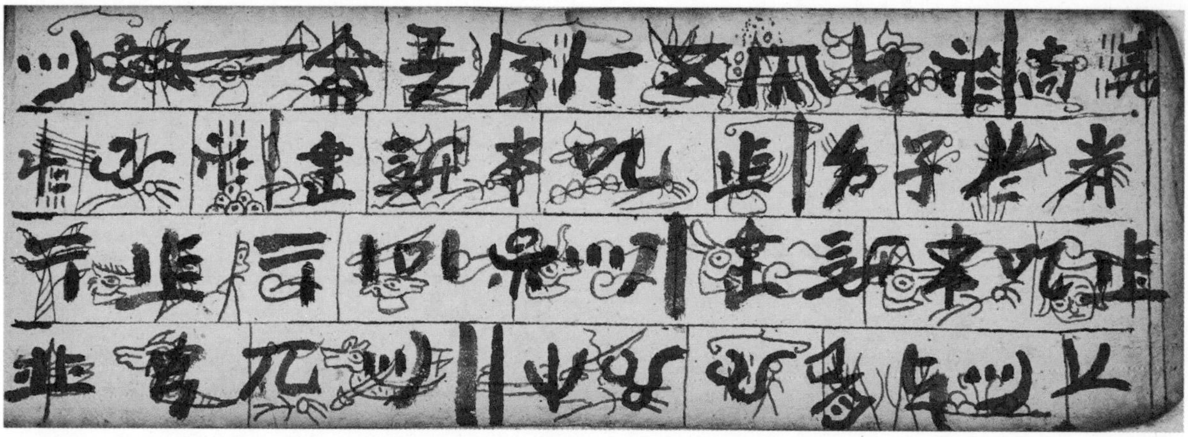

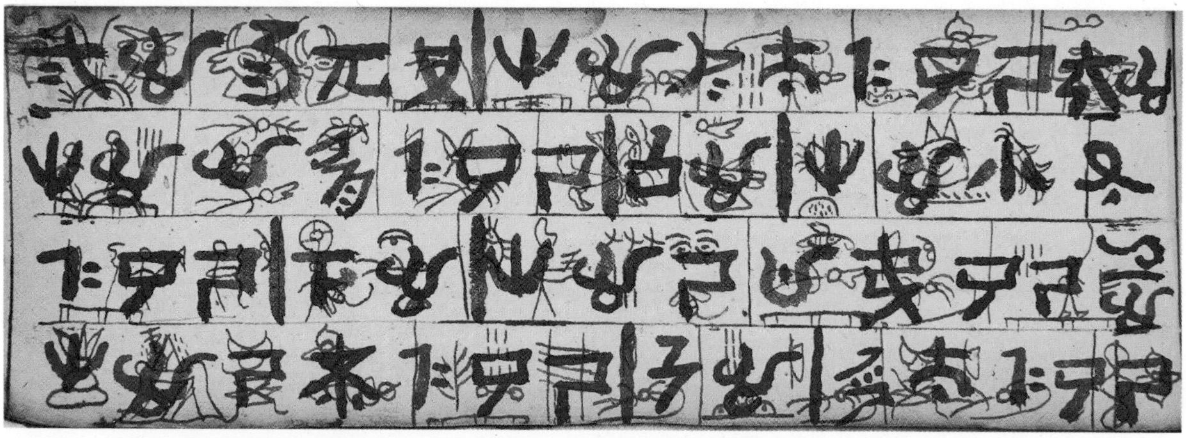

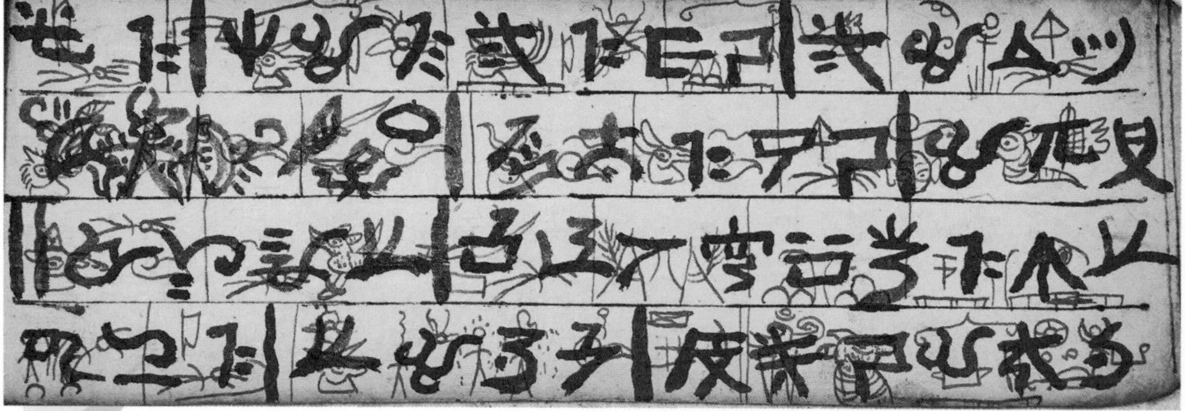

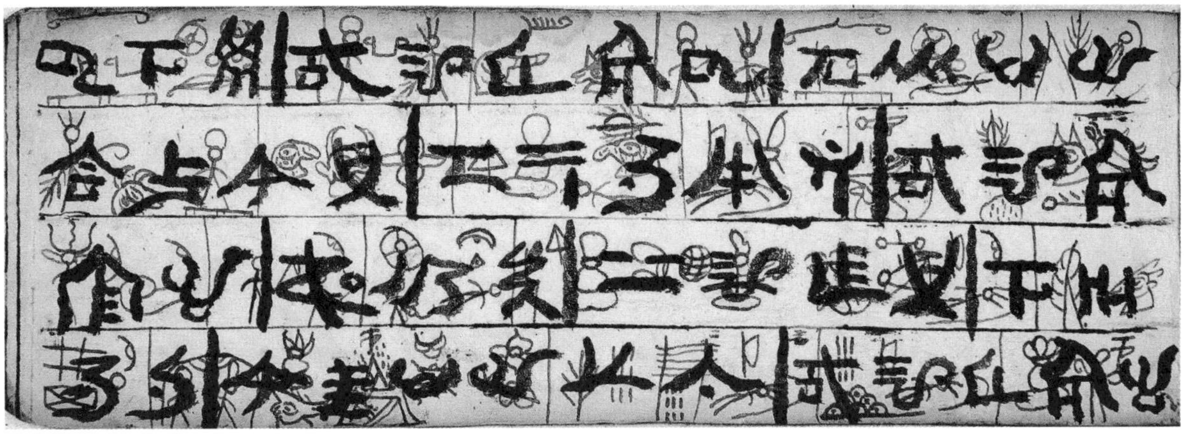

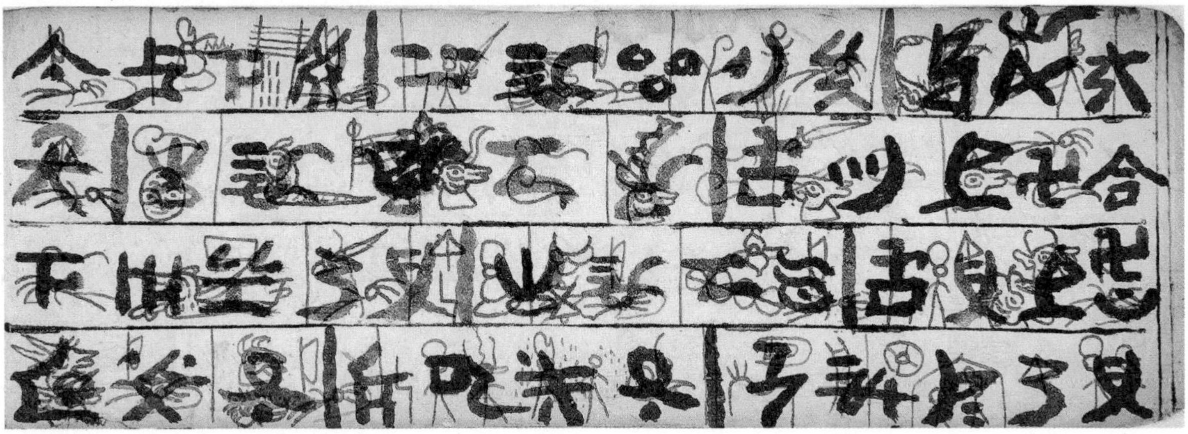

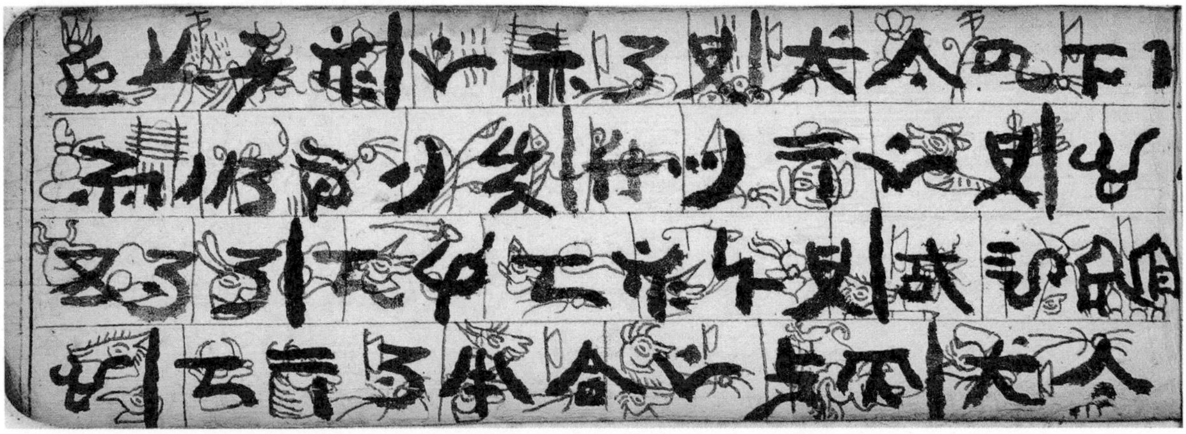

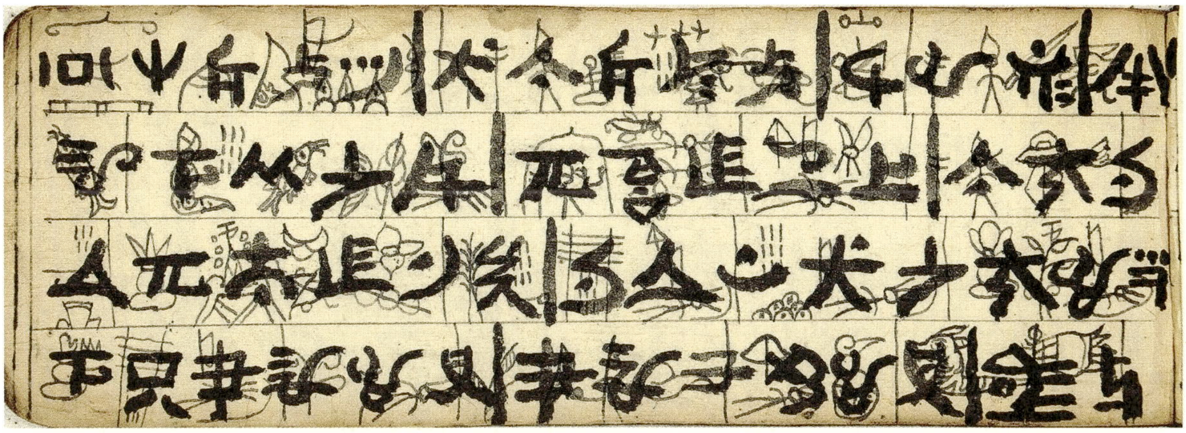

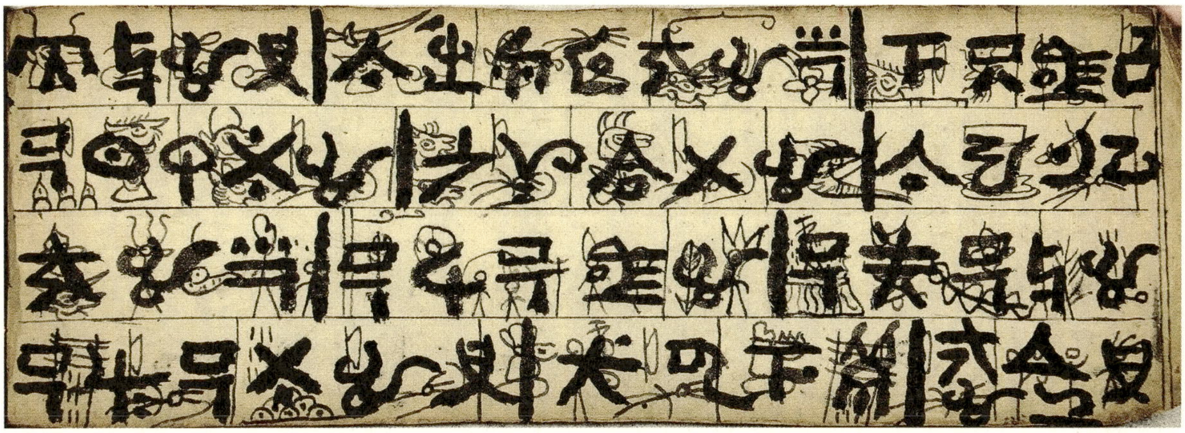

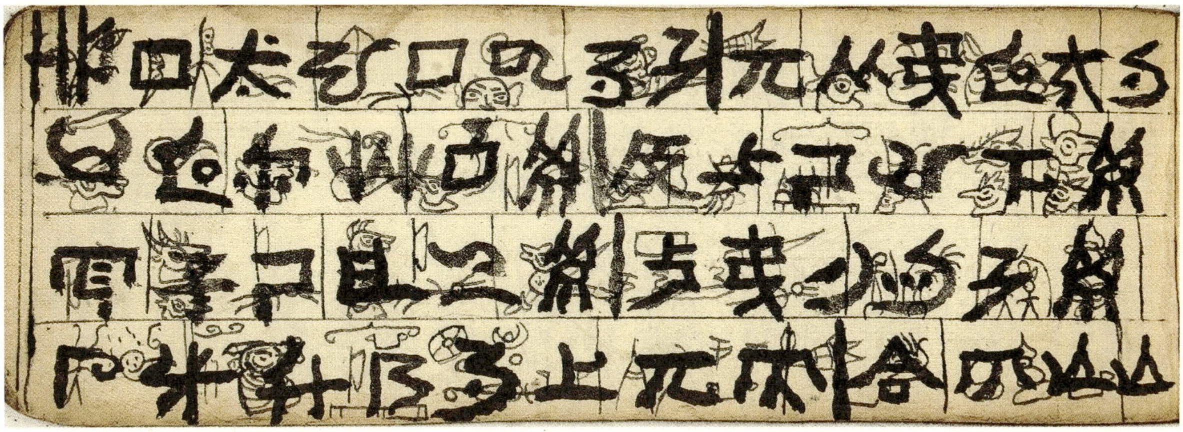

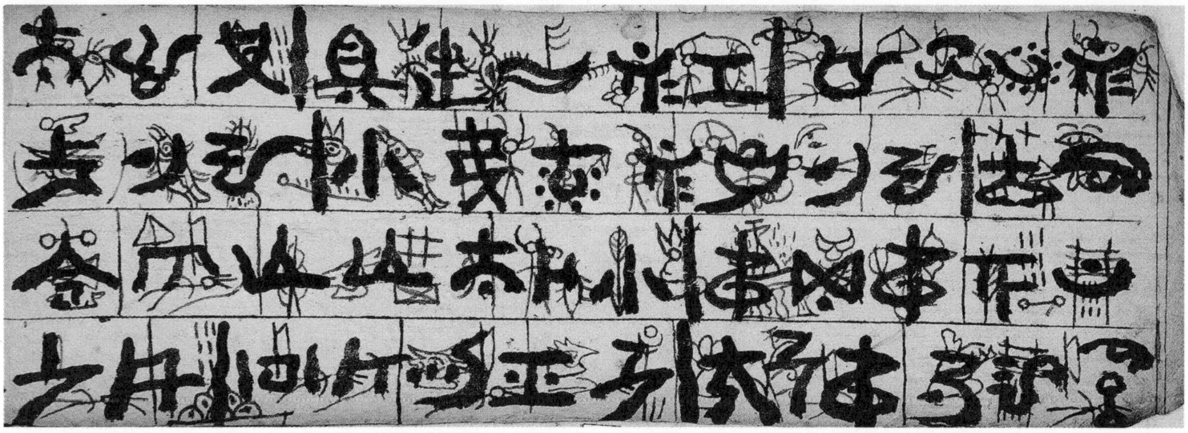

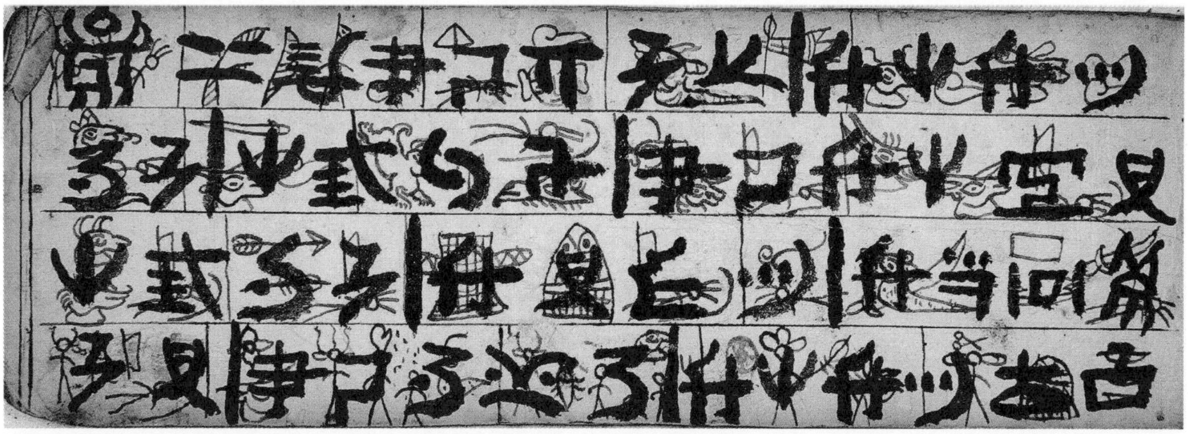

超度什罗仪式·西格多昌语

纳西族东巴教超度什罗仪式典籍。流传于云南省丽江市纳西族地区。不分卷，1册，佚名撰。超度逝去东巴的仪式中念诵的经咒，现只能按字读其音，不知其义。旧抄本，哥巴文书写，本色构皮纸，线订册叶装，墨书。页面高8.5厘米，广29厘米。保存完好。今藏丽江市玉龙纳西族自治县图书馆。

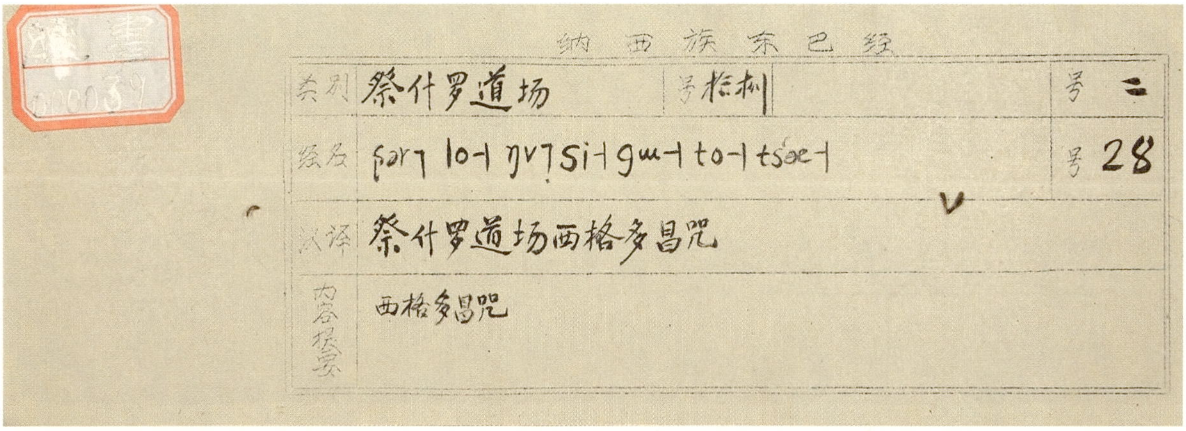
纳西族东巴经

类别	祭什罗道场 号格利	号	二
经名	pər˥ lo˧ ŋv˥ si˧ gɯ˧ to˧ tsʰæ˧	号	28
汉译	祭什罗道场西格多昌咒		
内容提要	西格多昌咒		

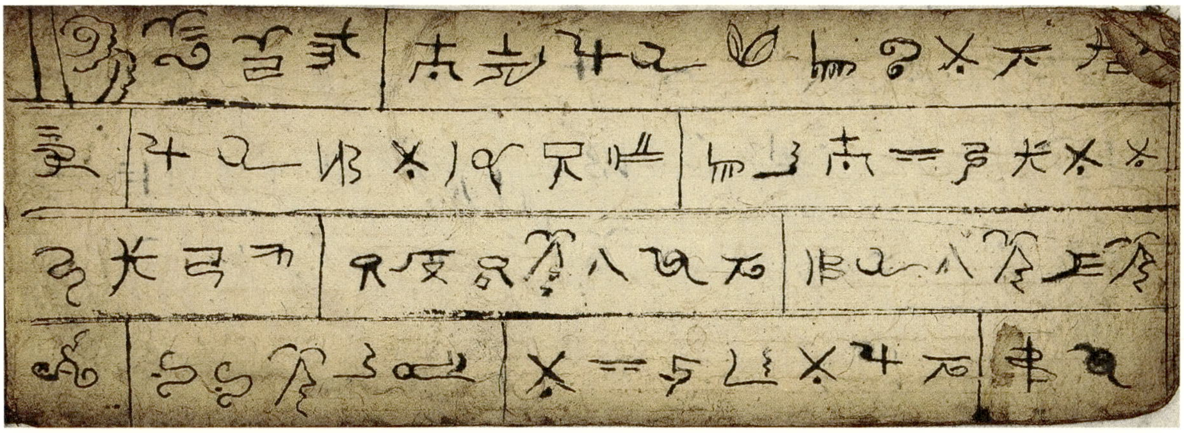

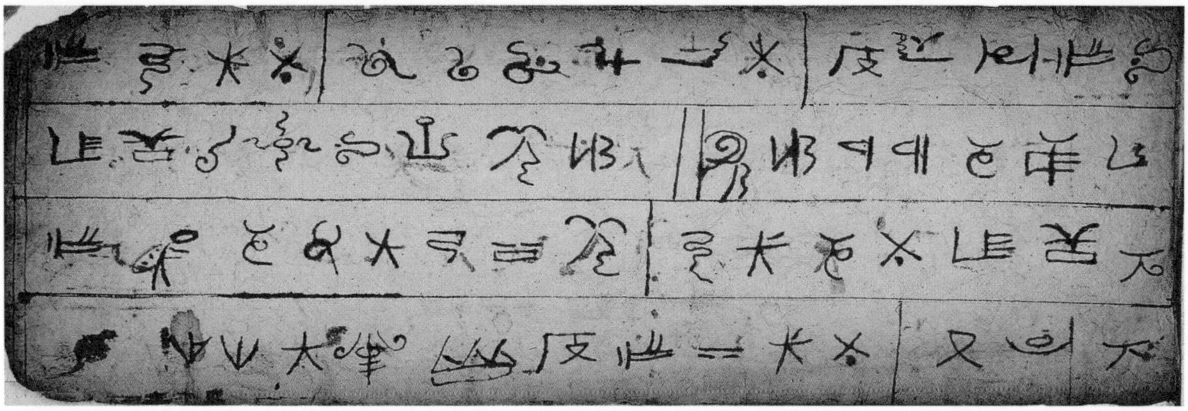

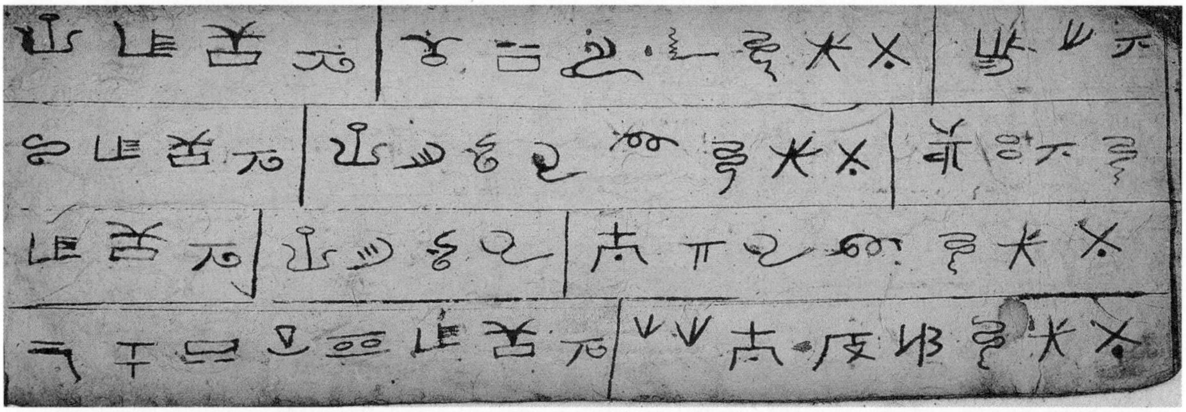

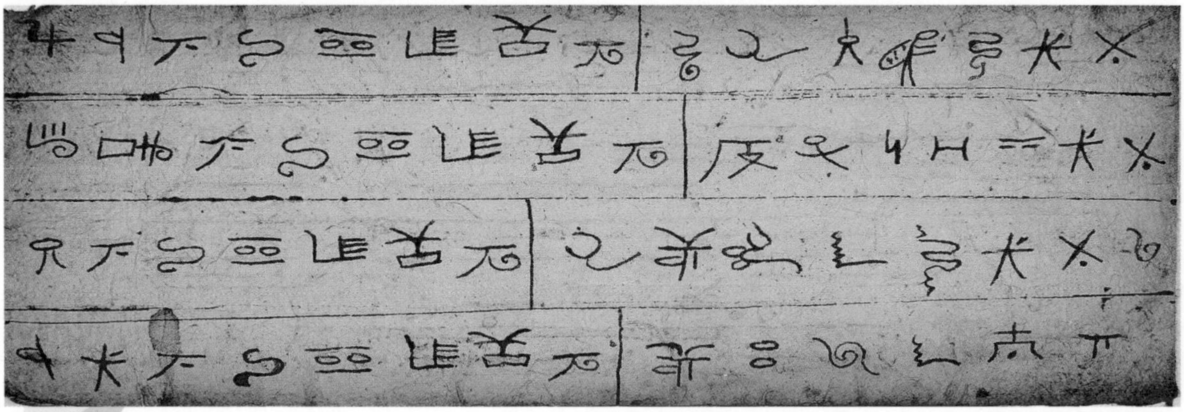

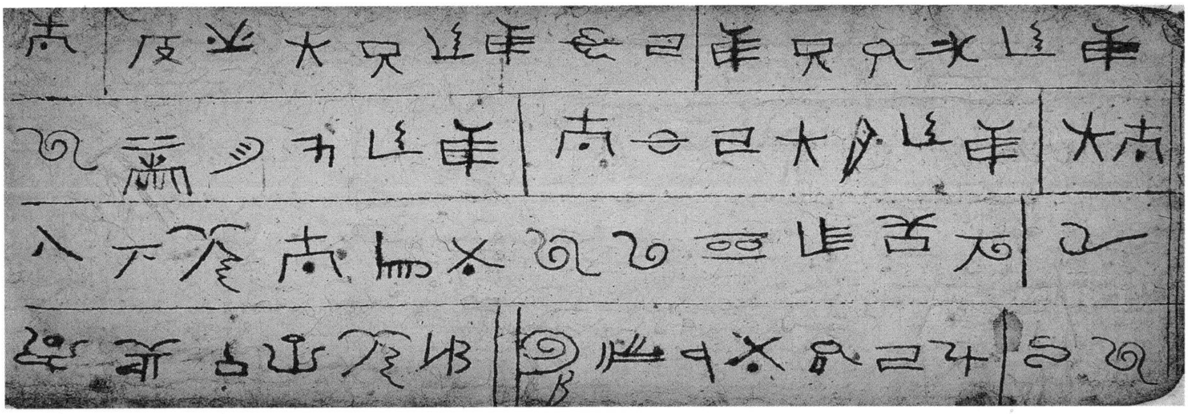

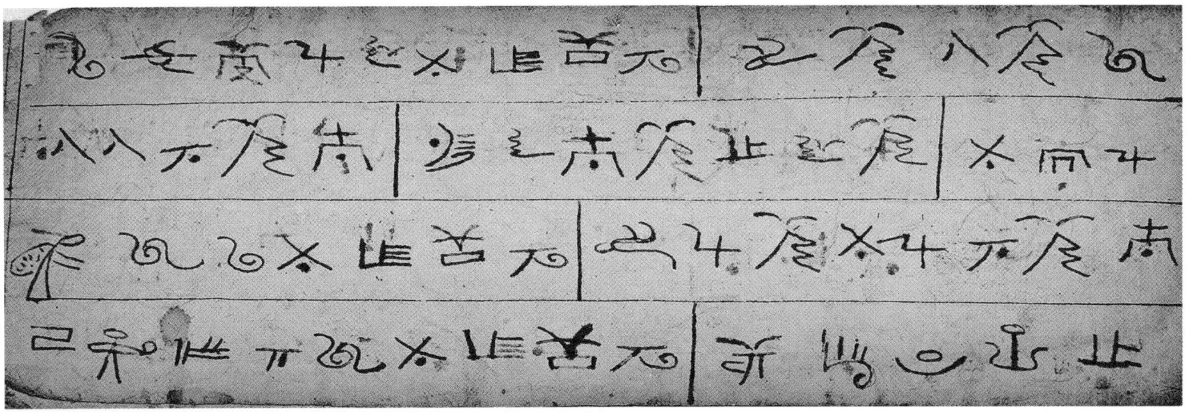

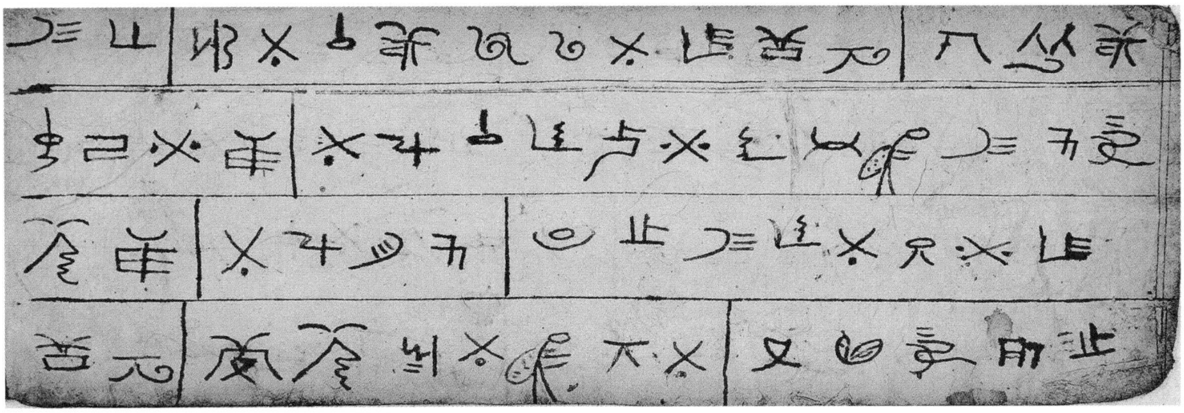

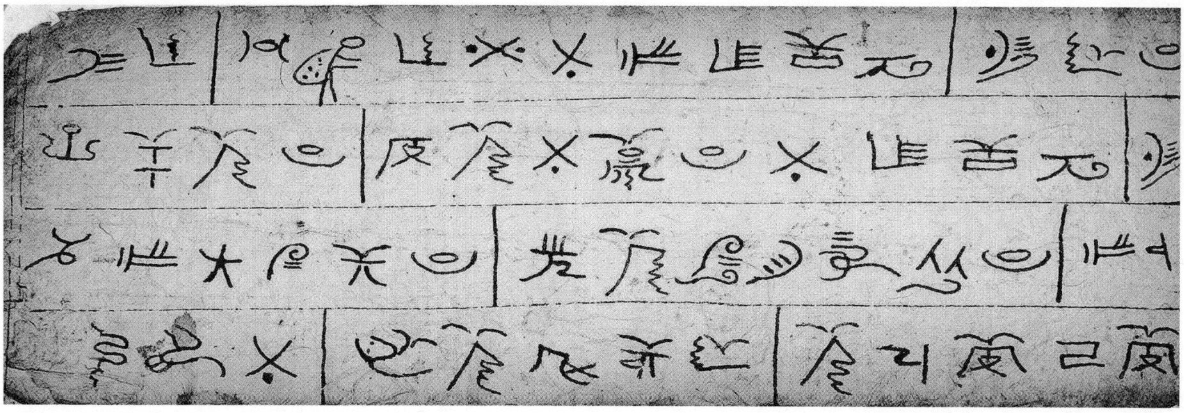

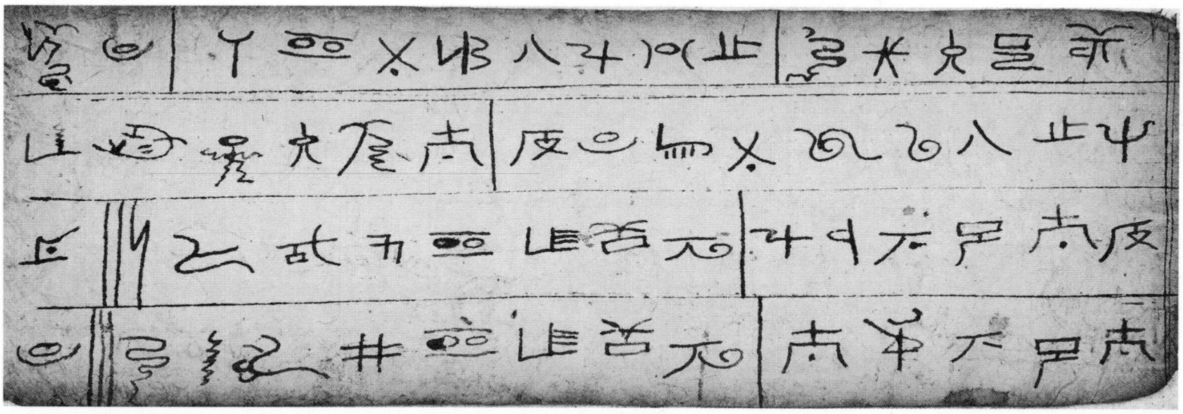

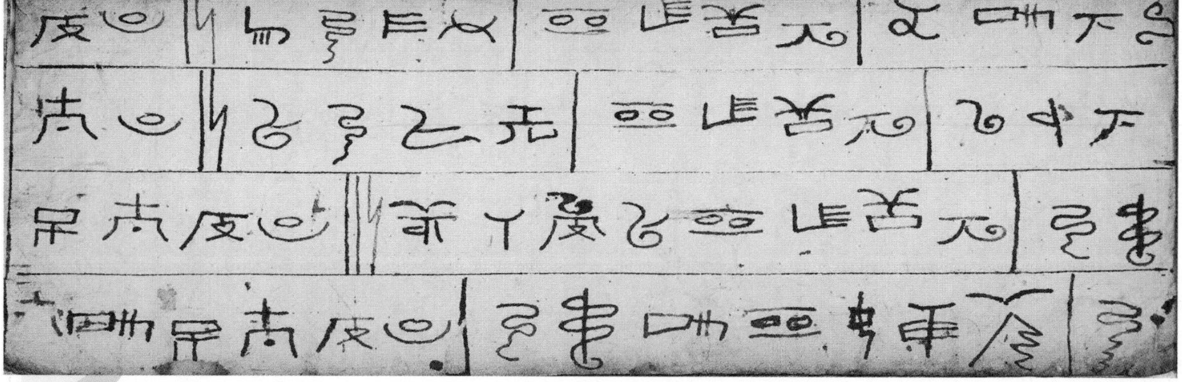

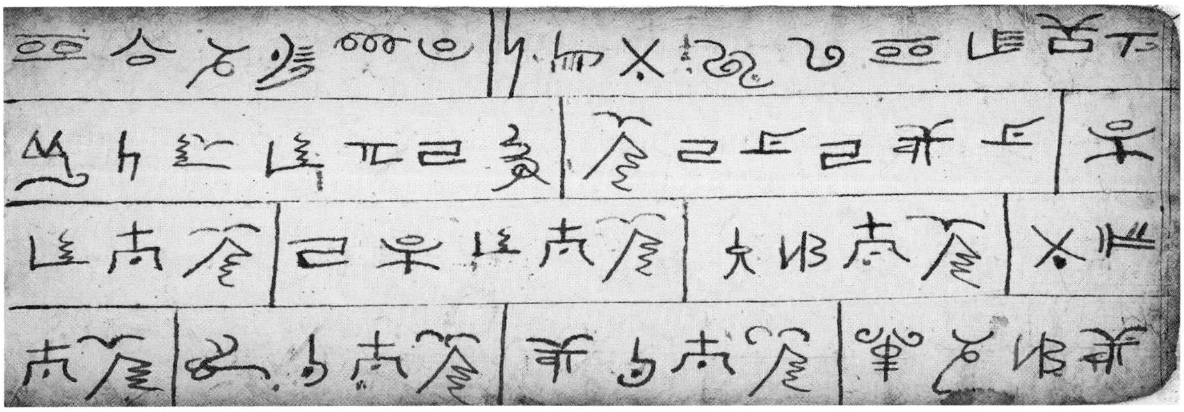

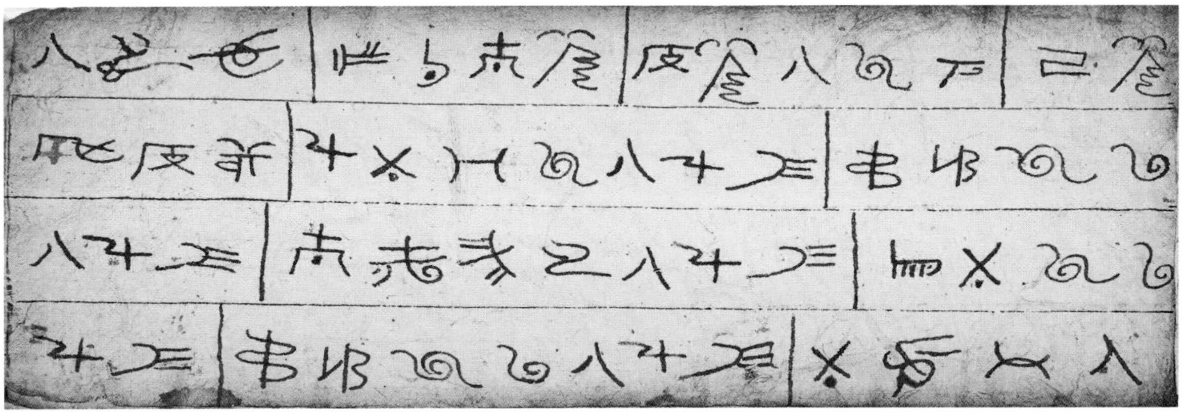

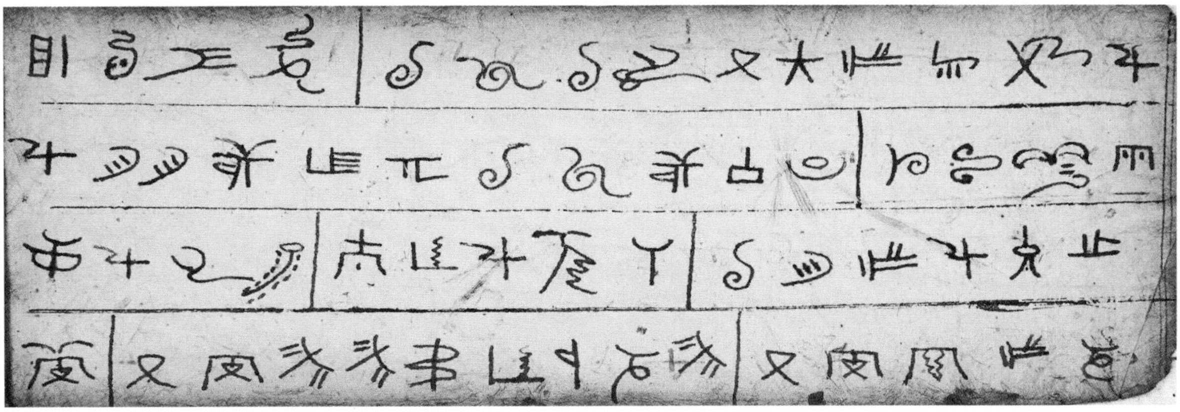

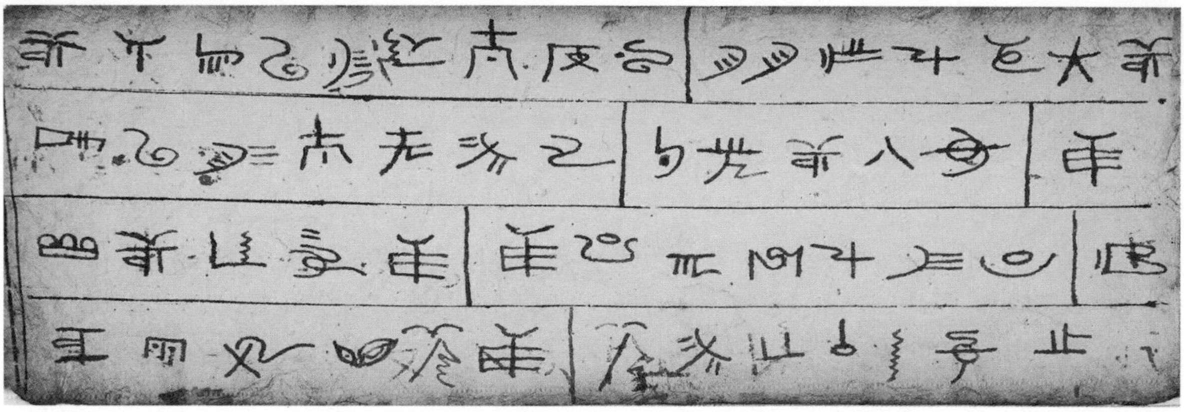

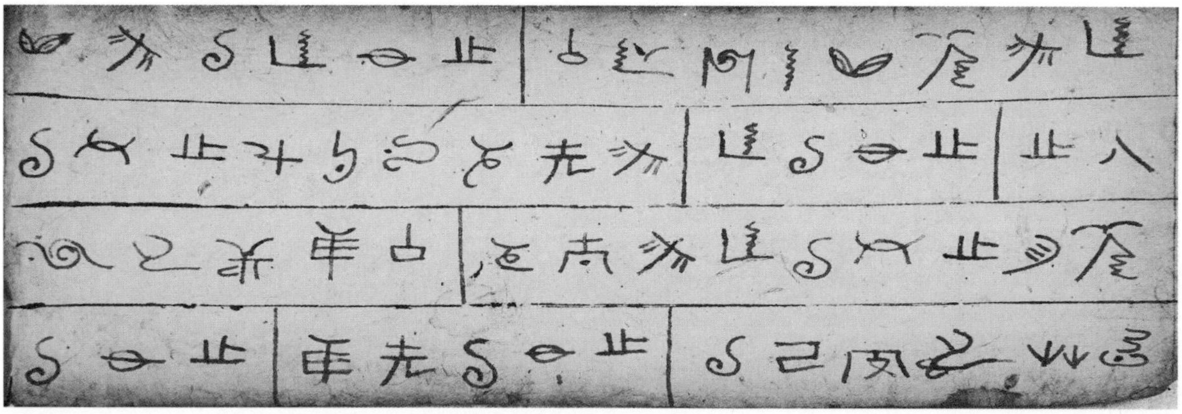

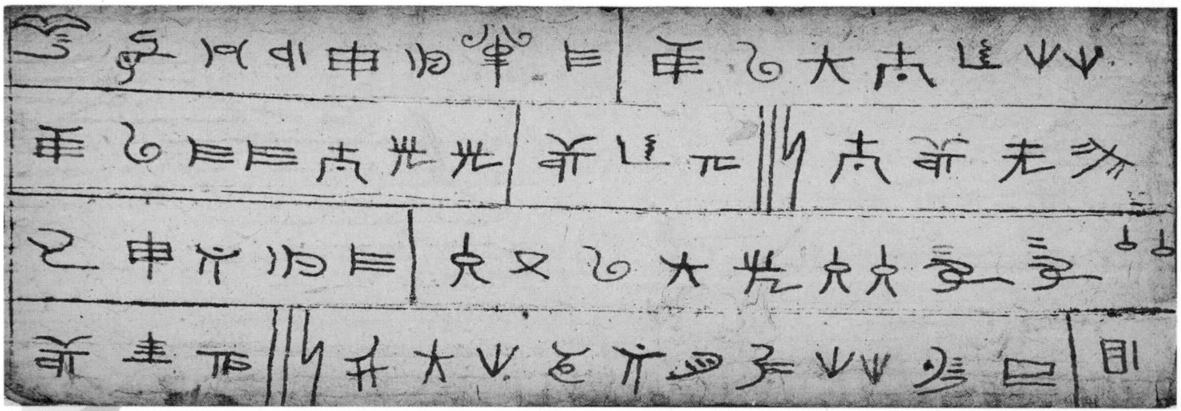

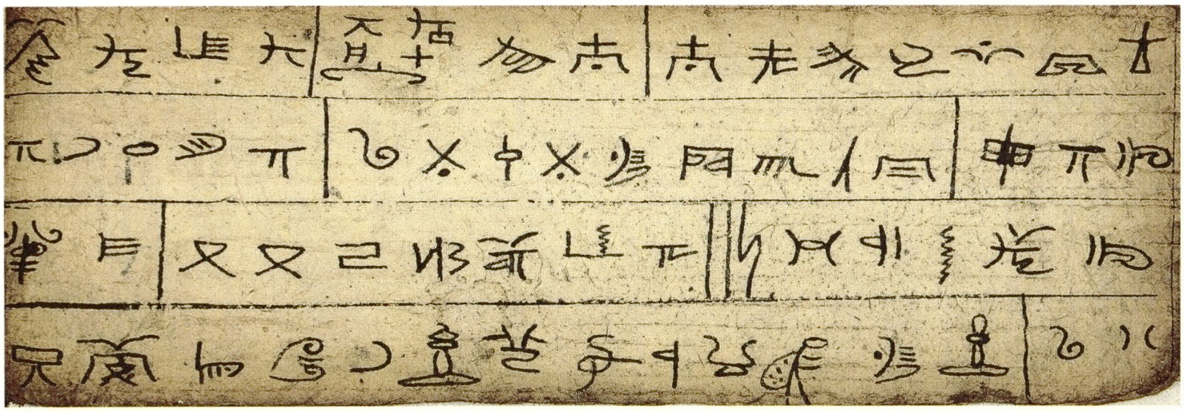

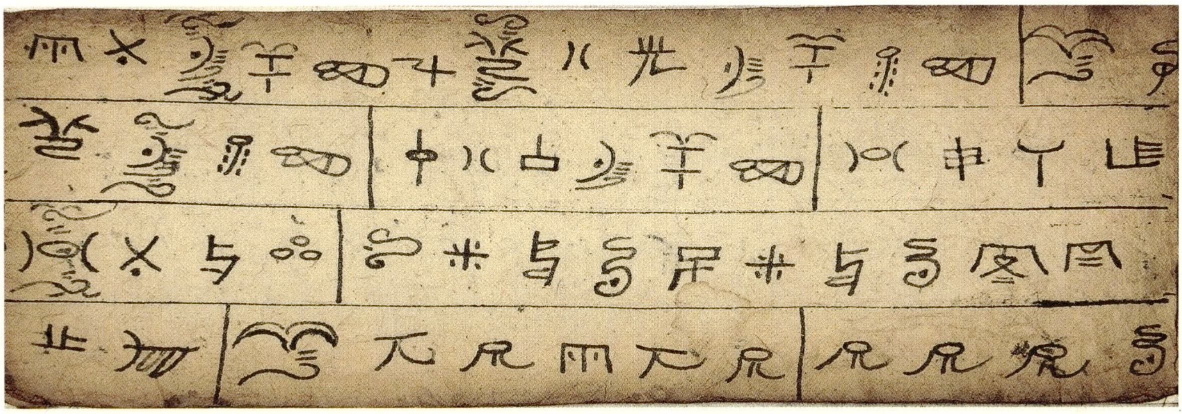

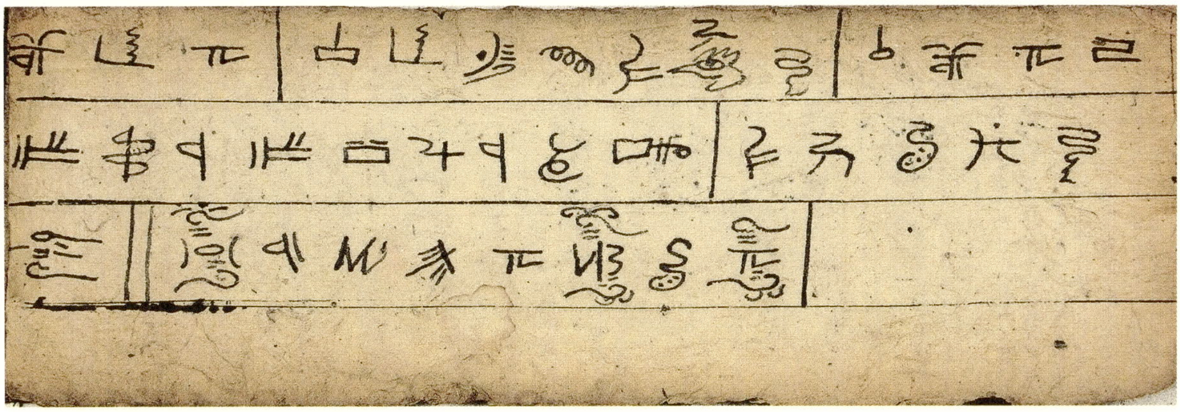

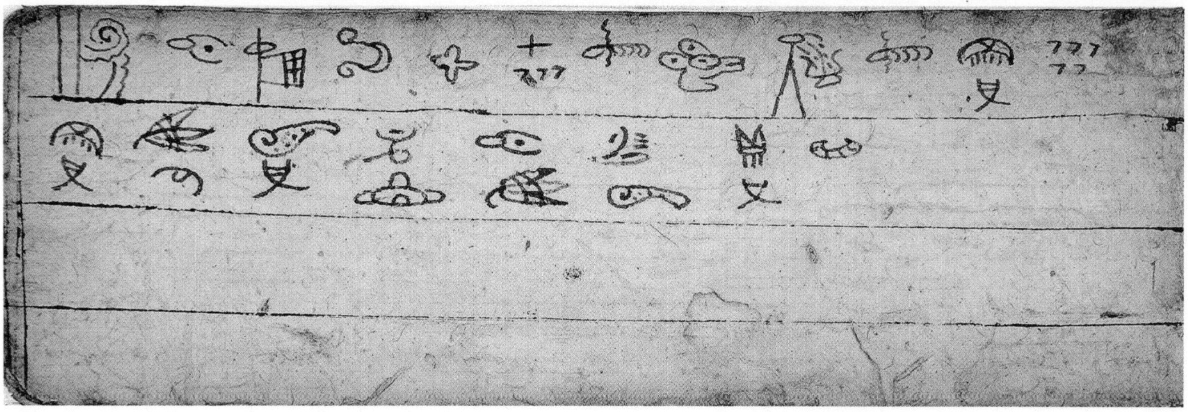

超度什罗仪式·丢弃体昌多玛经

纳西族东巴教超度什罗仪式典籍。流传于云南省丽江市纳西族地区。不分卷，1册，佚名撰。讲述超度逝去东巴的仪式中，主人家要为死者丢弃体倡面偶，以祭司的身份把死者的灵魂超度到神灵居住的地方和东巴什罗居住的地方。旧抄本，本色构皮纸，线订册叶装，墨书，封面有彩色装饰。页面高9.5厘米，广28厘米。保存完好。今藏丽江市玉龙纳西族自治县图书馆。

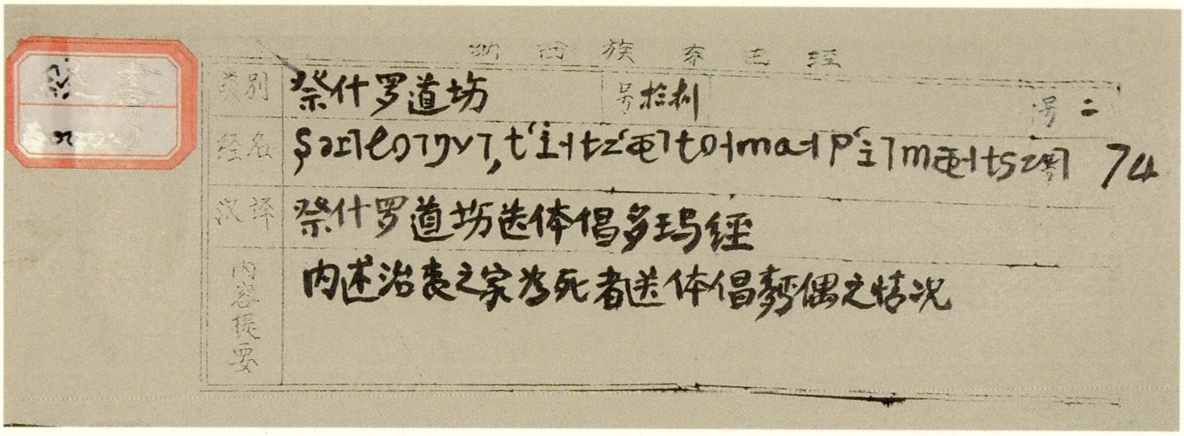

类别	祭什罗道场	号拾捌	湯二
经名	[illegible]		74
汉译	祭什罗道场送体倡多玛经		
内容提要	内述治丧之家为死者送体倡鬱偶之情况		

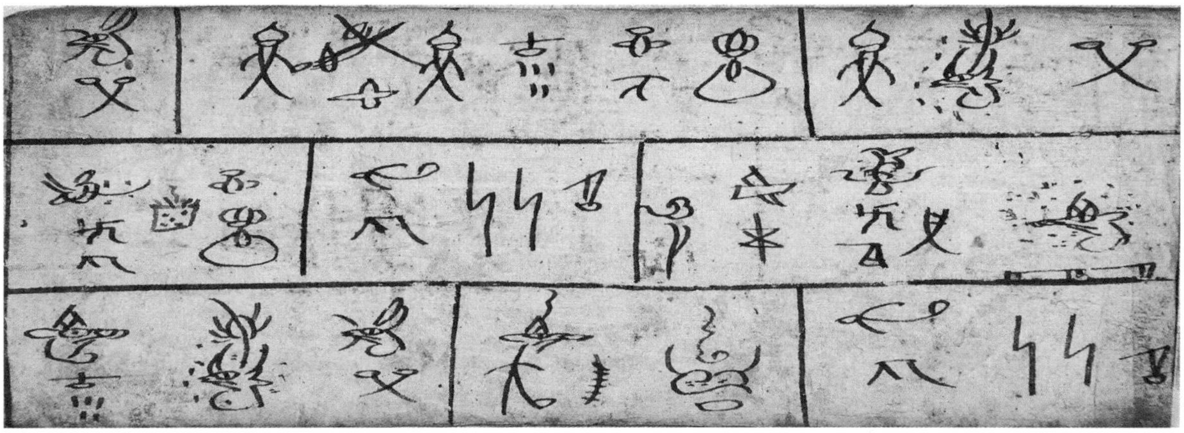

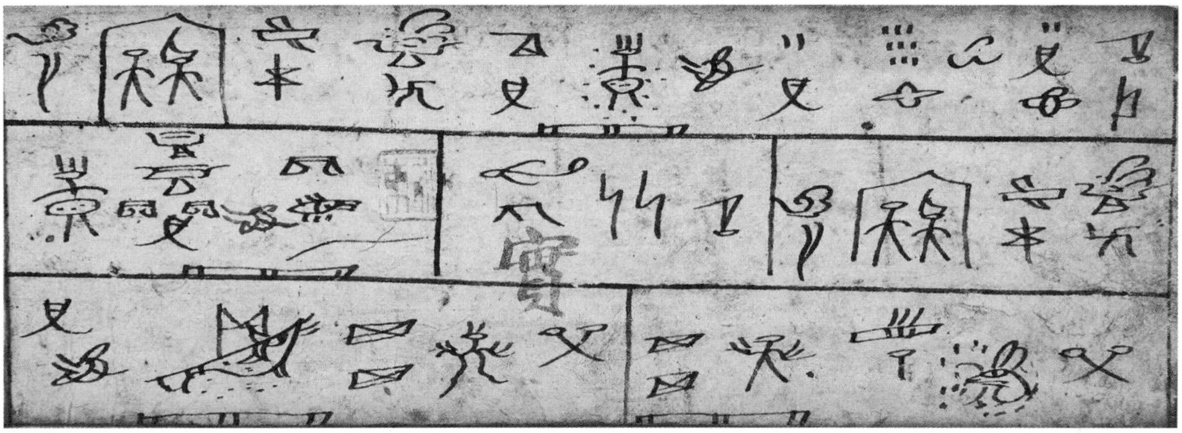

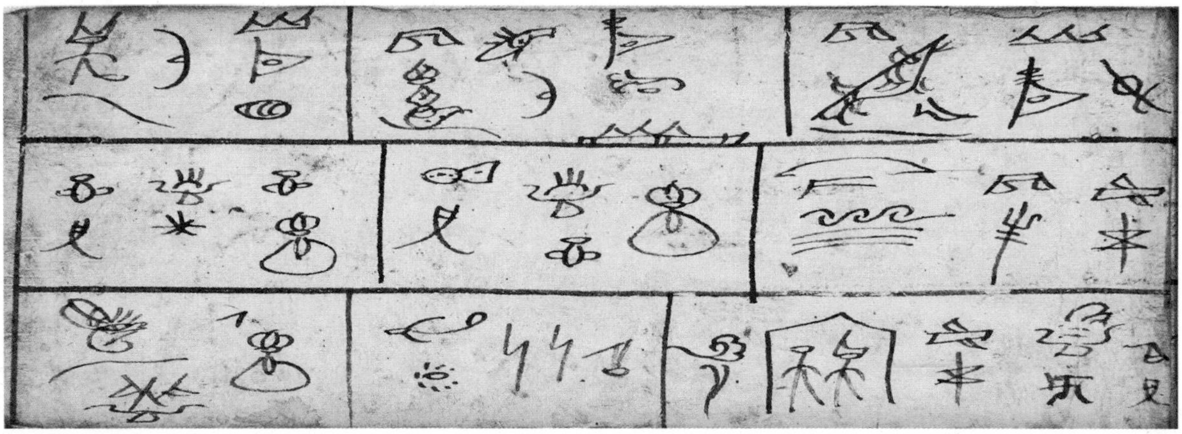

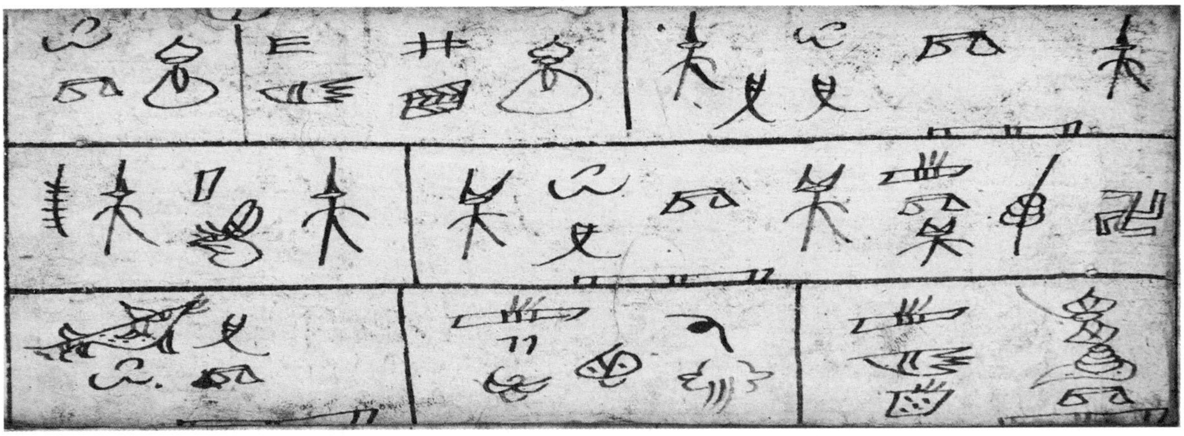

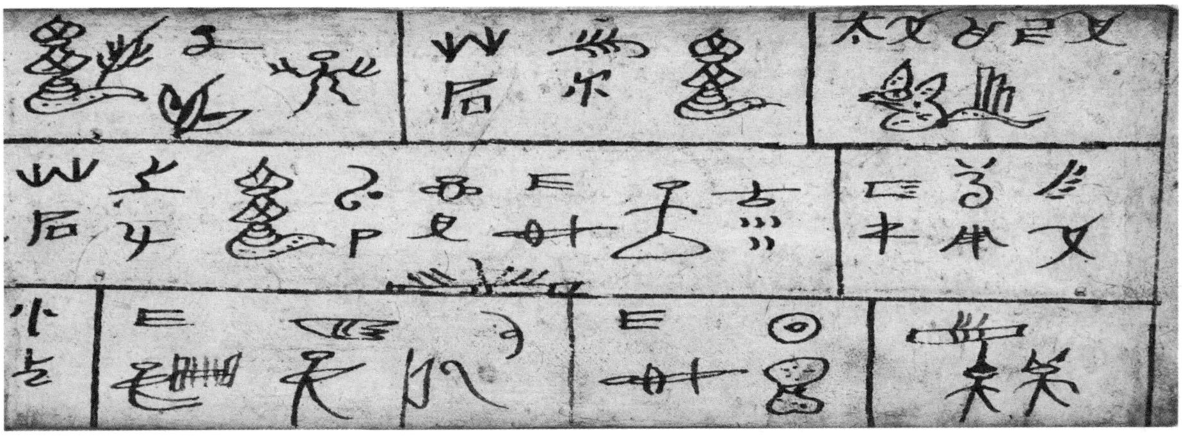

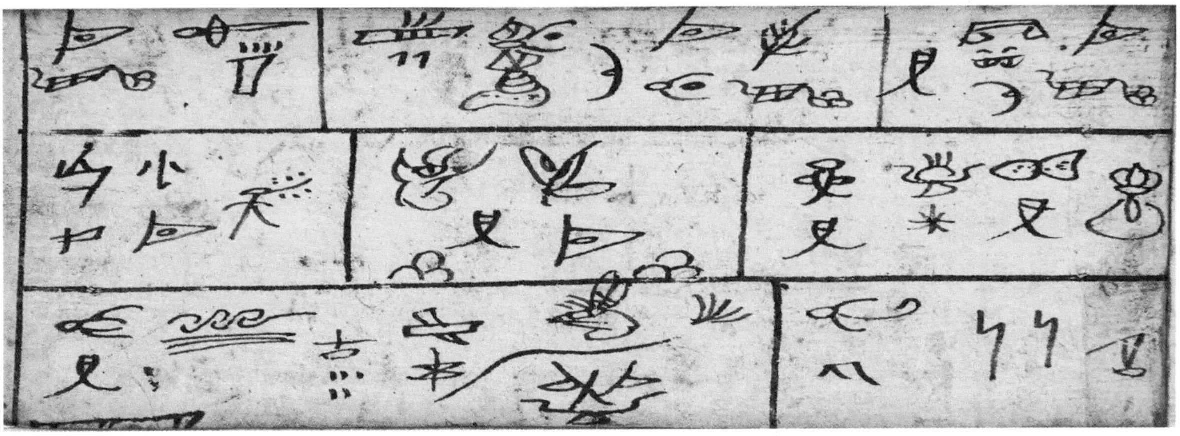

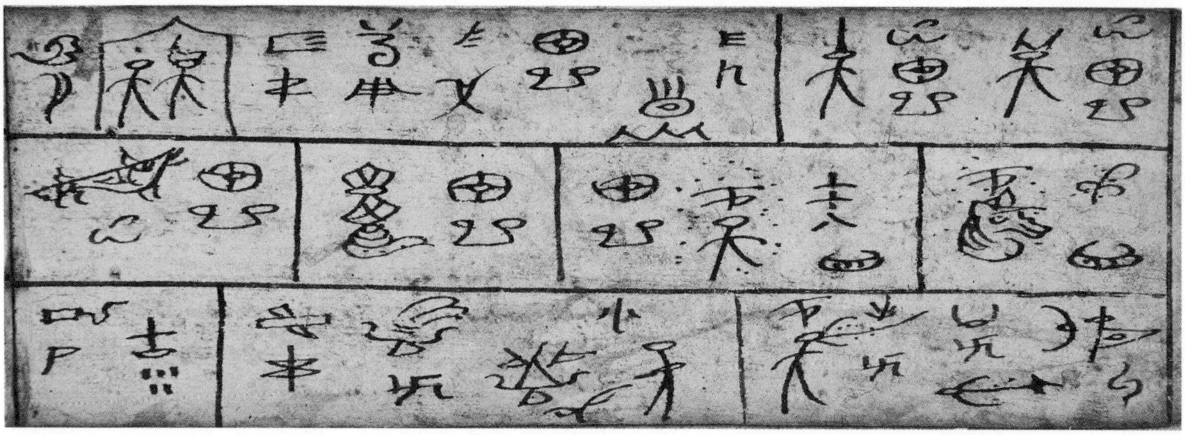

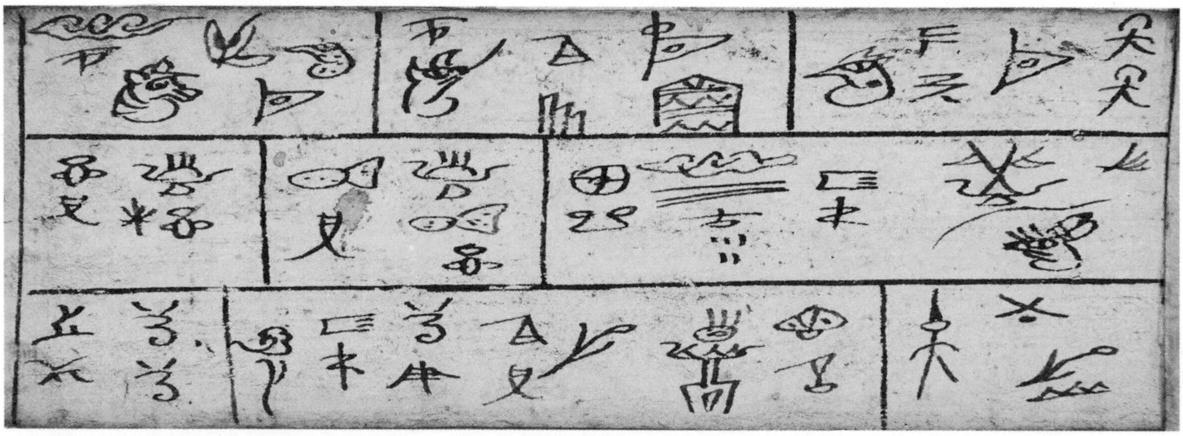

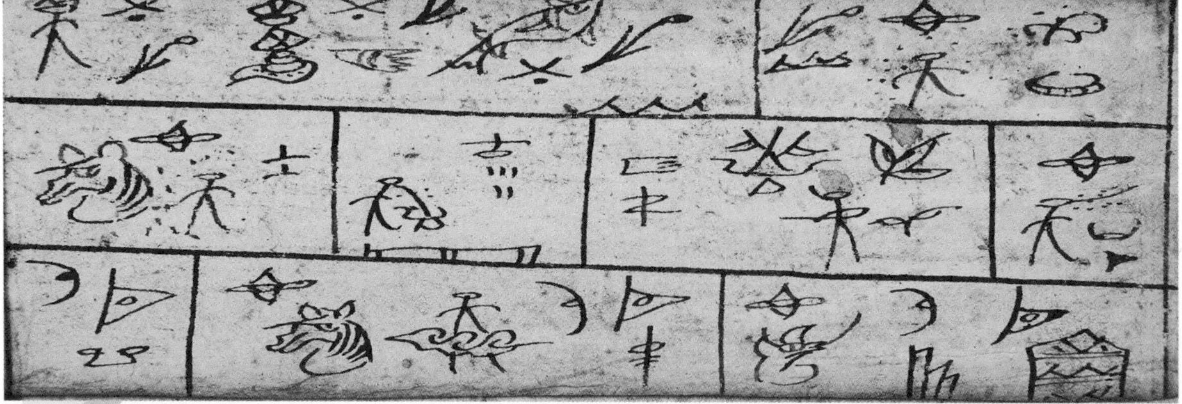

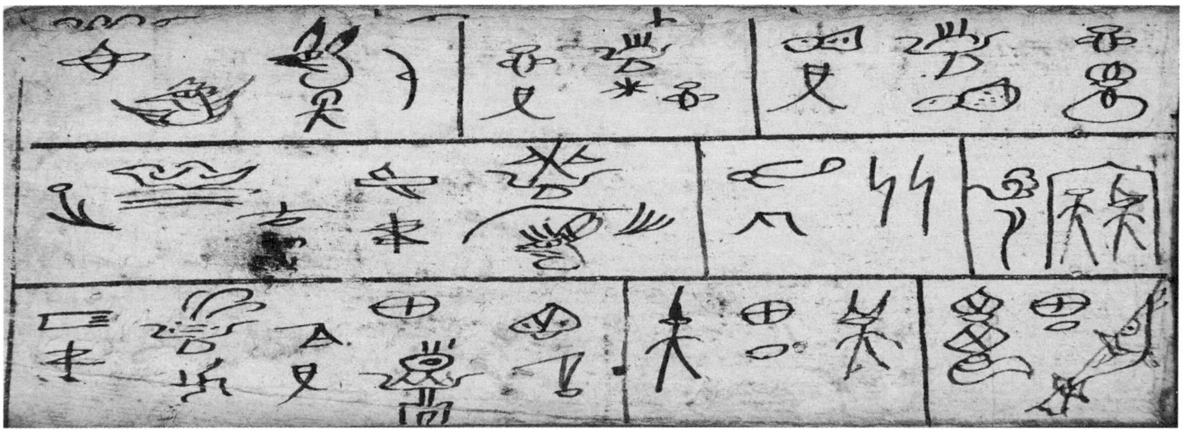

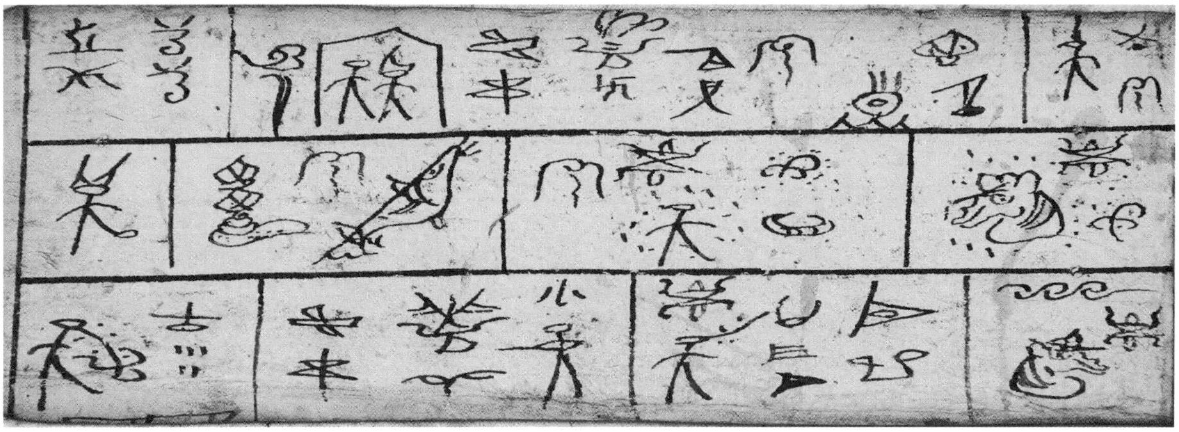

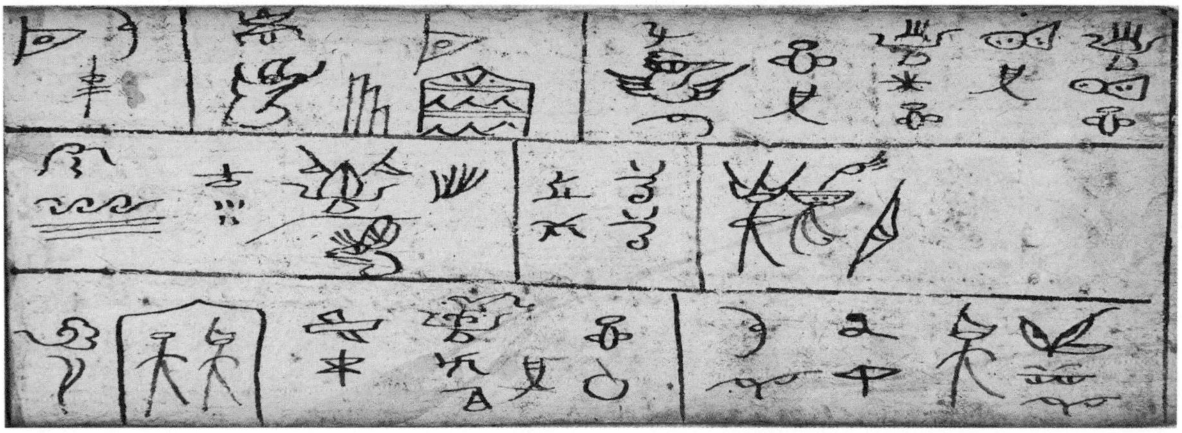

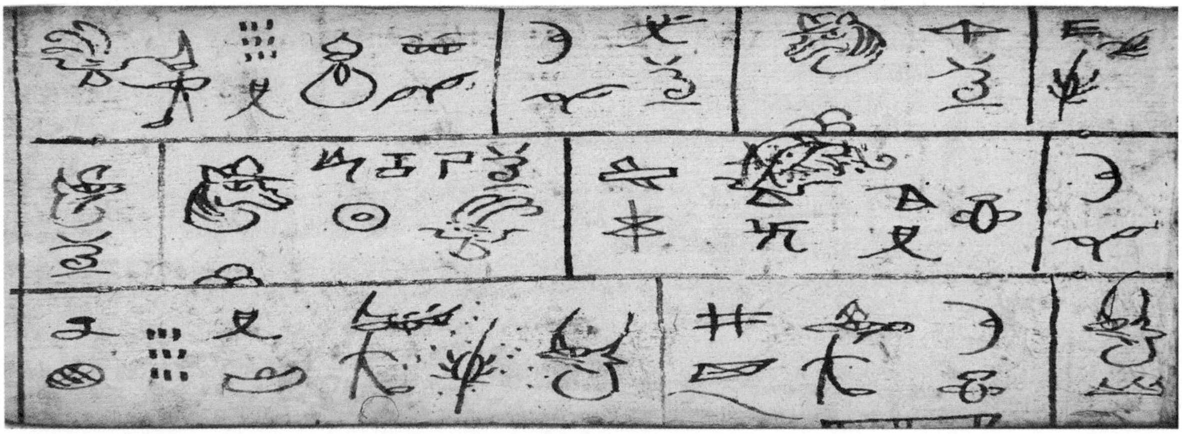

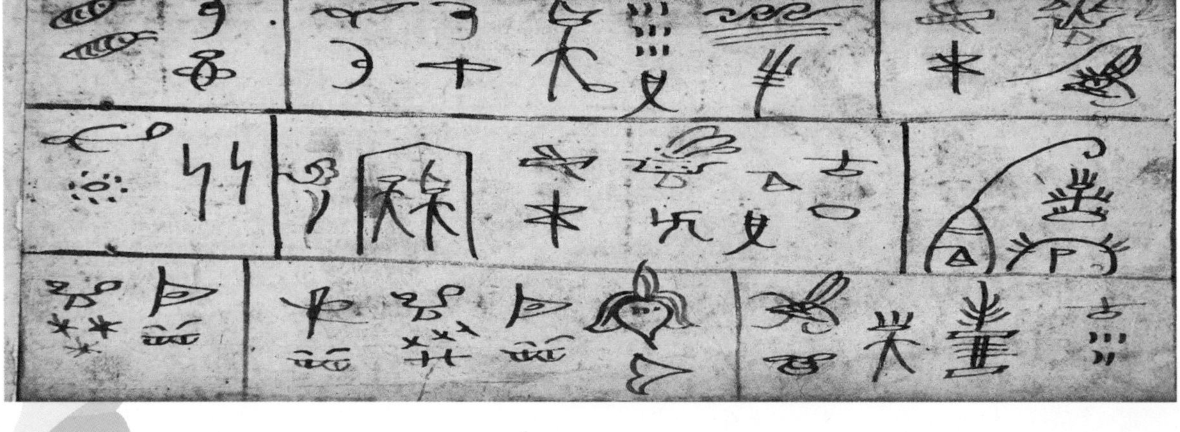

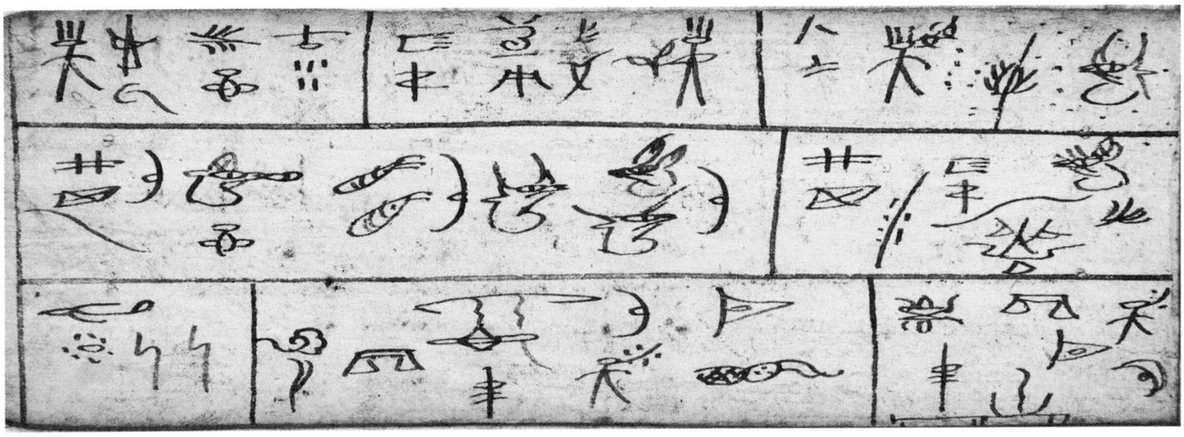

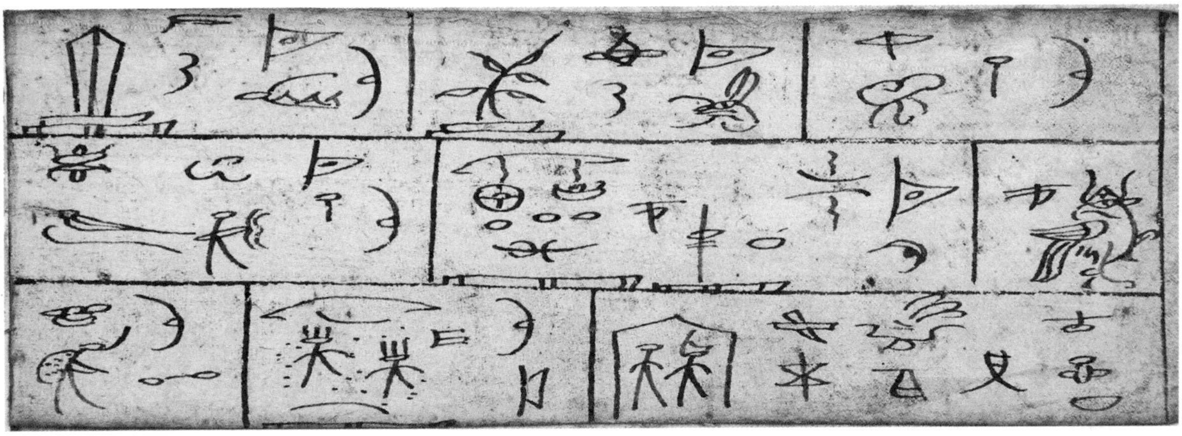

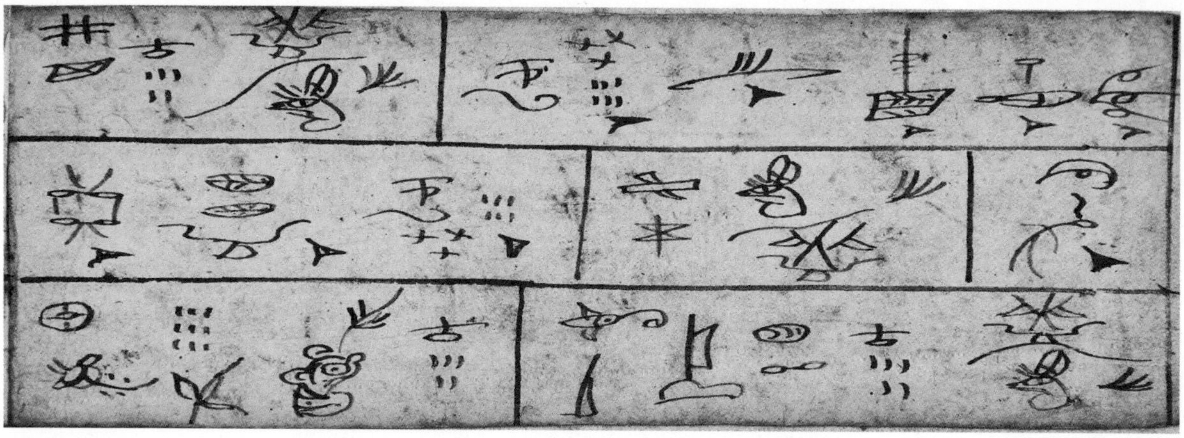

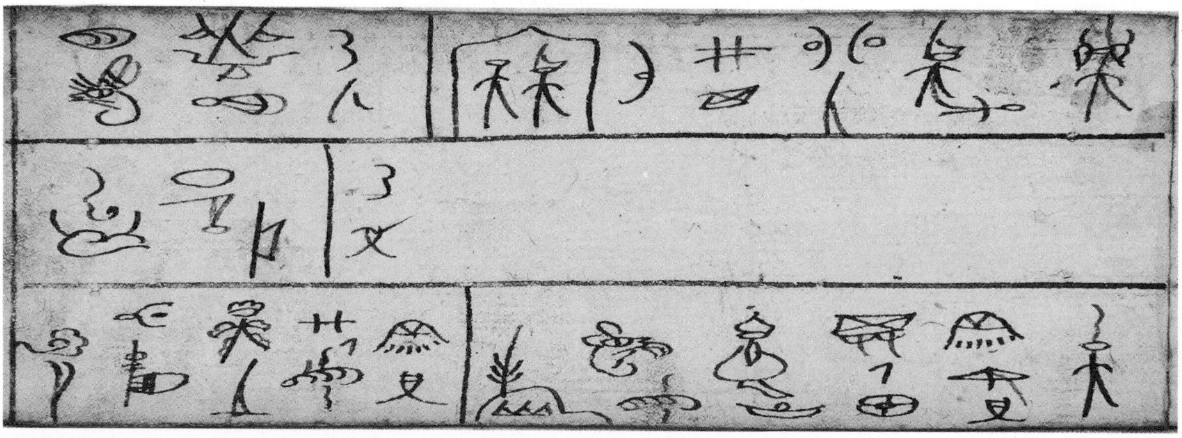

开丧仪式·萨值经

纳西族东巴教超度死者仪式典籍。流传于云南省丽江市纳西族地区。不分卷，1册，同治十年（1871年）和家星书。讲述举行开丧仪式时，治丧之家要将炒荞麦撒向场内，修毡房、供木偶、点油灯，并将死者的衣物穿在木偶之上。旧抄本，本色构皮纸，线订册叶装，墨书，封面有彩色装饰。页面高9.5厘米，广28厘米。保存完好。今藏丽江市玉龙纳西族自治县图书馆。

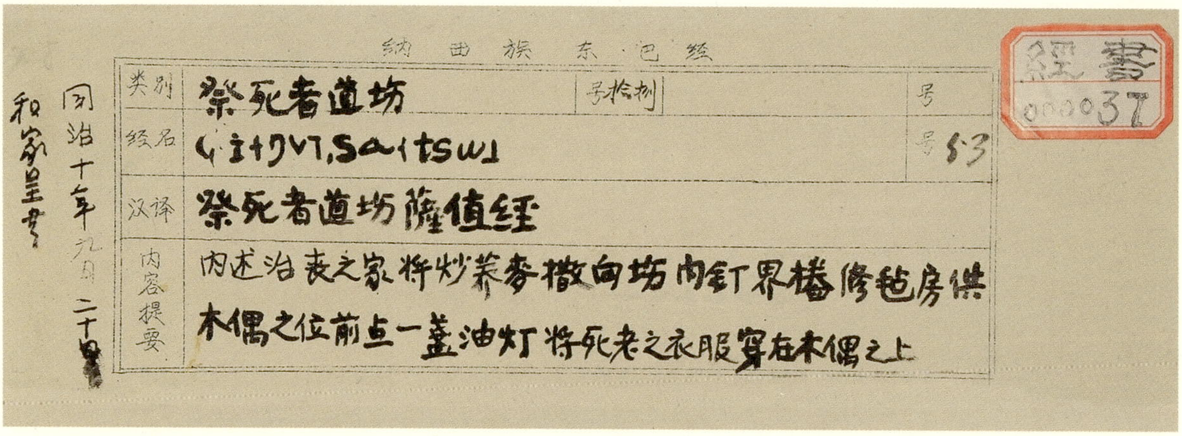

纳西族东巴经

类别	祭死者道场	号检制	号
经名	ʂɿ˧ tv˧, sa˩ tsɯ˩		号 53
汉译	祭死者道场薩值經		
内容提要	内述治丧之家将炒荞麦撒向坊内钉界橎修毡房供木偶之位前点一盏油灯将死者之衣服穿在木偶之上		

同治十年九月二十四

和家星书

經書 000037

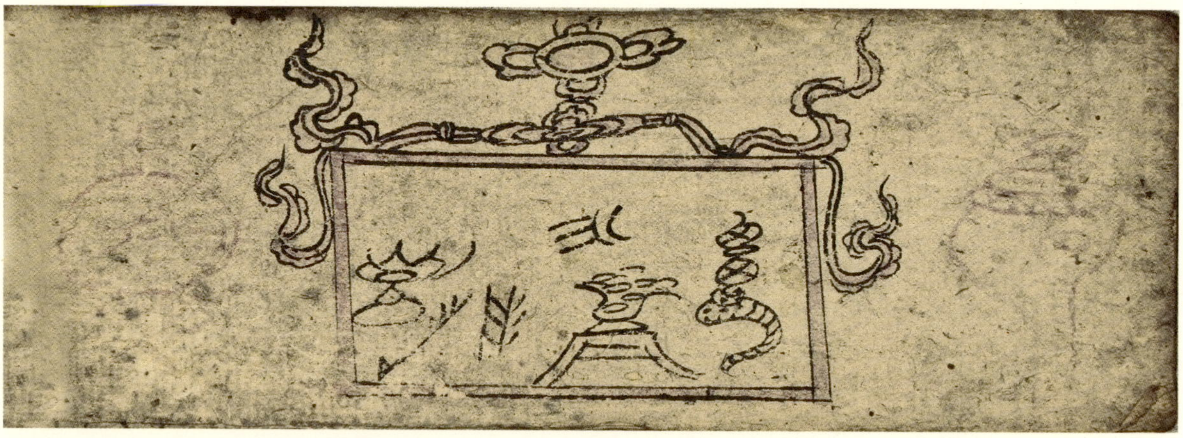

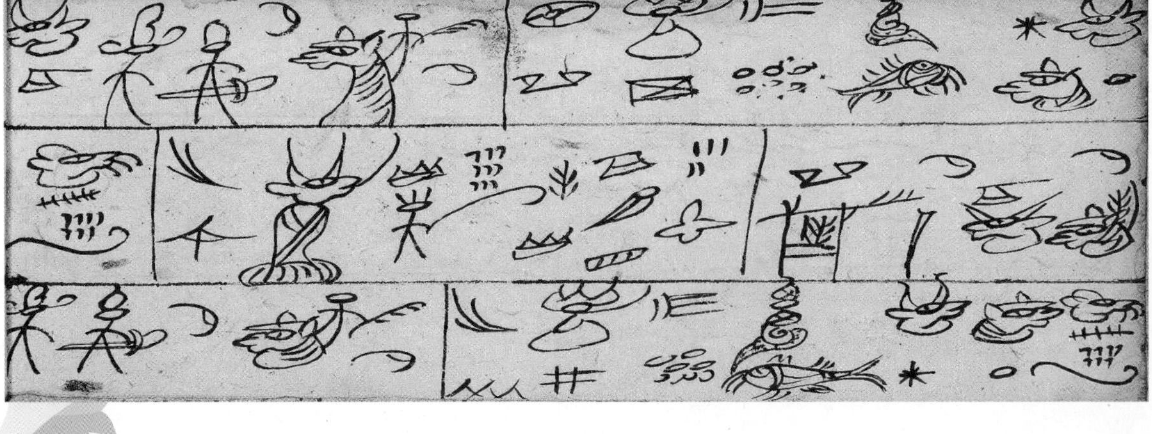

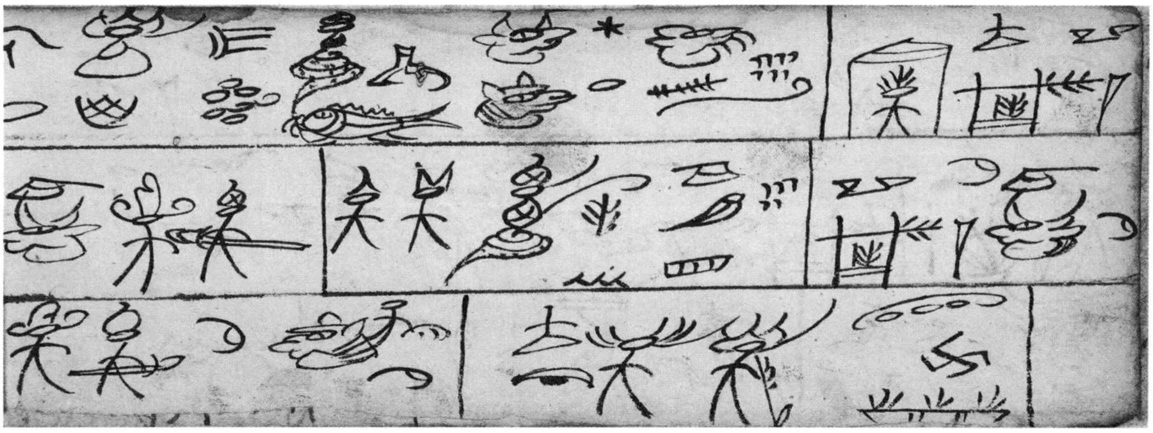

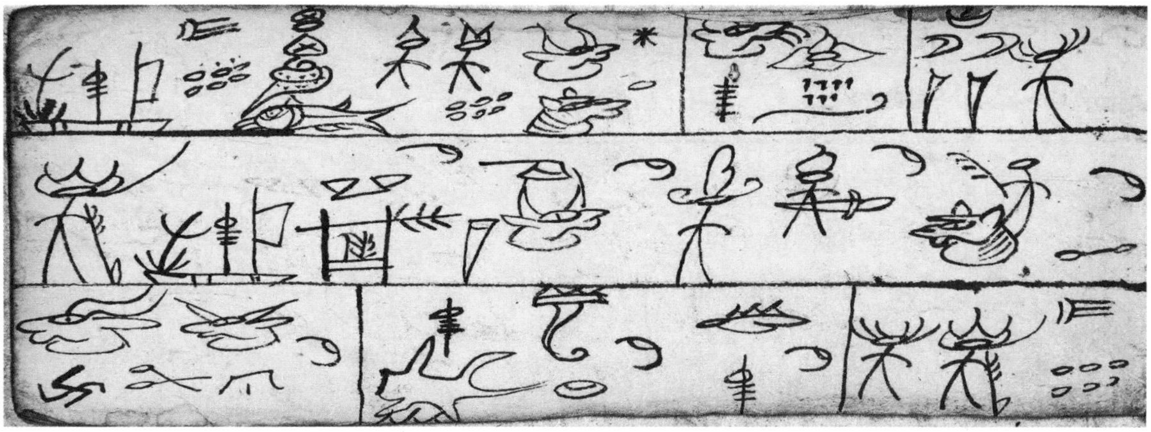

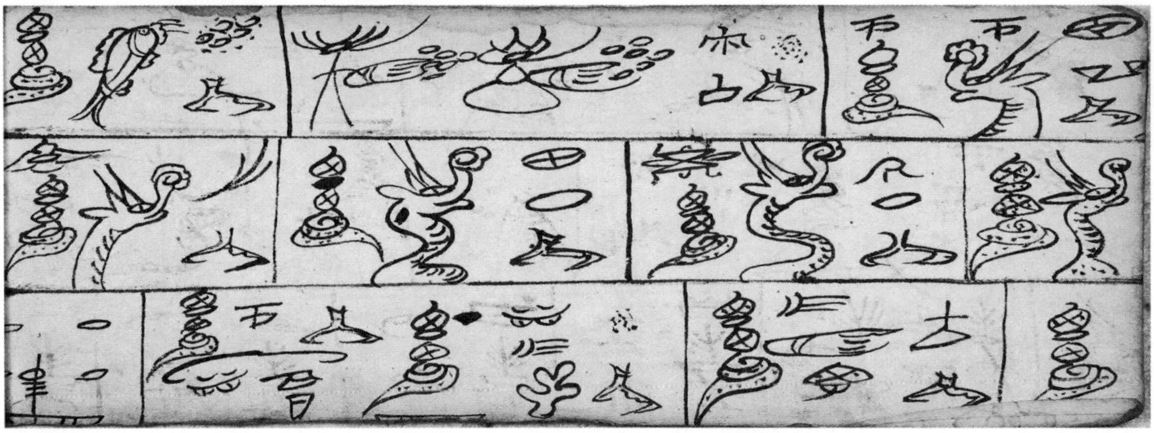

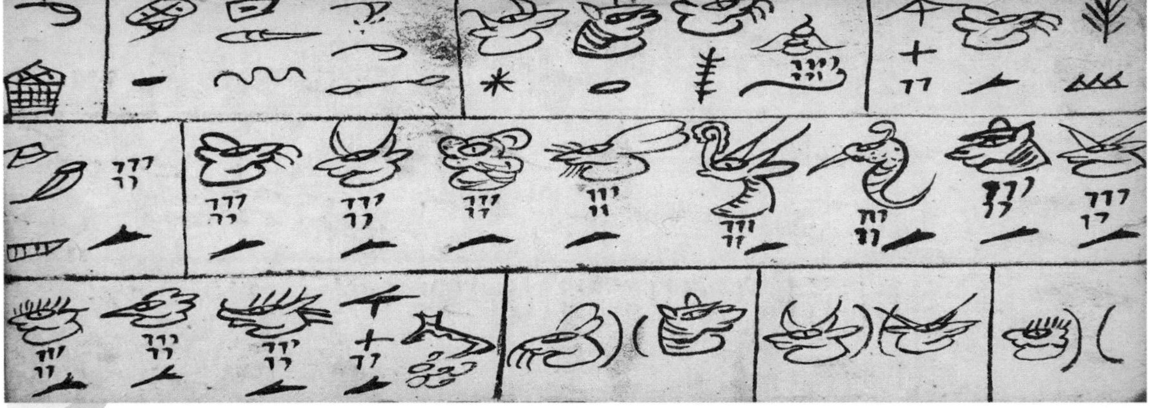

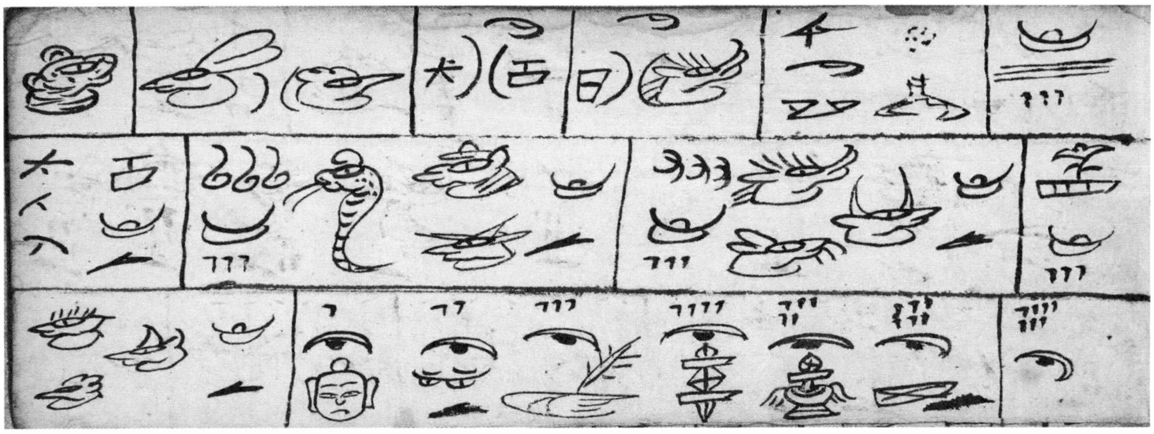

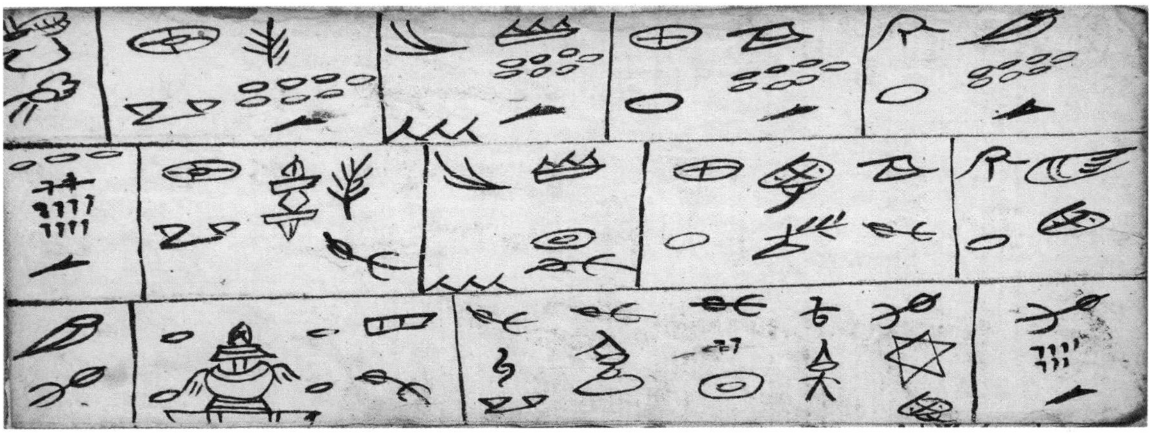

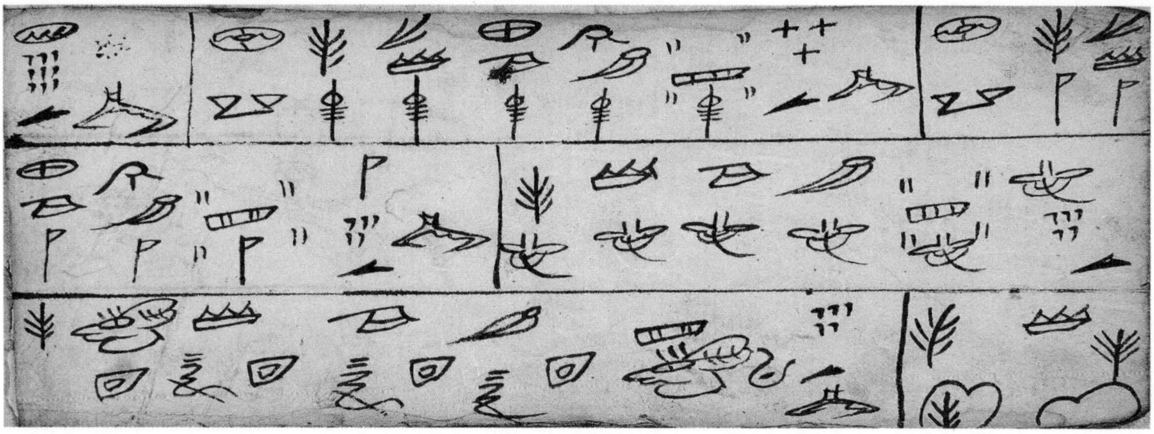

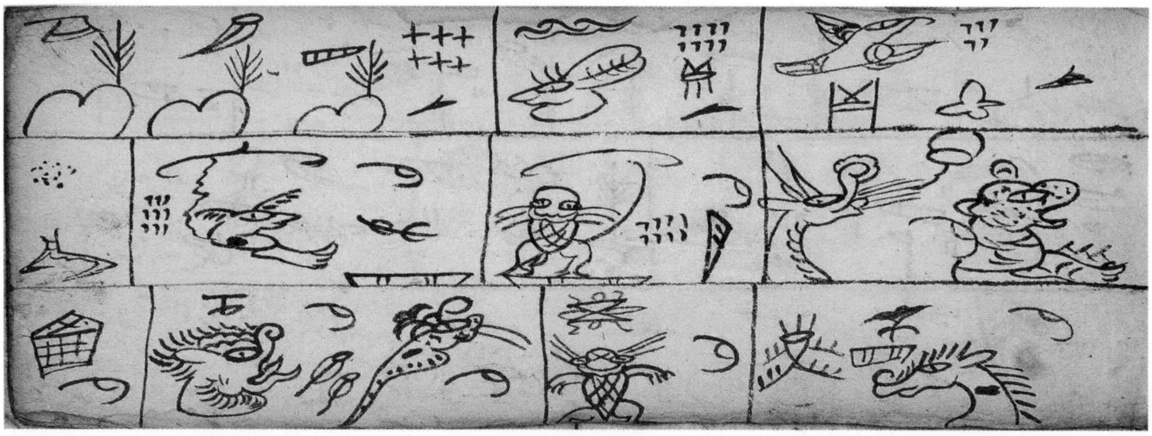

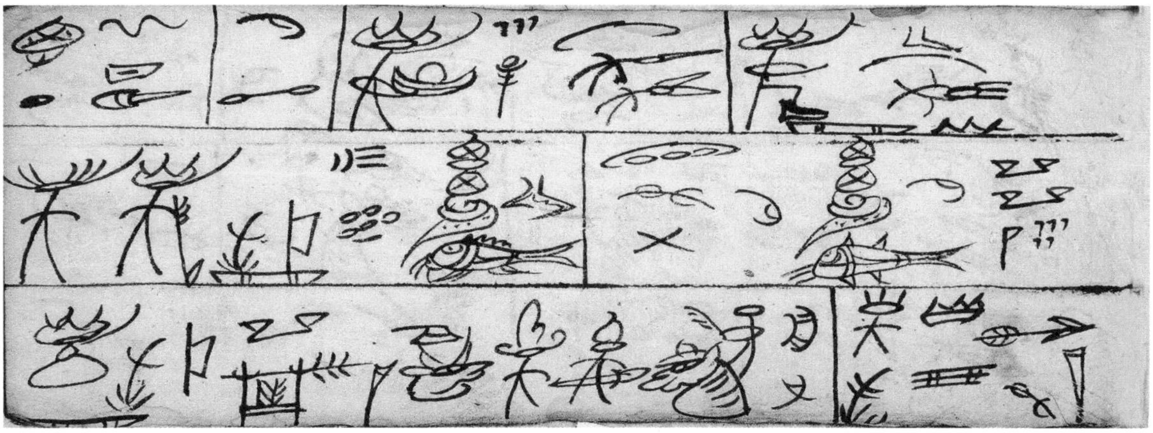

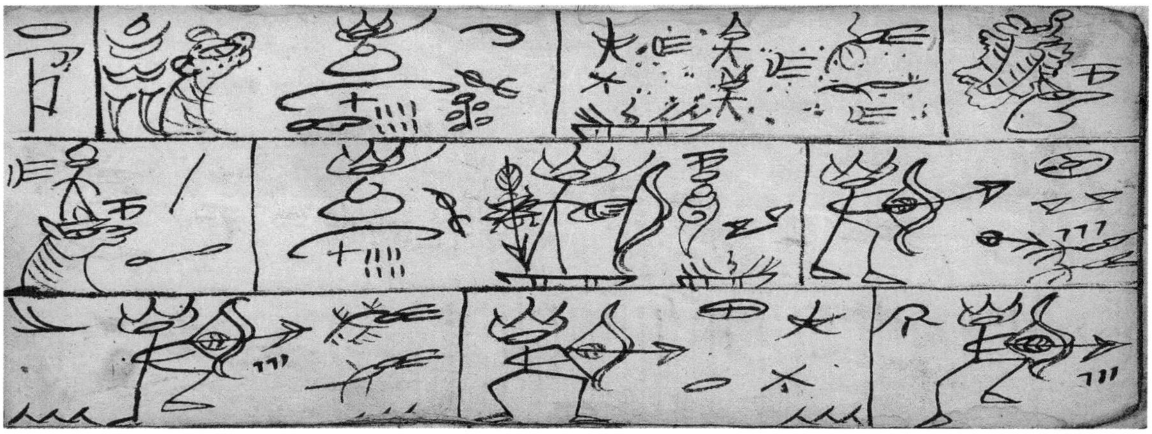

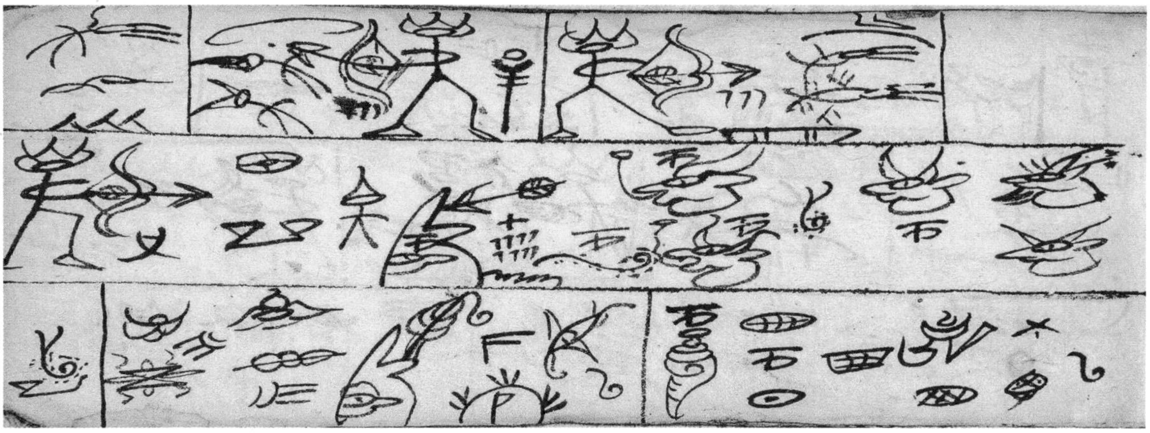

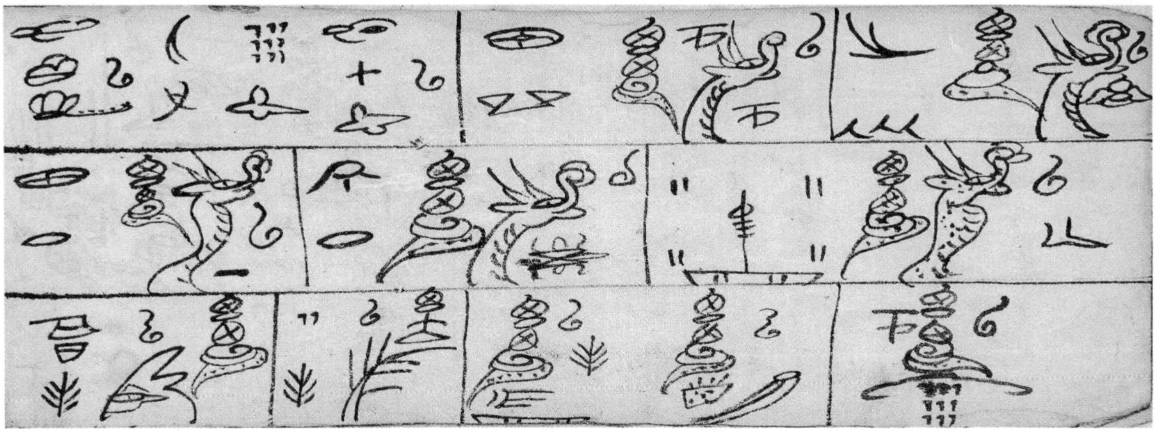

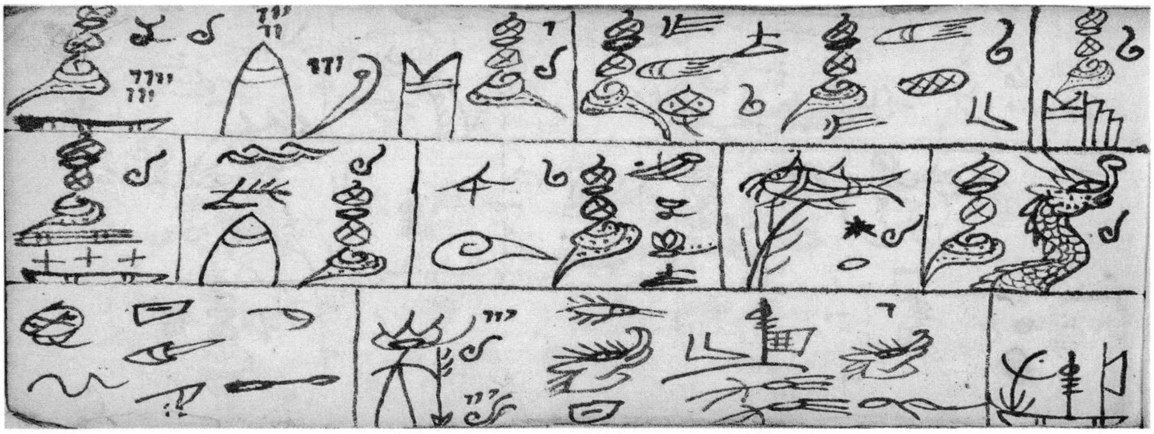

求仁仪式·仁的出处来历·献牲献饭

纳西族东巴教求仁仪式典籍。流传于云南省丽江市纳西族地区。不分卷，1册，佚名撰。按东巴传说，仁是体现着兴旺发展、智慧美好的精灵，与他同在就能获得相应的属性。本书在祭献牺牲求仁回归时诵读，讲述仁的出处和来历，祈求五谷丰登。旧抄本，本色构皮纸，线订册叶装，墨书，部分字符施以色彩。页面高9.5厘米，广29厘米。保存基本完好，上边有被火烧地痕迹。今藏丽江市玉龙纳西族自治县图书馆。

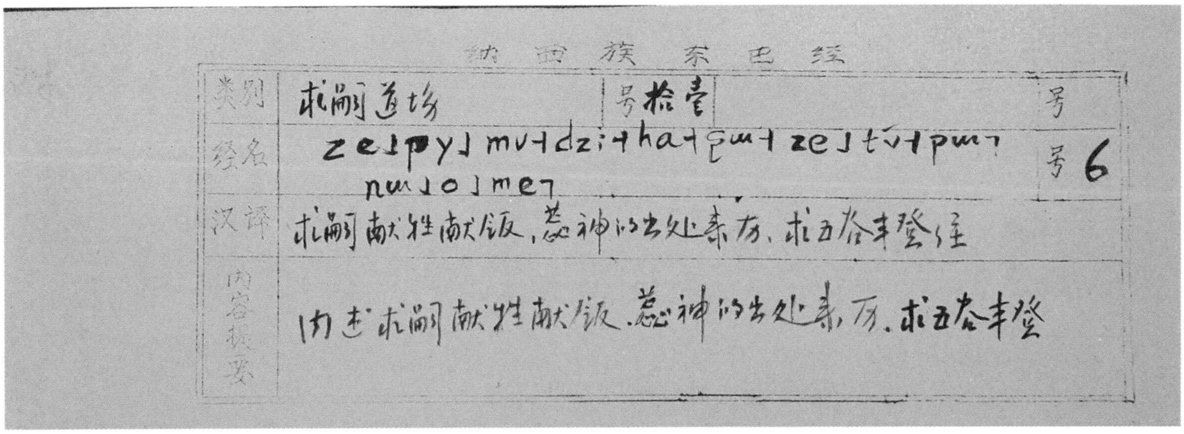

纳西族东巴经

类别	求嗣道场	号拾壹	号
经名	ze˩py˩ mu˧dzi˧ha˧ʂɯ˧ ze˩tʂv˧pɯ˥ nɯ˩o˩me˥		号 6
汉译	求嗣献牲献饭，慈神的出处来历，求五谷丰登经		
内容提要	内述求嗣献牲献饭，慈神的出处来历，求五谷丰登		

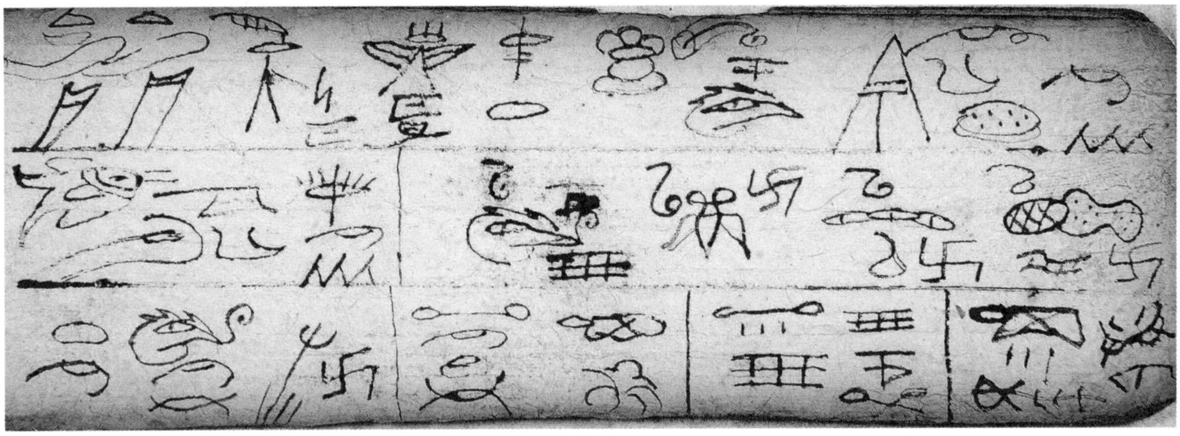

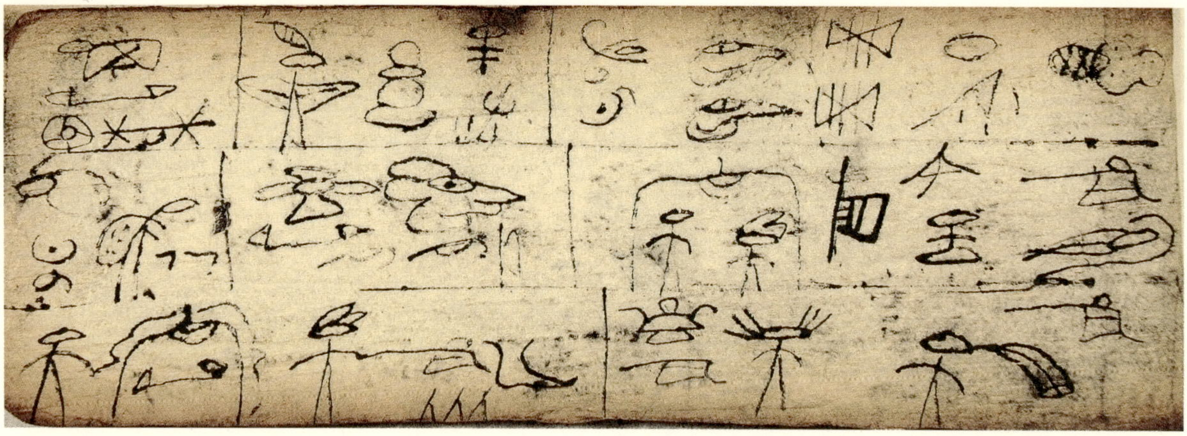

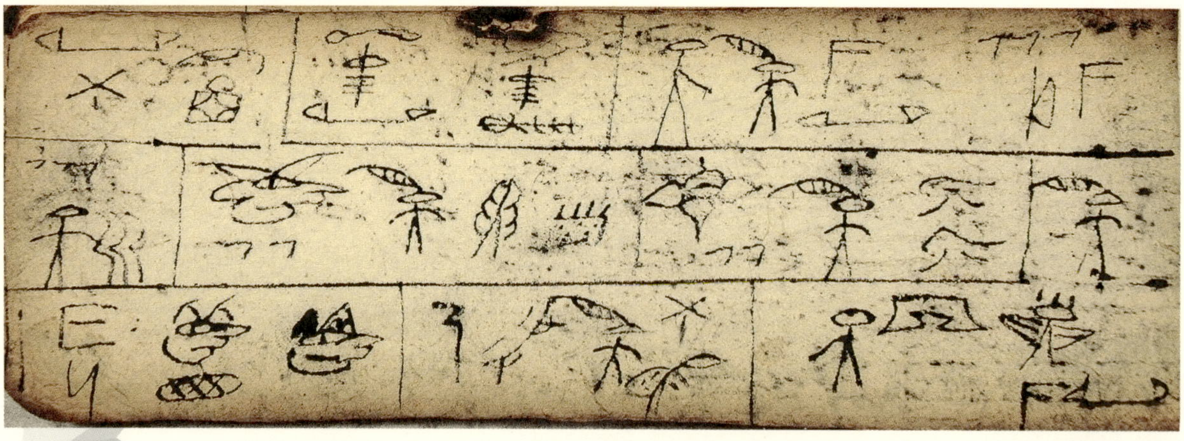

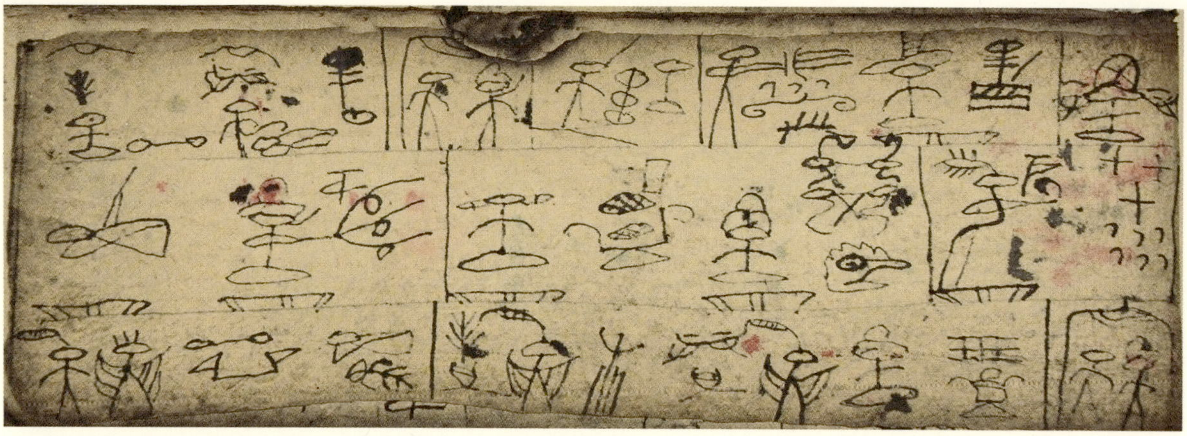

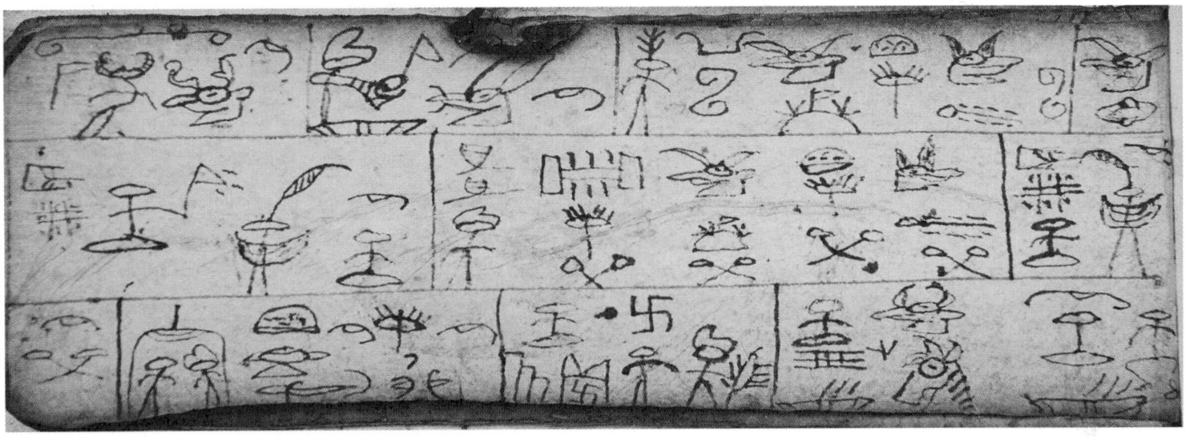

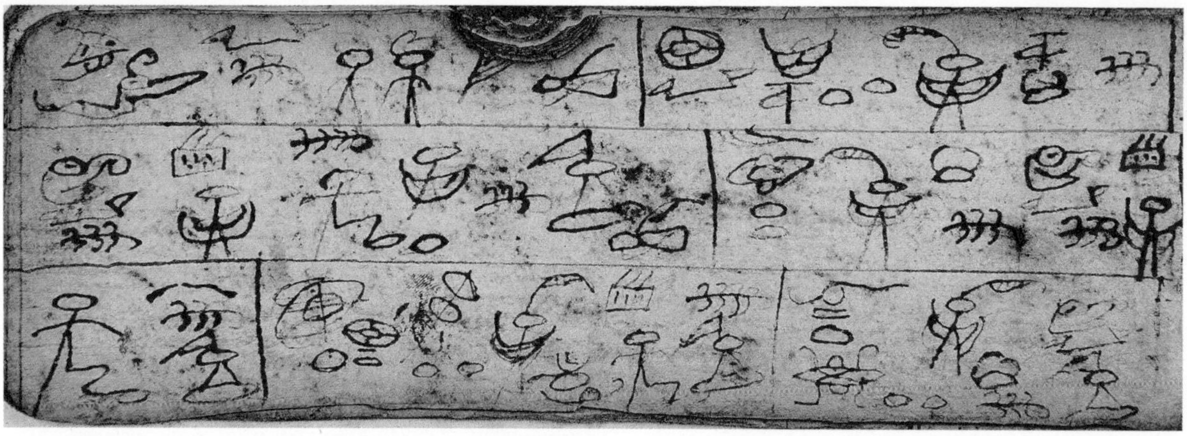

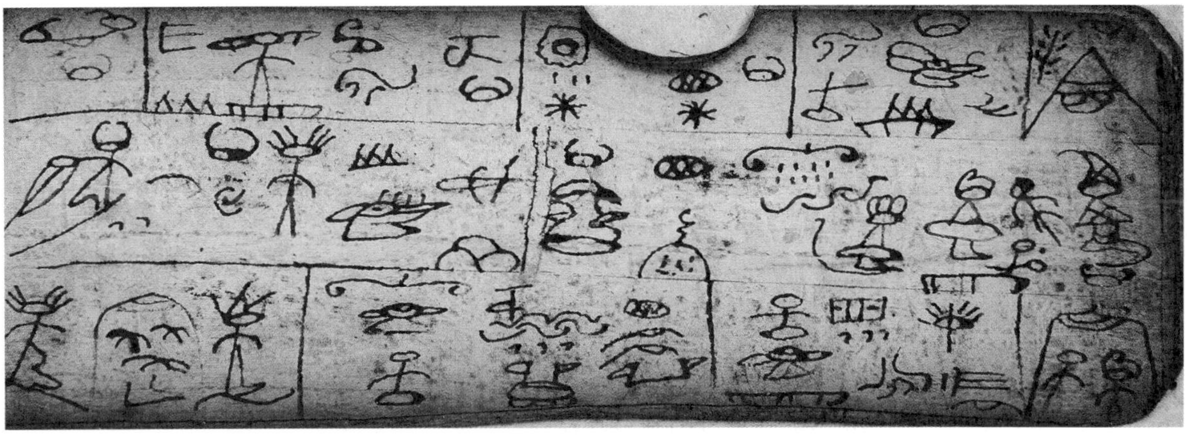

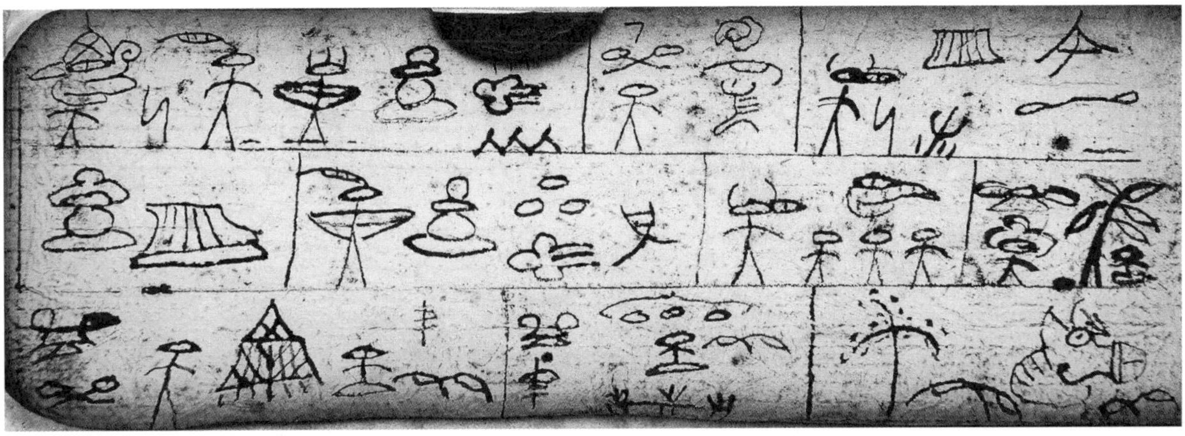

求仁仪式·仁的出处来历和献牲

纳西族东巴教求仁仪式典籍。流传于云南省丽江市纳西族地区。不分卷，1册，佚名撰。在祭祀生育神“仁”的仪式中诵读，向仁、趣祭献牺牲，并讲述了仁的出处和来历。旧抄本，本色构皮纸，线订册叶装，墨书。页面高9.3厘米，广27.5厘米。保存完好。今藏丽江市玉龙纳西族自治县图书馆。

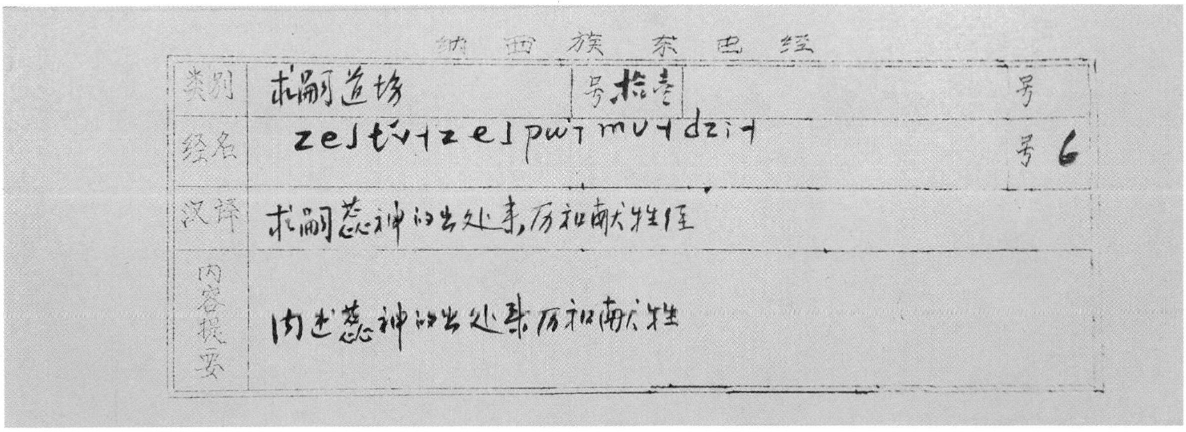

纳西族东巴经

类别	求嗣道场	号拾壹	号
经名	ze˩ tɕʰv˧ ʐ˧ ze˩ pʰɯ˥ mu˧ dzi˧		号 6
汉译	求嗣慈神的出处来历和献牲经		
内容提要	内述慈神的出处来历和献牲		

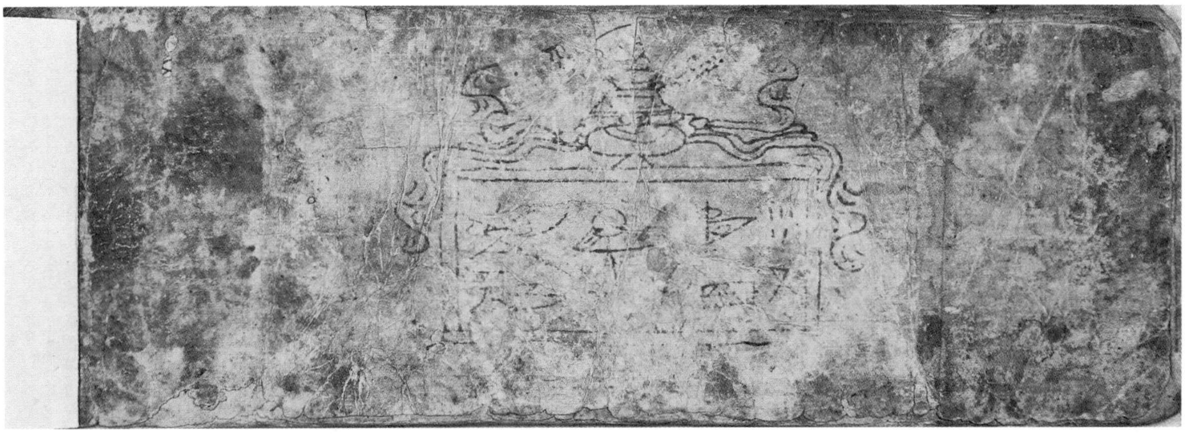

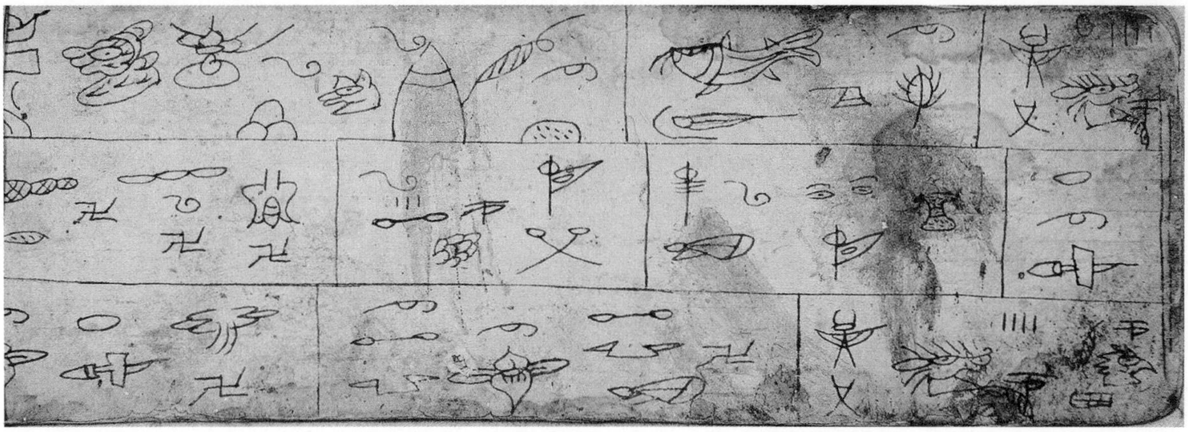

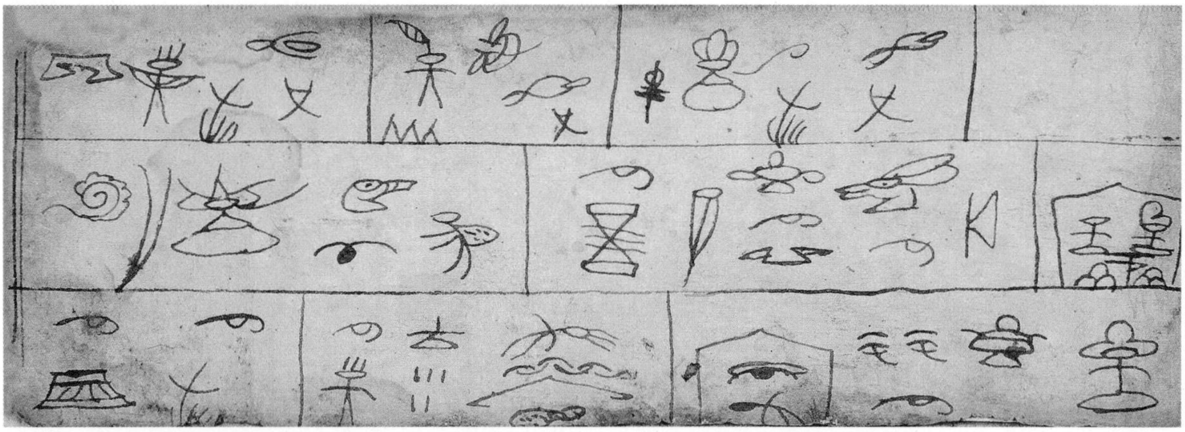

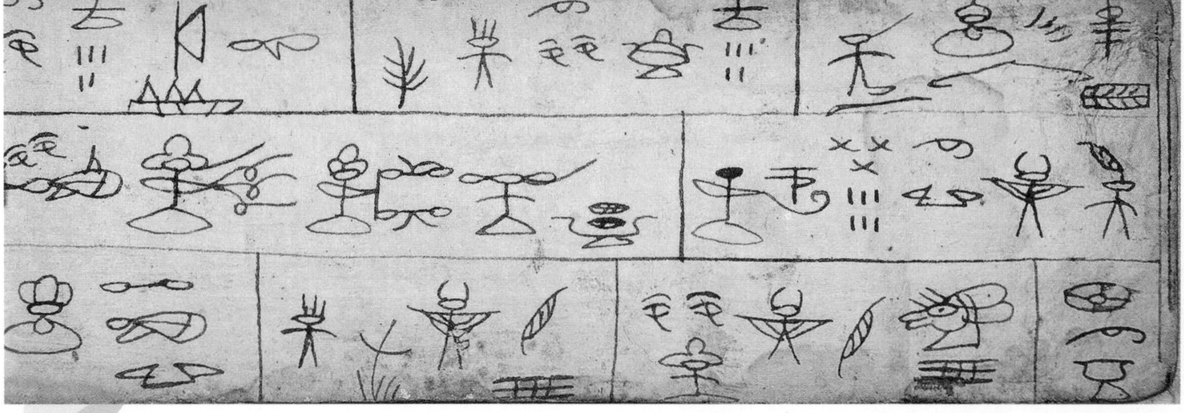

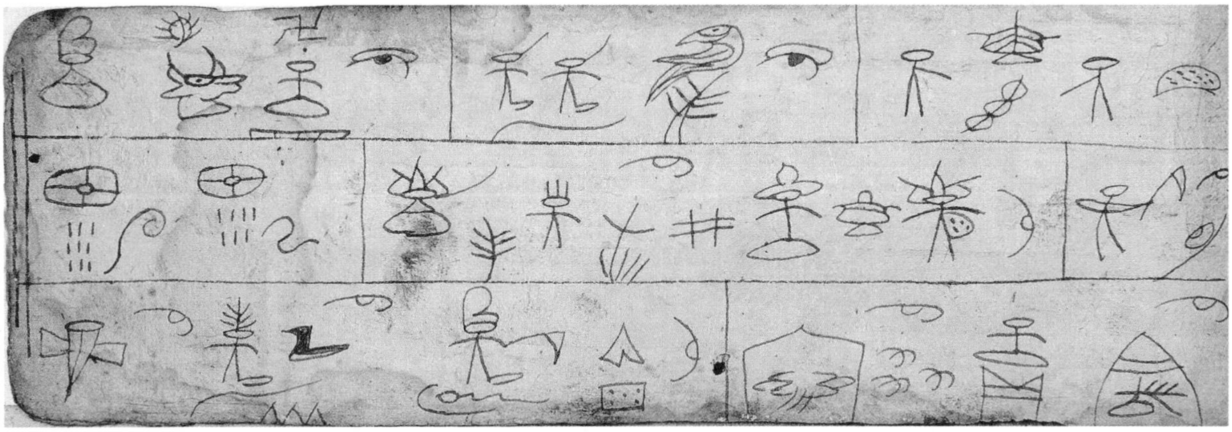

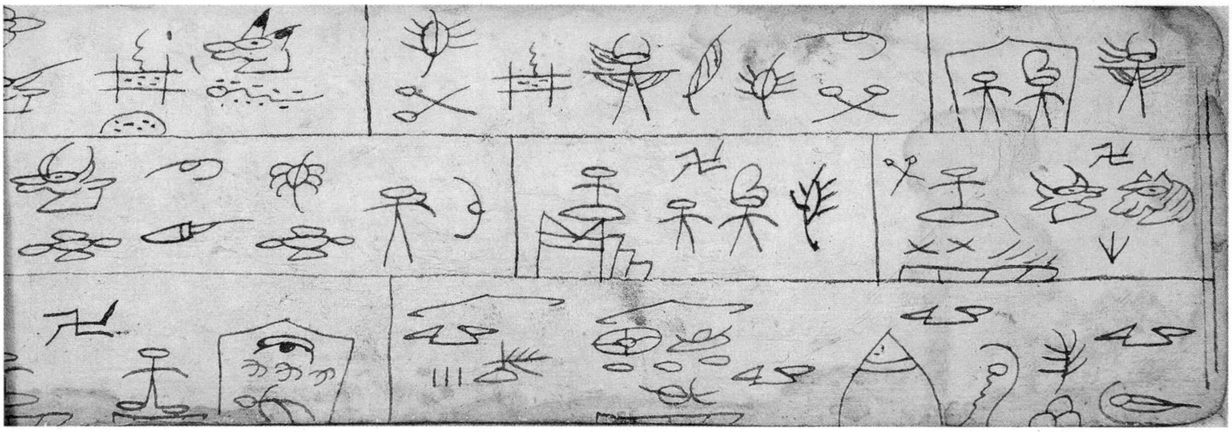

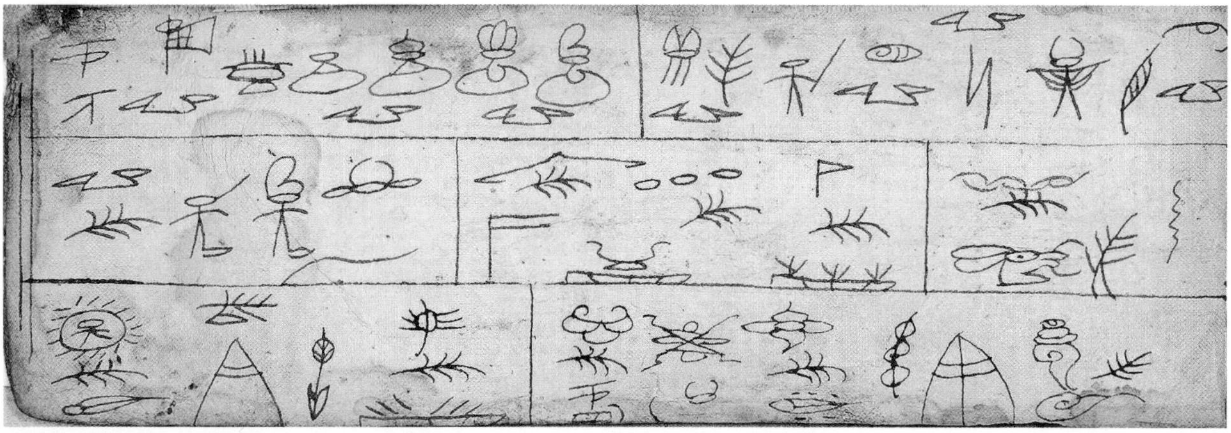

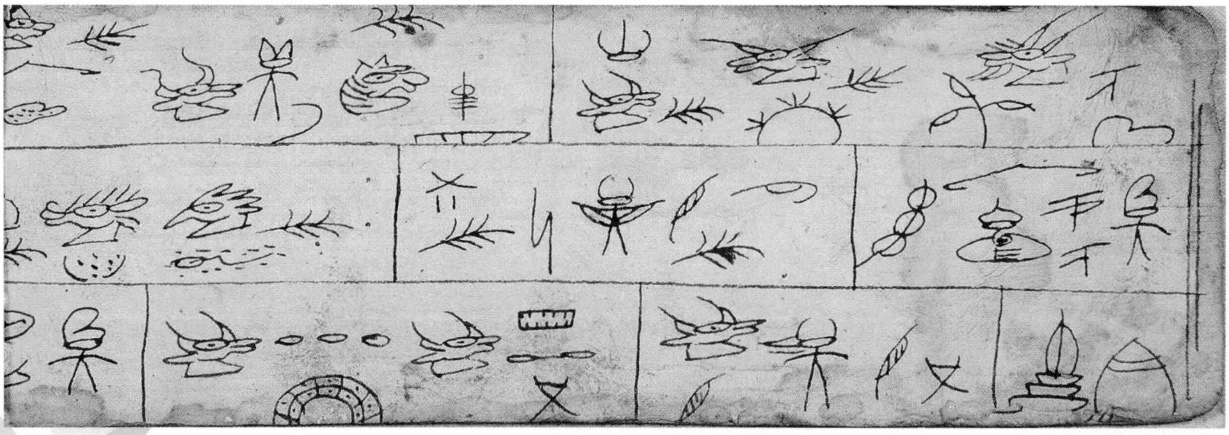

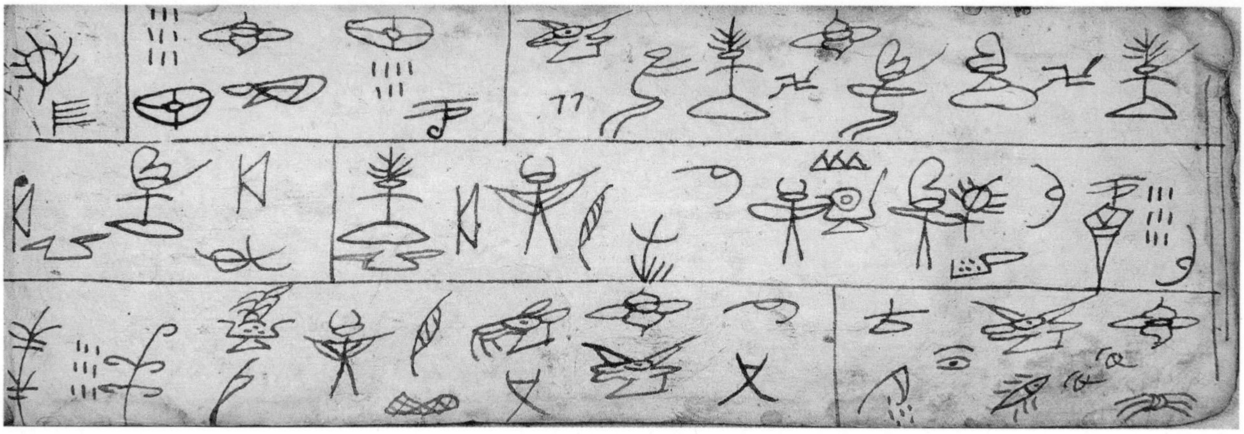

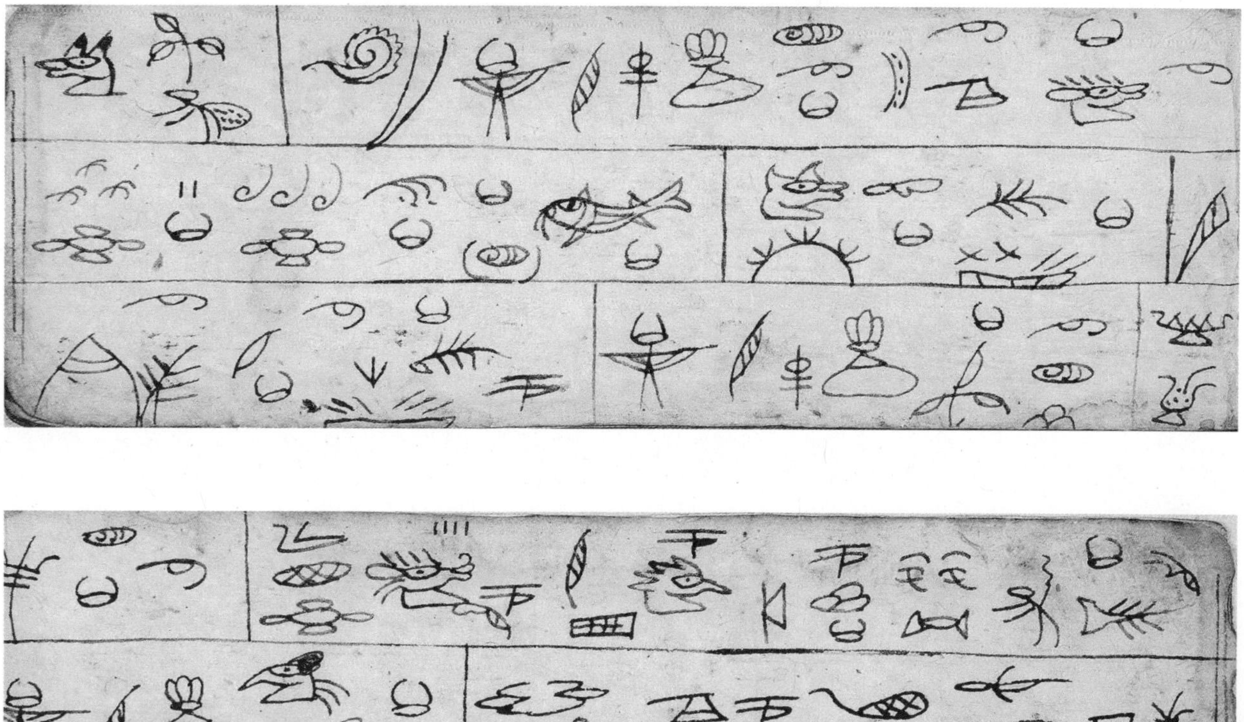

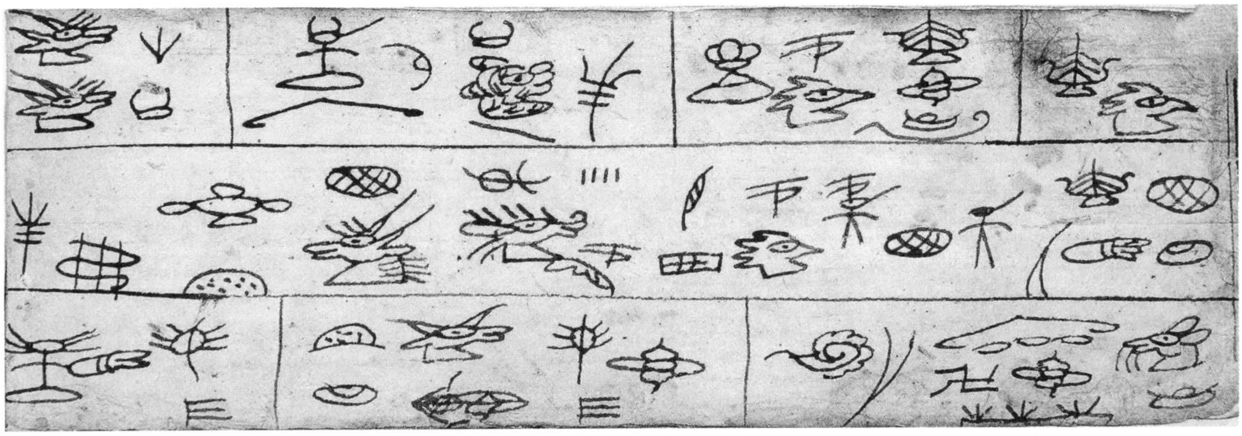

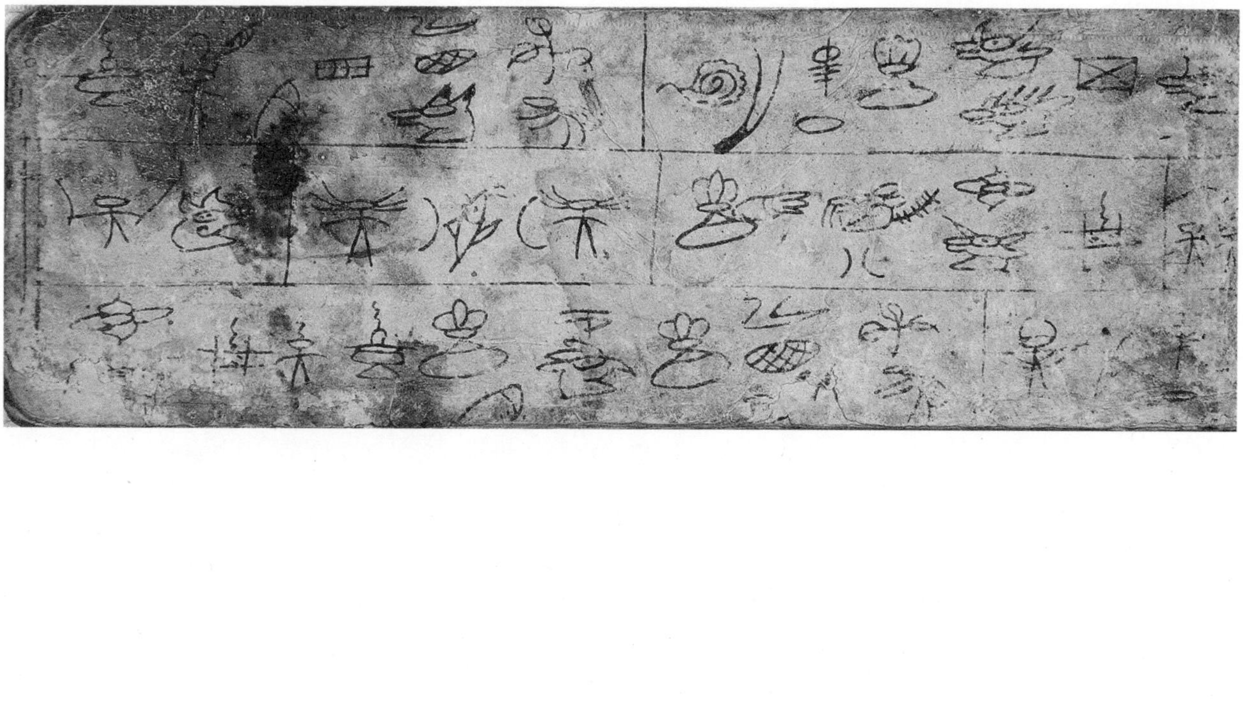

退白虎

纳西族退白虎仪式典籍。流传于云南省丽江市纳西族地区。不分卷，1册，佚名撰。“退白虎”是受汉文化影响产生的一种仪式，旧时家中不育或孕妇难产，便以为女方冲犯白虎星，主人便要作法退白虎。本书讲述了退白虎仪式的出处。旧抄本，本色构皮纸，线订册叶装，墨书。页面高9厘米，广28厘米。保存完好。今藏丽江市玉龙纳西族自治县图书馆。

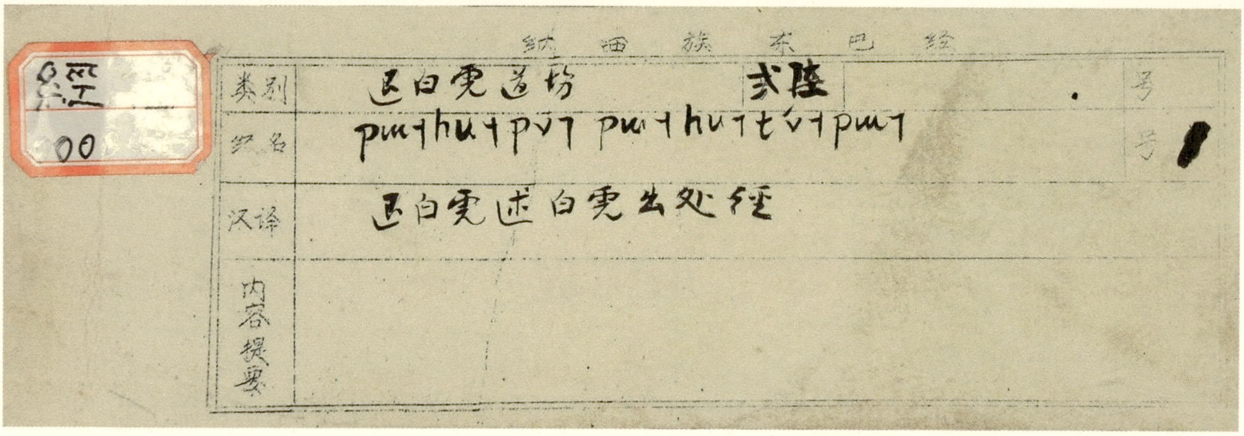
纳西族东巴经
类别
汉译
内容提要

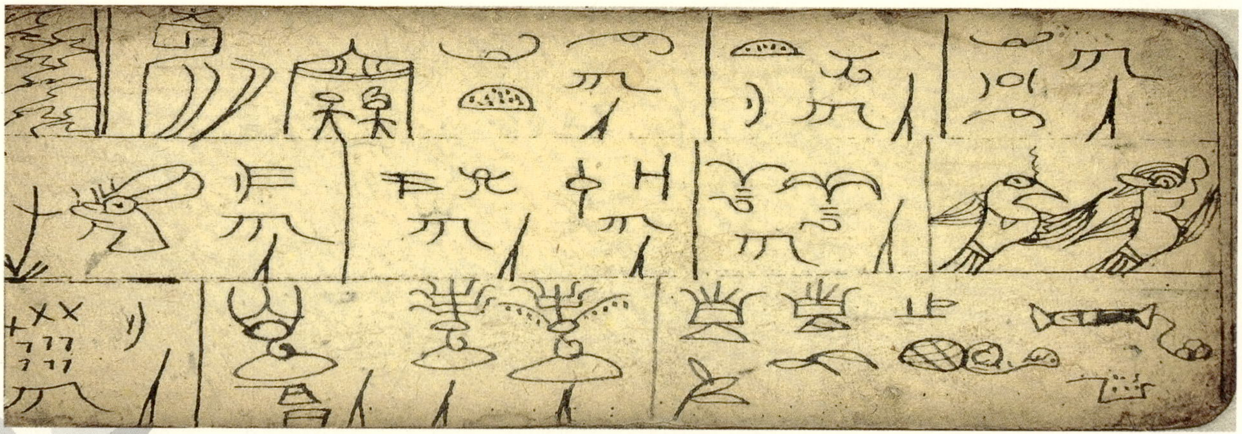

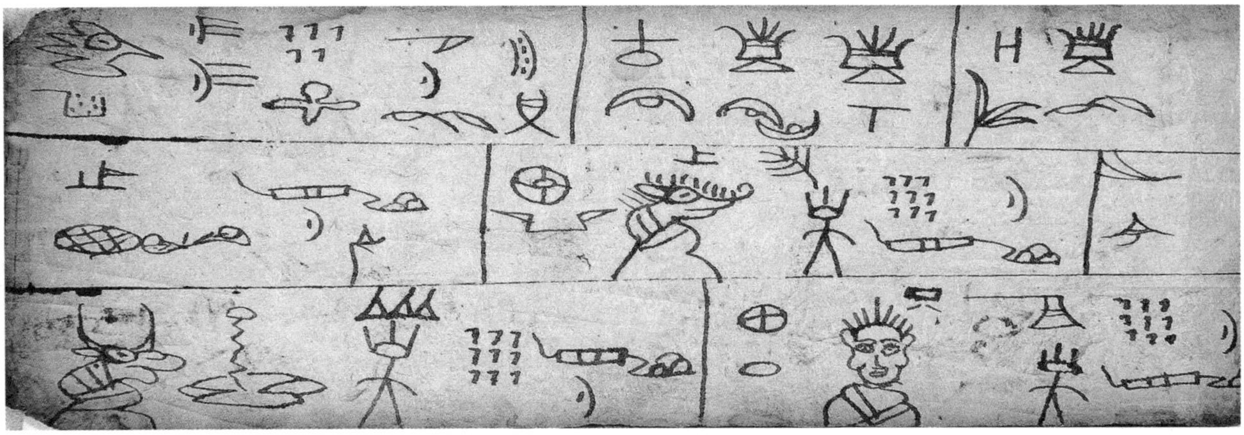

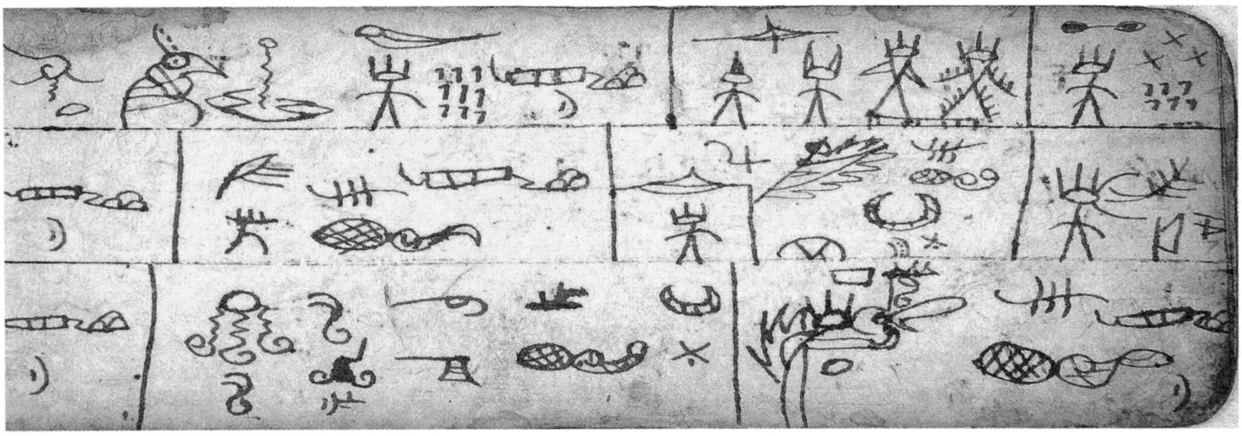

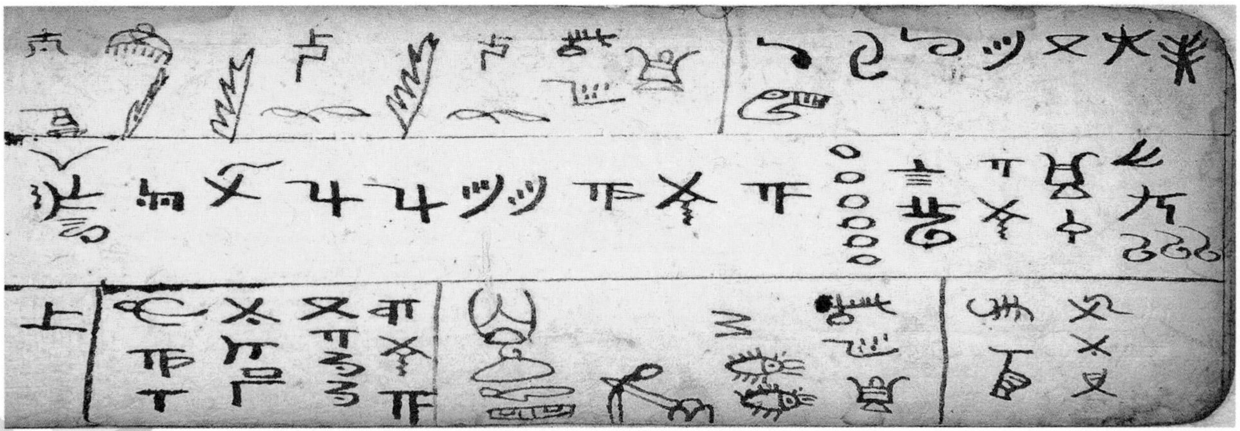

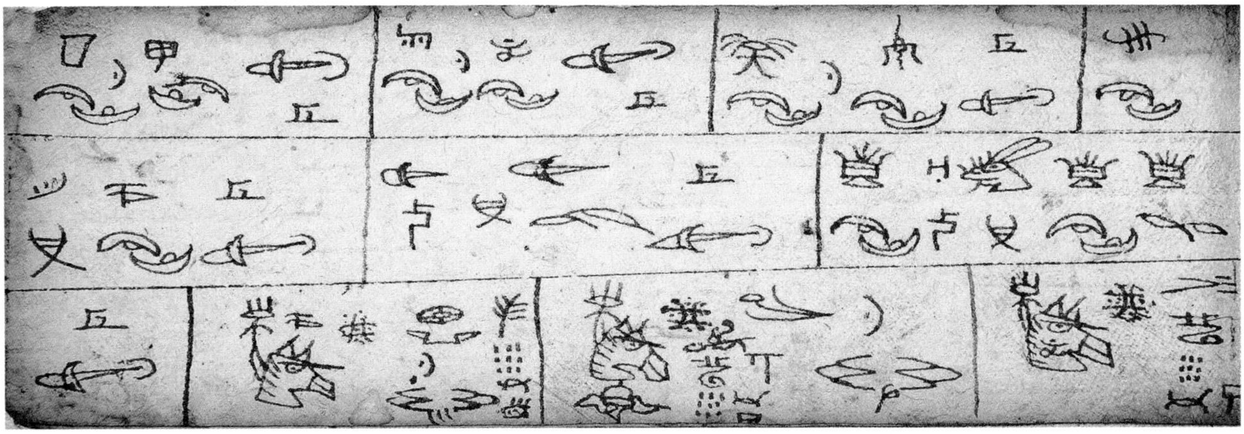

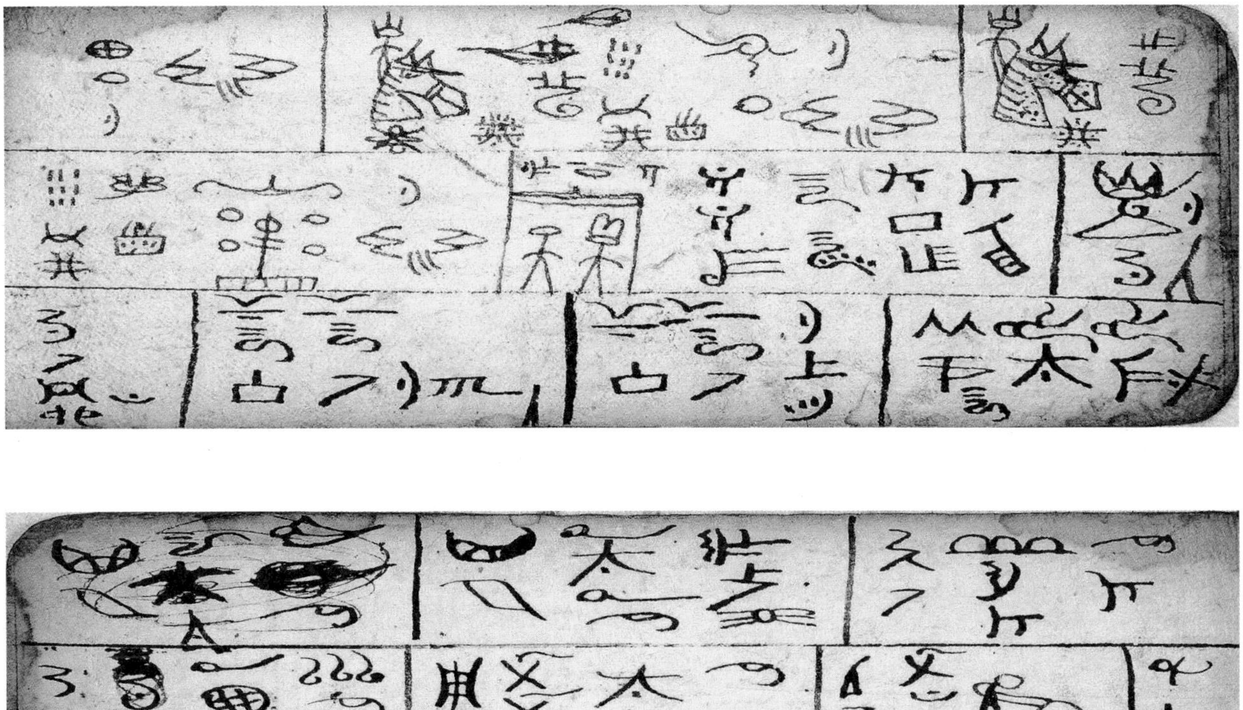

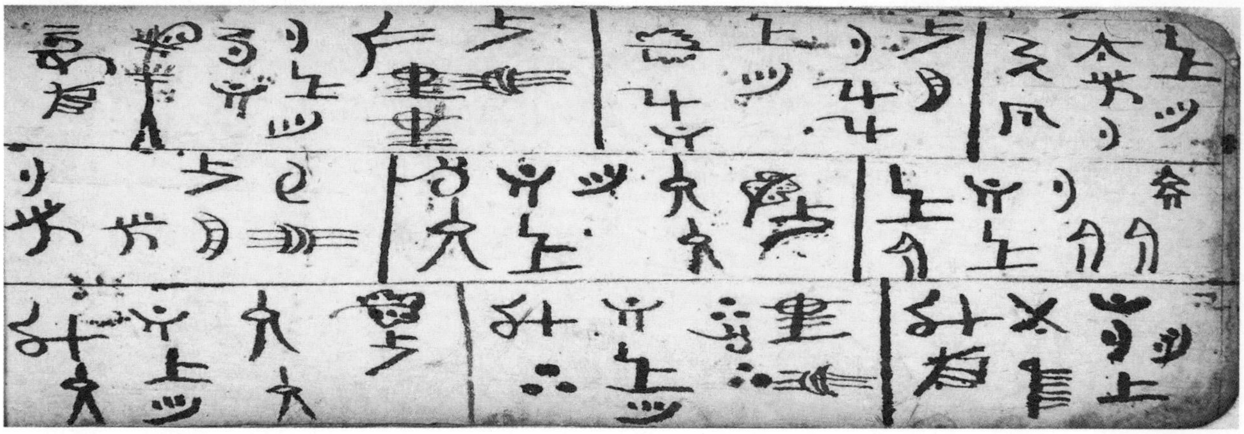

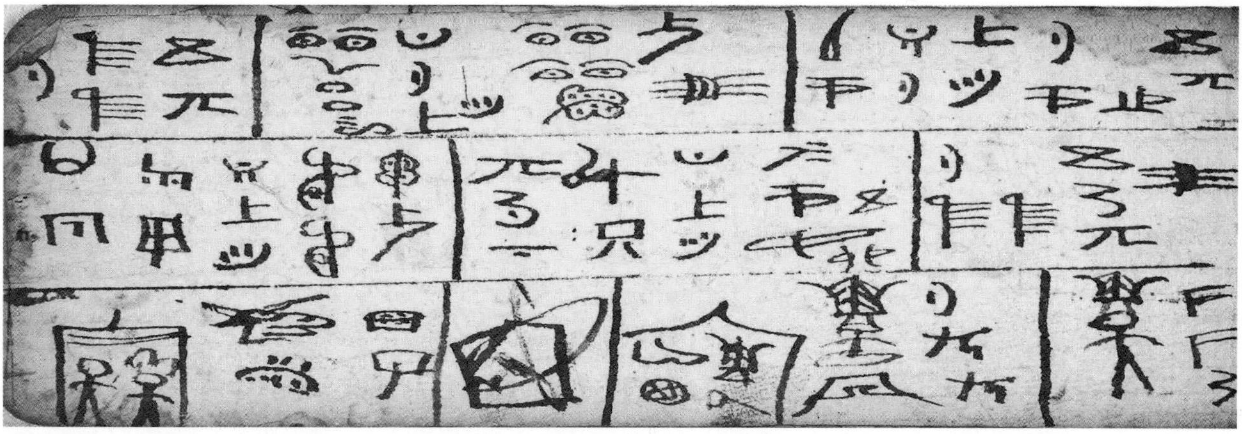

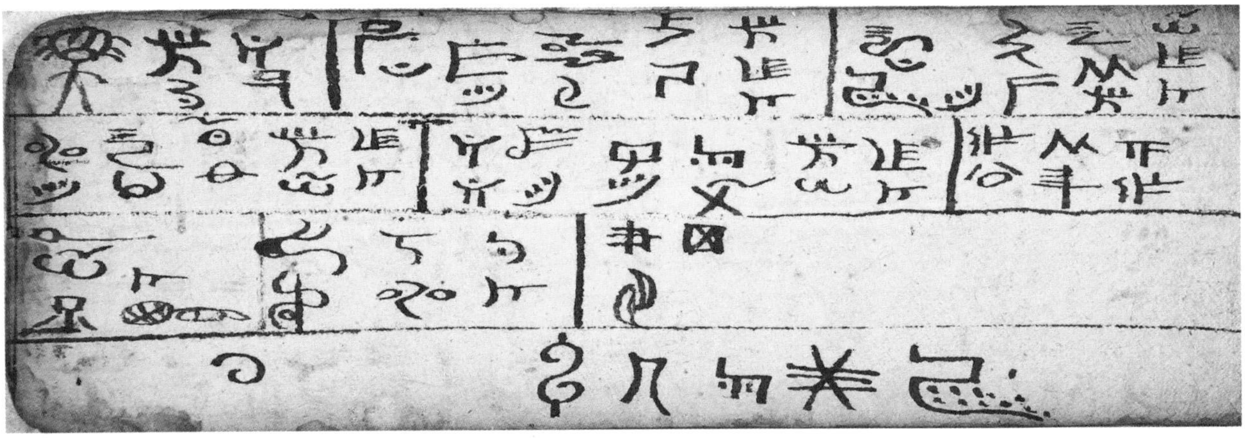

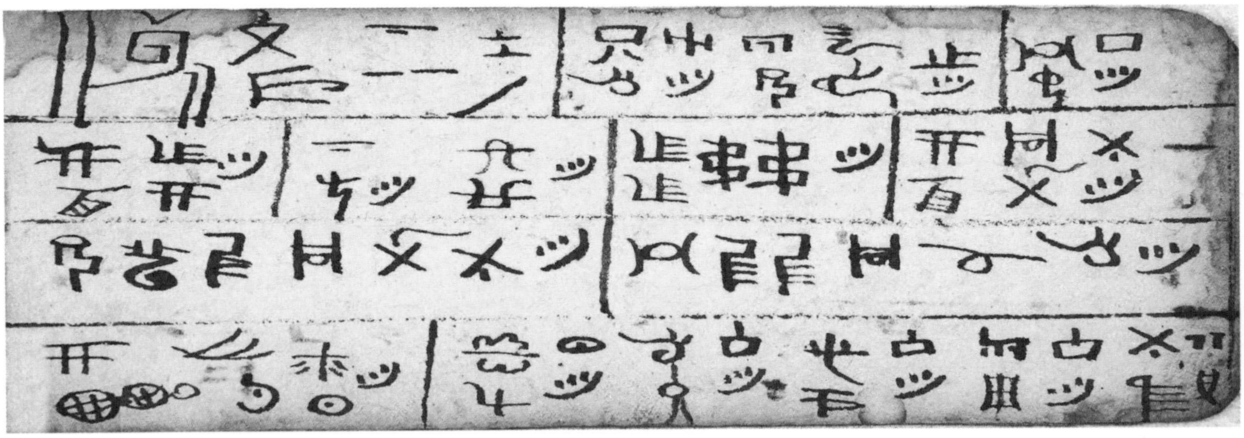

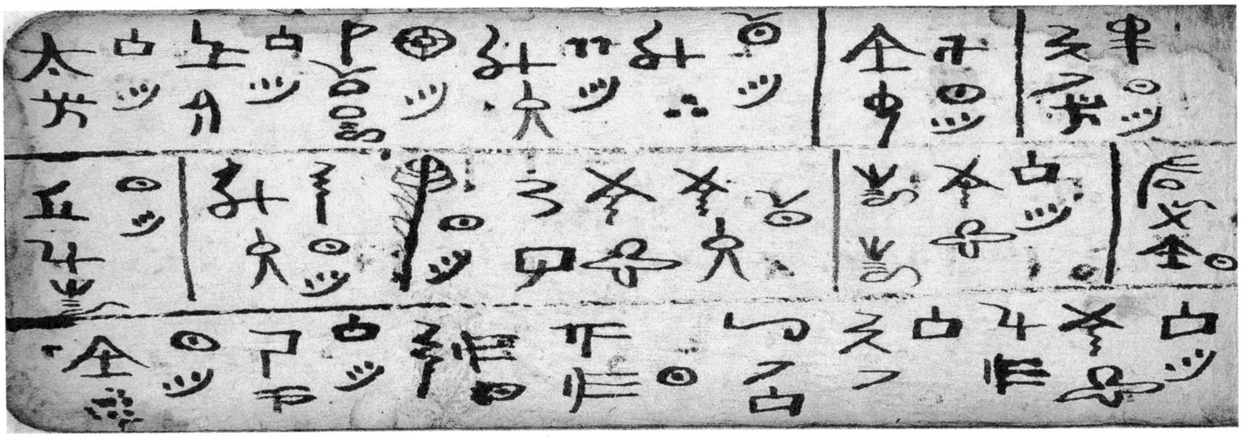

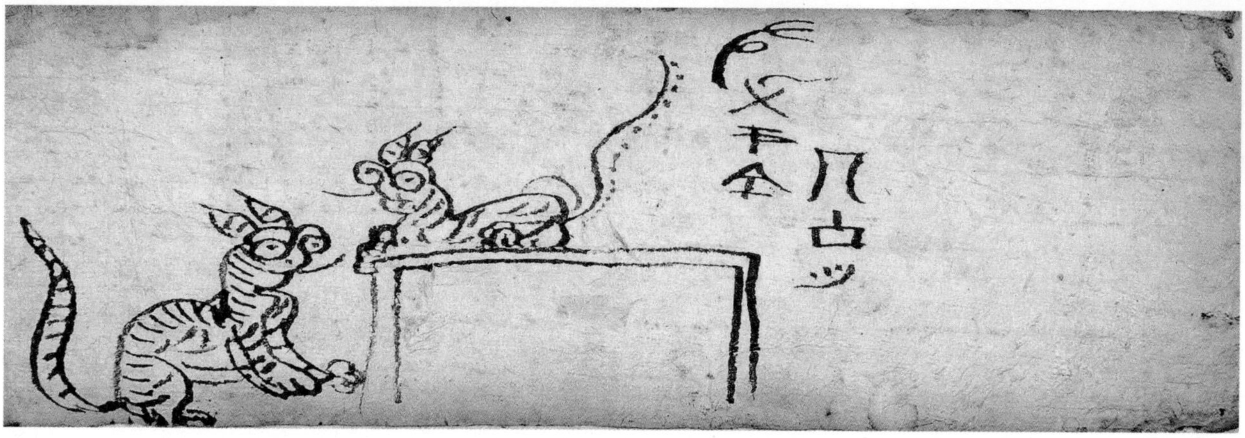

占病因

纳西族占卜类典籍。流传于云南省丽江市纳西族地区。不分卷，1册，佚名撰。讲述以病人发病日子为依据占卜病因的卦辞，卦辞指出疾病施放的方向、病因、病象以及举行何种祭仪、祭献何种祭品禳解祛病。旧抄本，本色构皮纸，线订册叶装，墨书。页面高9.5 厘米，广29厘米。保存基本完好。今藏丽江市玉龙纳西族自治县图书馆。

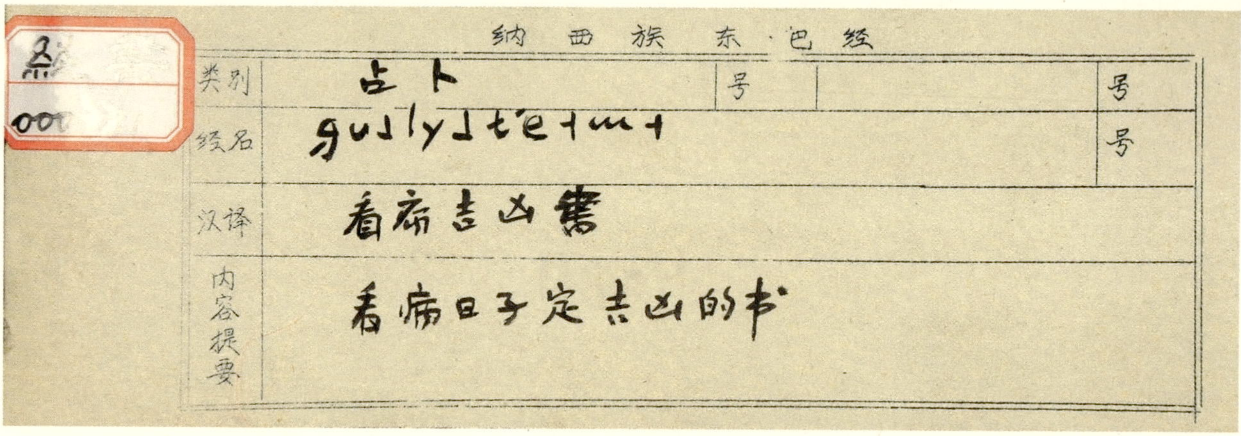

纳西族东巴经

类别	占卜	号		号
经名	gu˩ly˩tie˧mɯ˧			号
汉译	看病吉凶书			
内容提要	看病日子定吉凶的书			

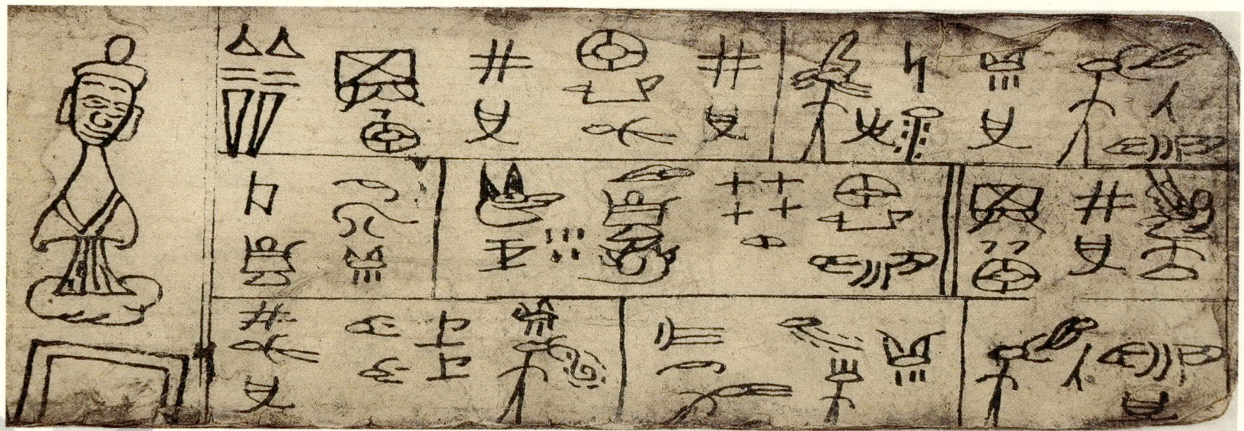

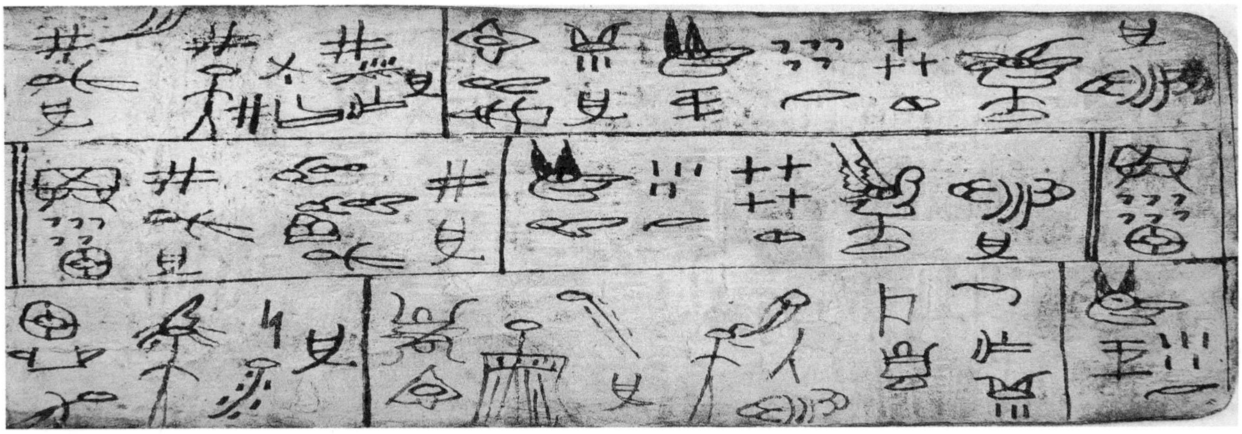

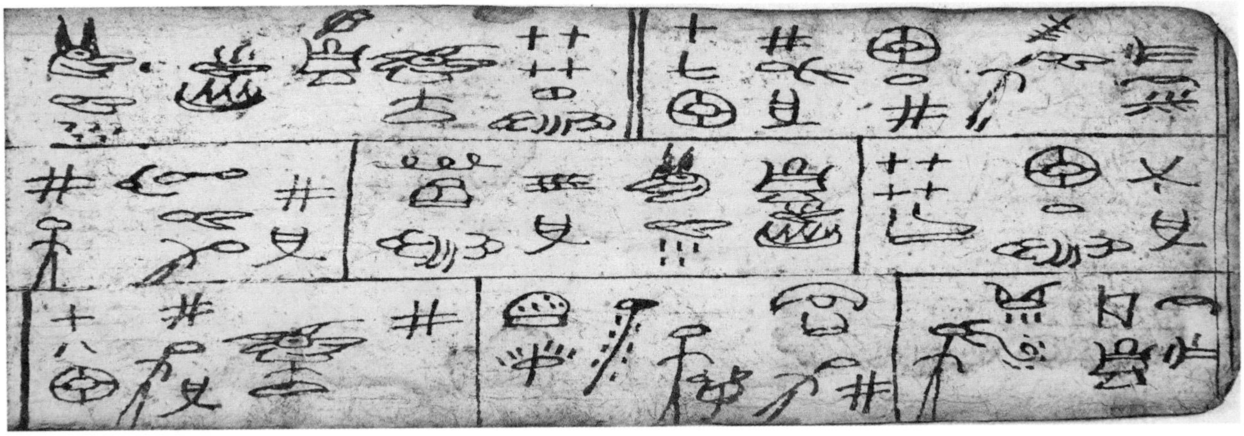

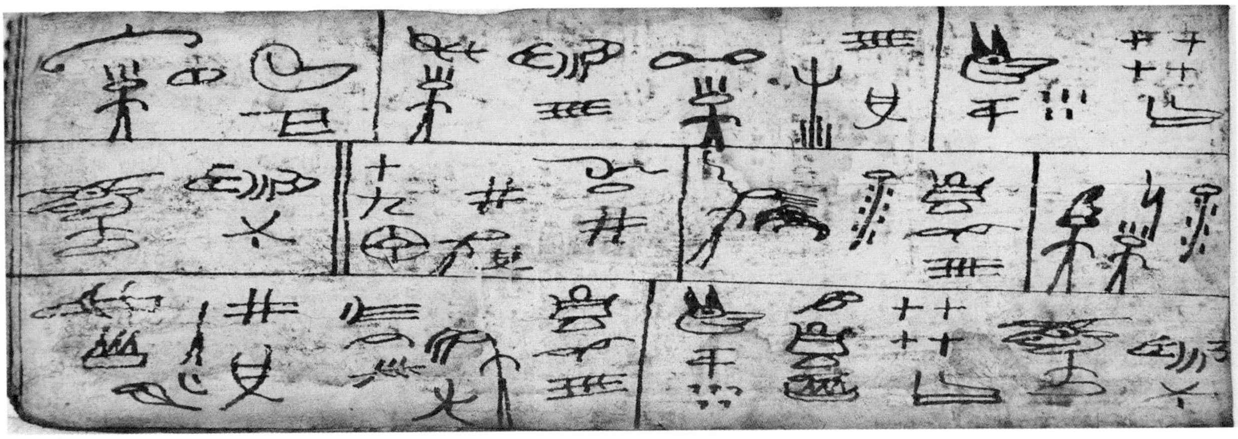

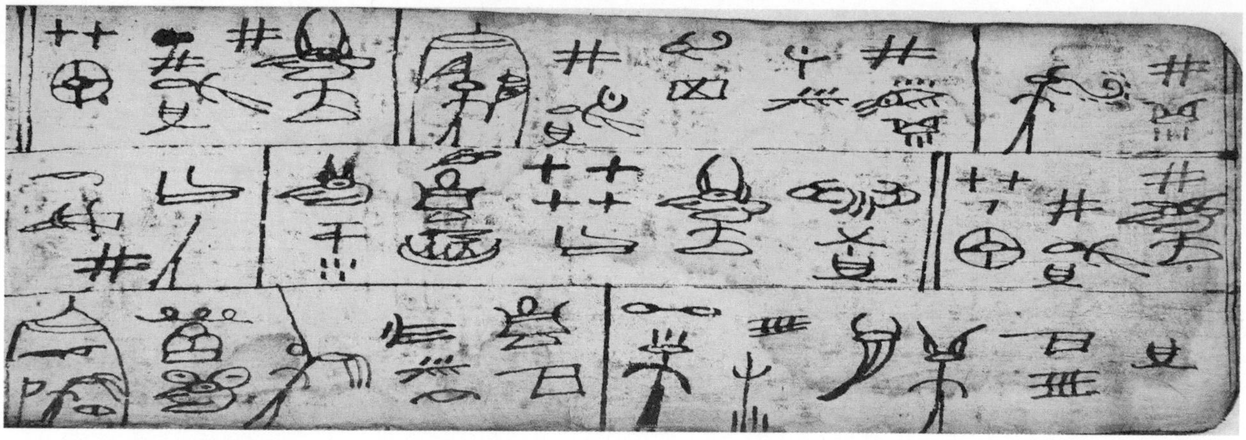

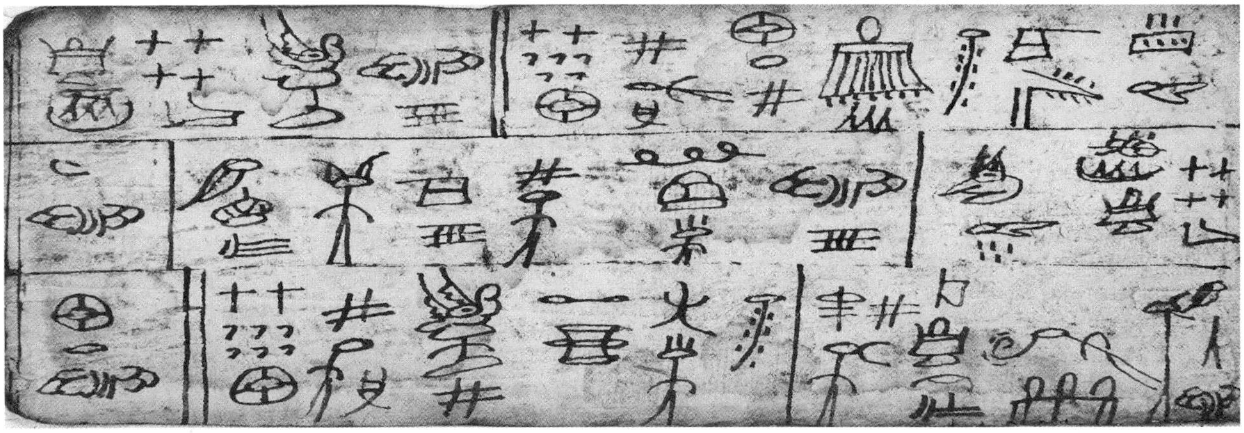

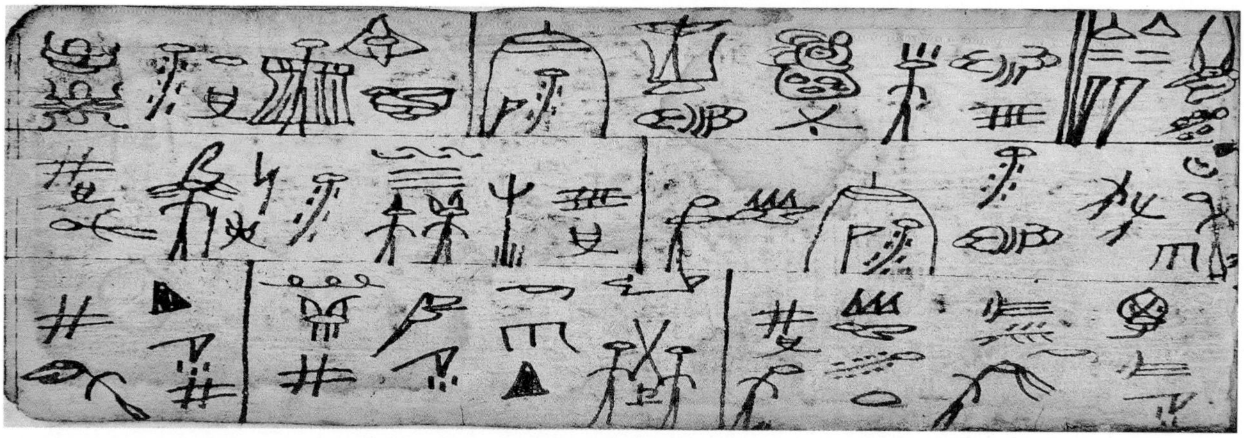

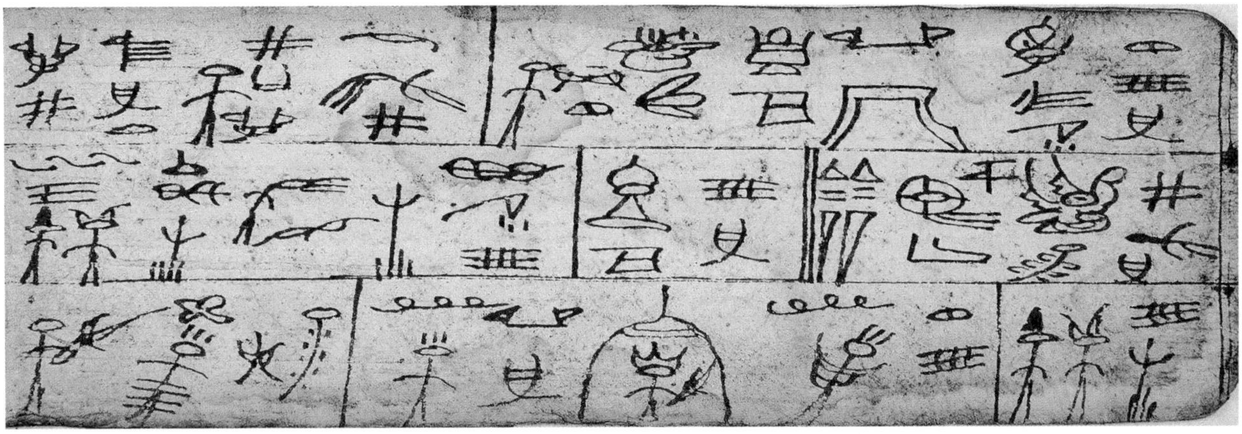

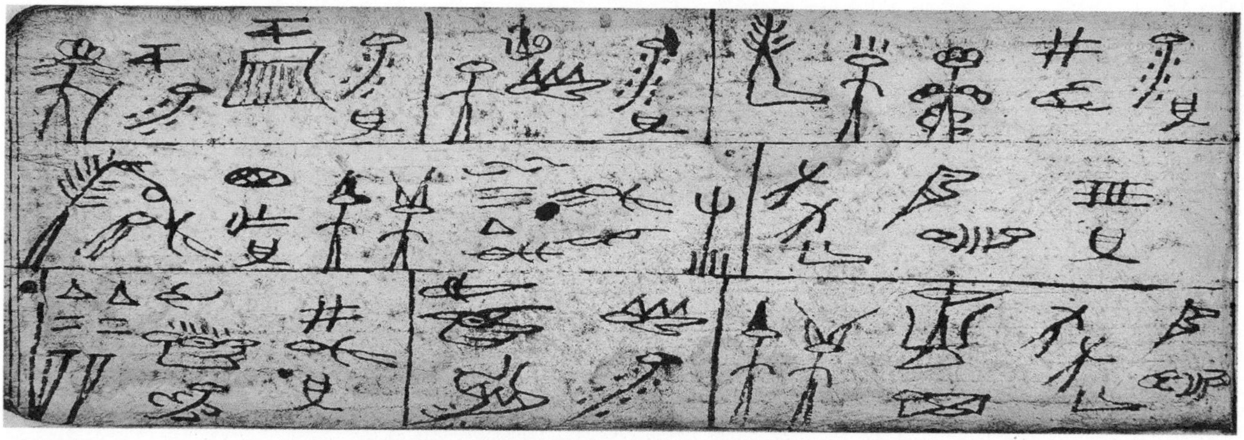

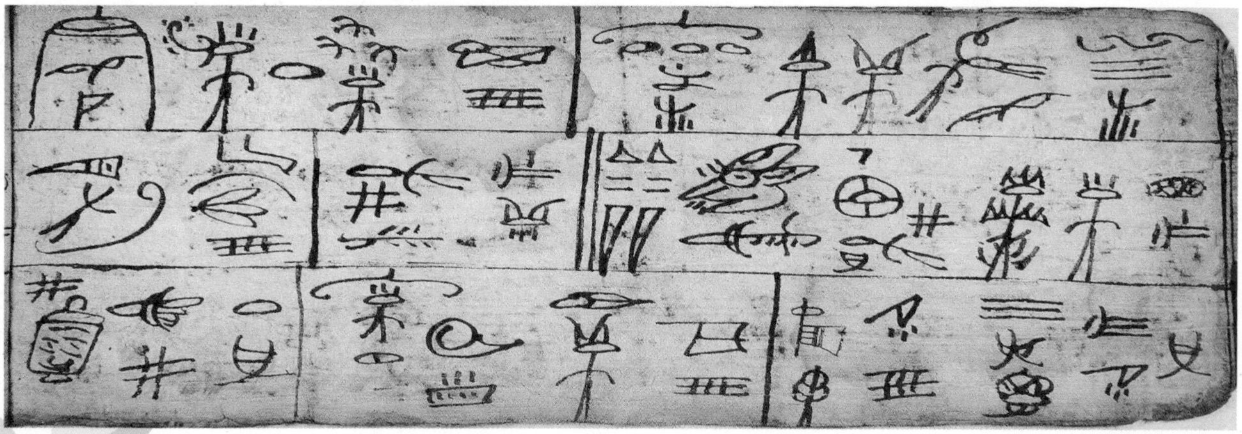

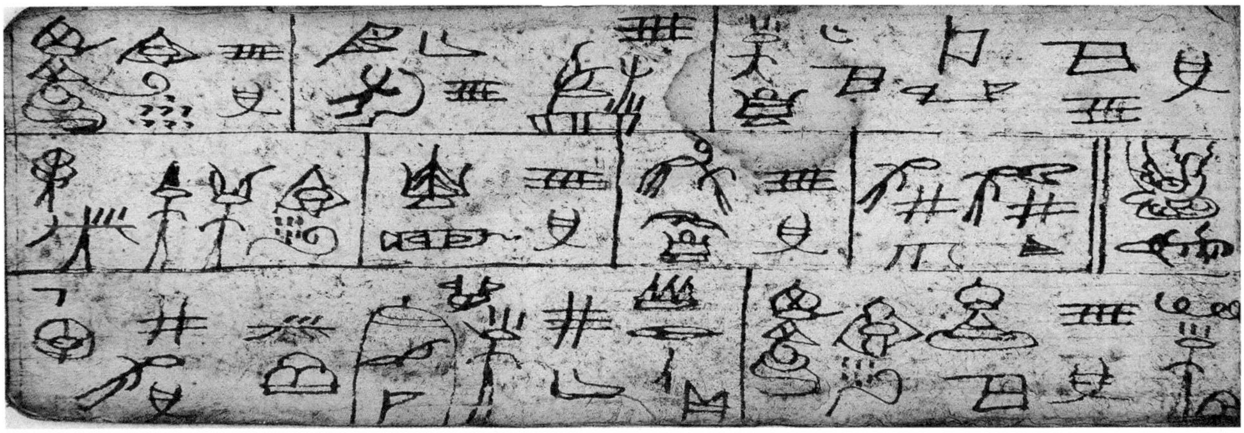

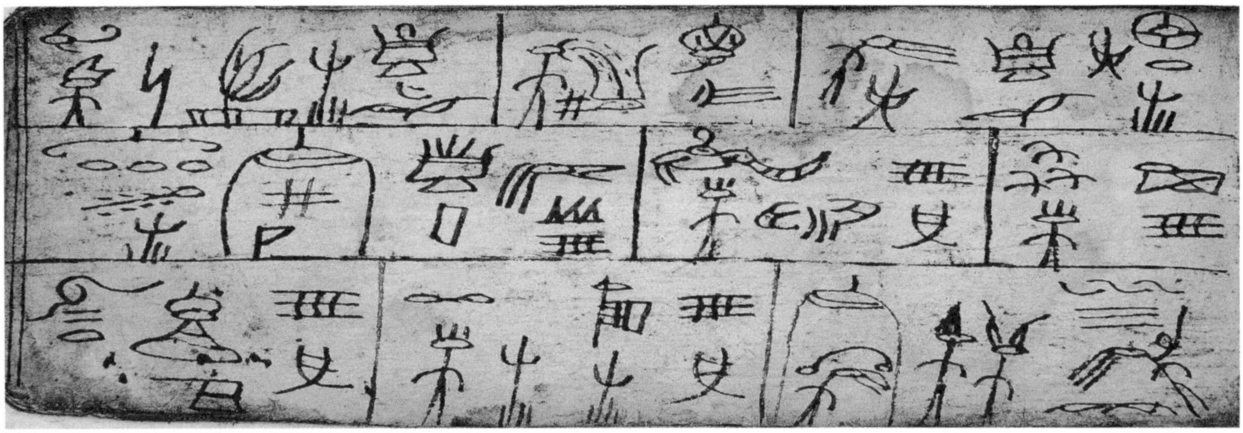

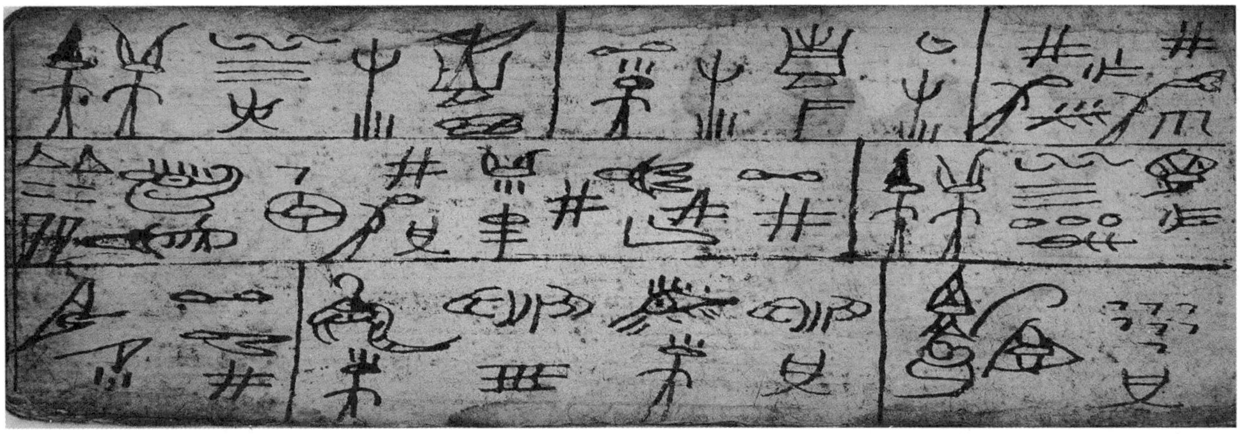

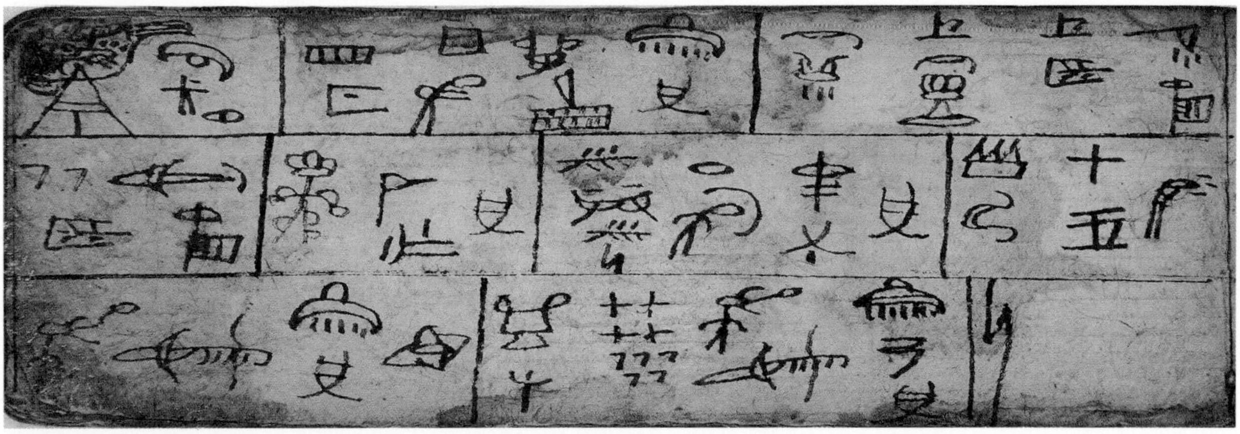

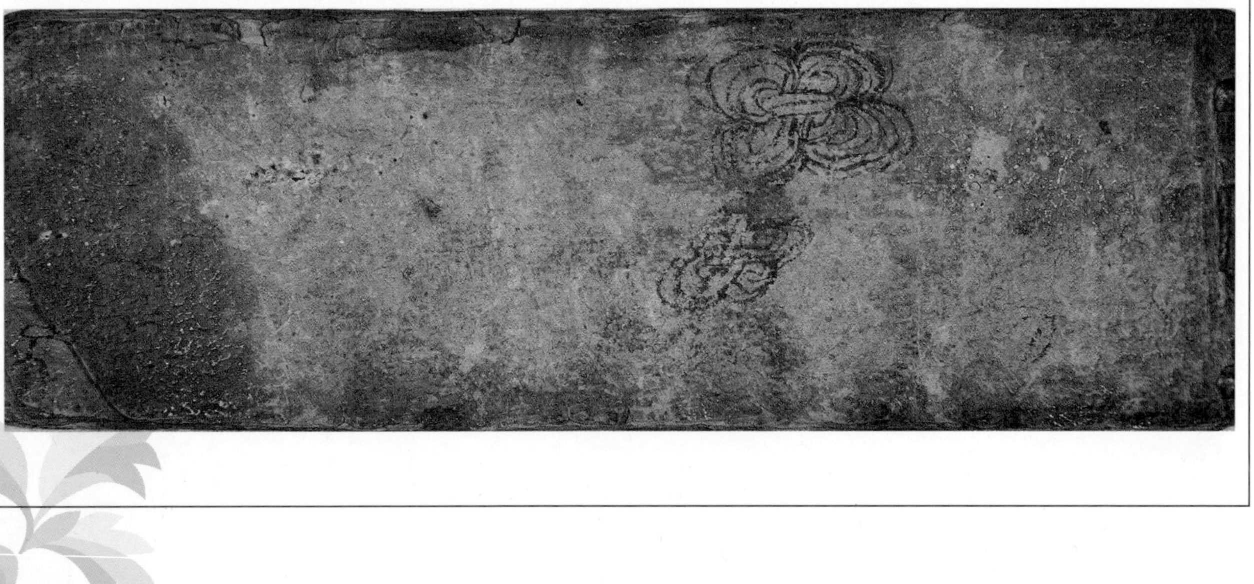

驱赶·端鬼经

纳西族祭端鬼仪式典籍。流传于云南省丽江市纳西族地区。不分卷，1册，清光绪十七年（1891年）十二月二十八日玉龙县五台村“东知”书。讲述端鬼产生的由来，崇忍利恩请久补土蚩东巴做祭祀，东巴请来战神和大神，镇压、驱赶端鬼。旧抄本，本色构皮纸，线订册叶装，墨书，封面有彩色装饰。页面高9.5 厘米，广29厘米。保存完好。今藏丽江市玉龙纳西族自治县图书馆。

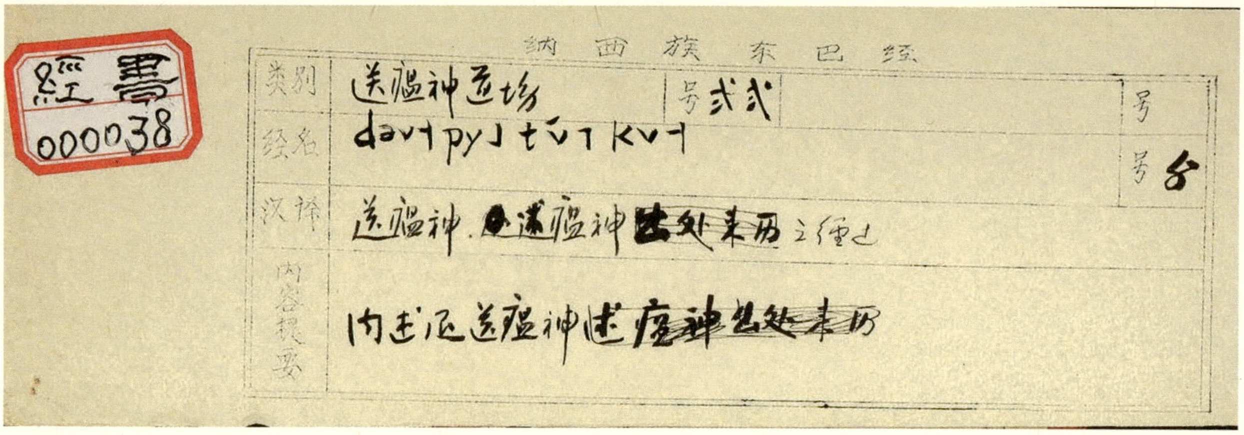
經書
000038
纳西族东巴经
类别 送瘟神道场
号式
号
号 5
经名 dɑ˧ py˩ tʂʅ˧ kv˧
汉译 送瘟神、送瘟神出处来历之经也
内容提要 内述及送瘟神、述瘟神出处来历

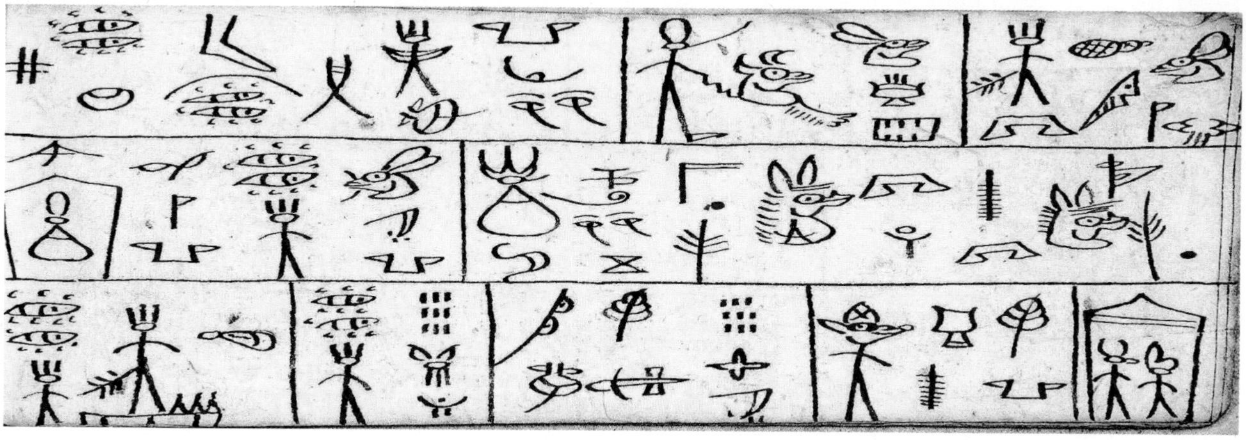

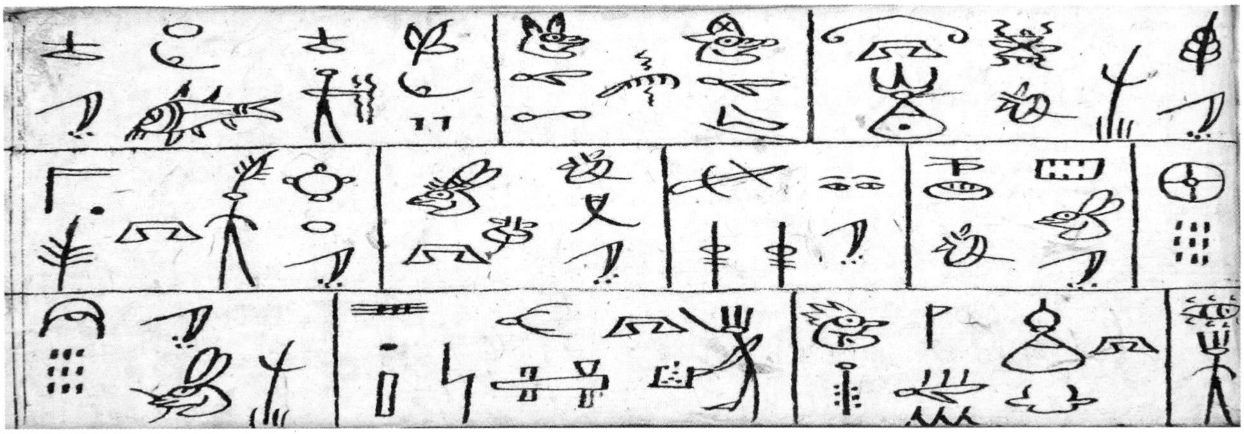

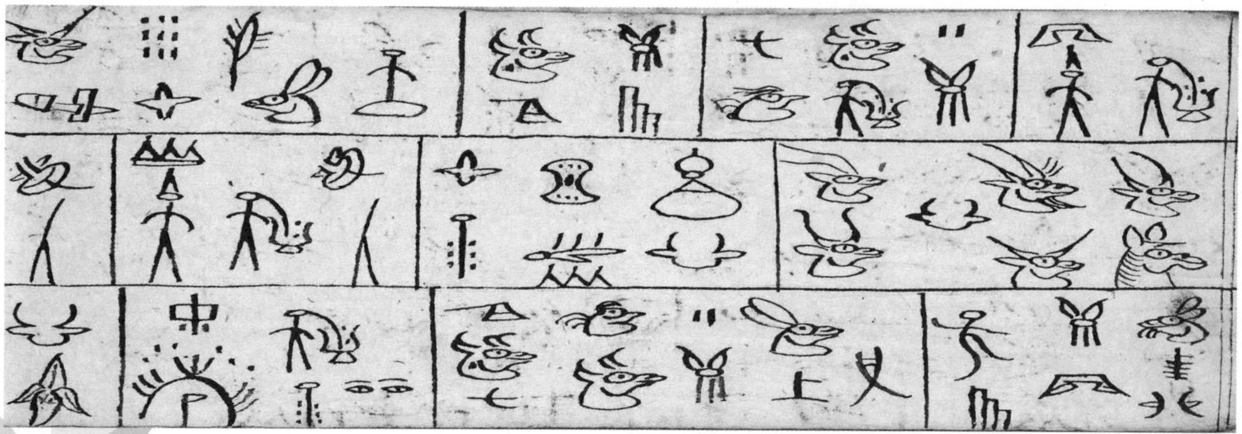

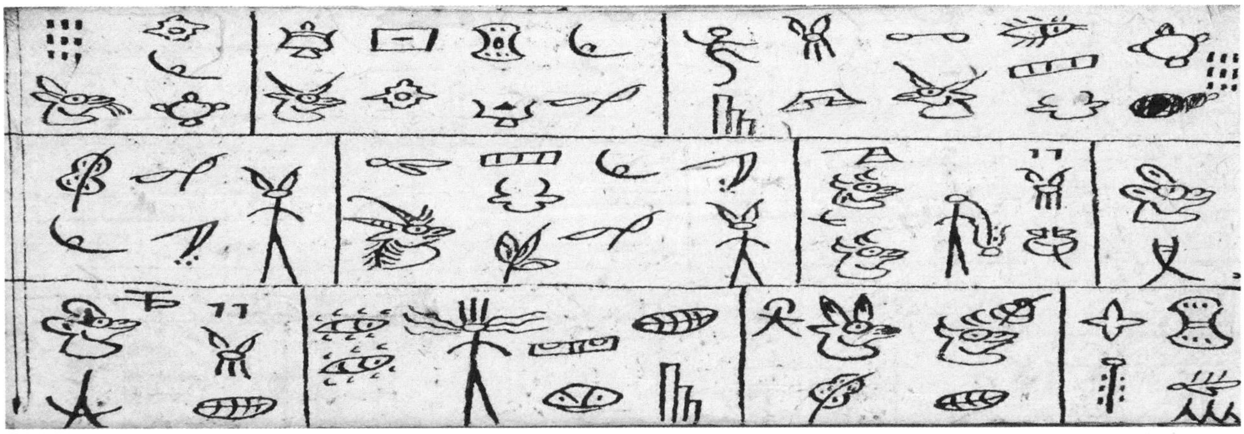

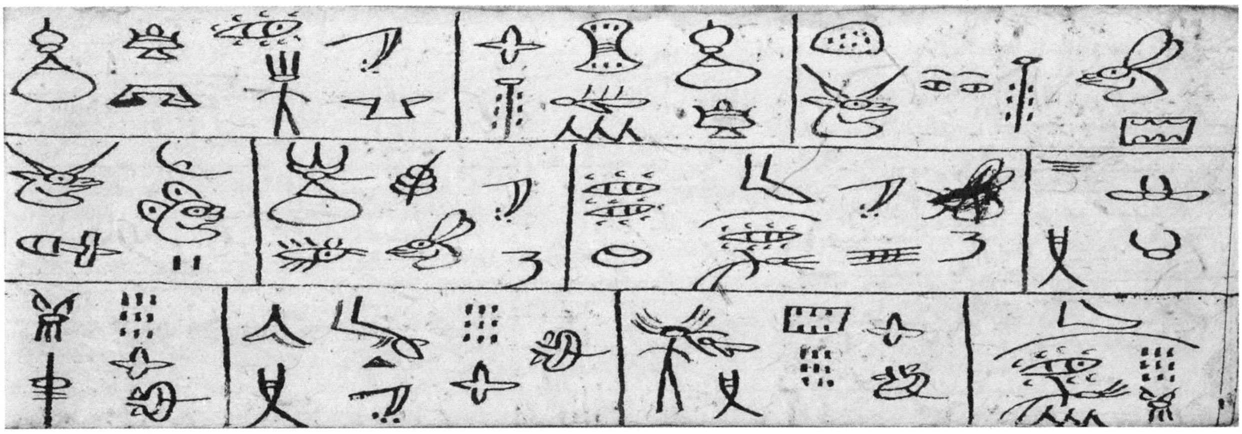

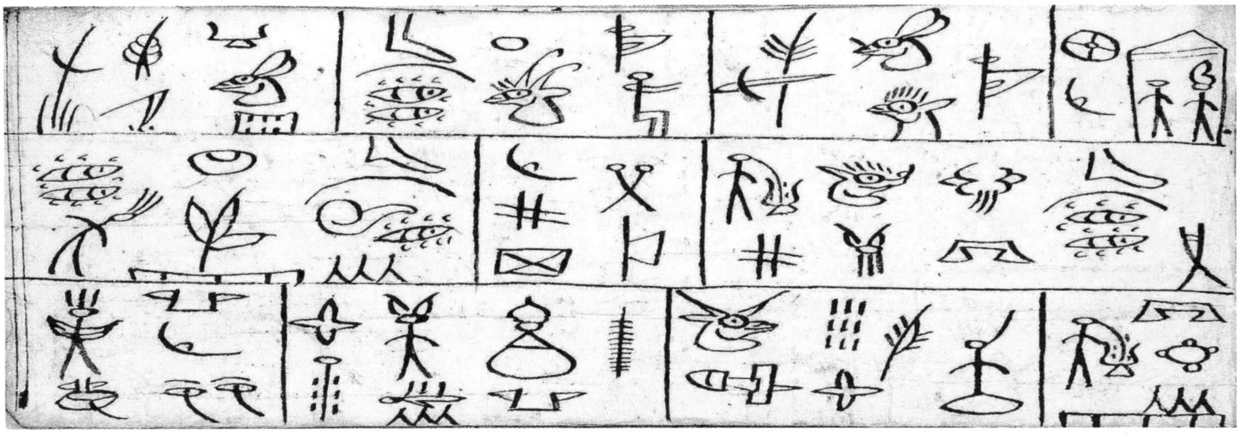

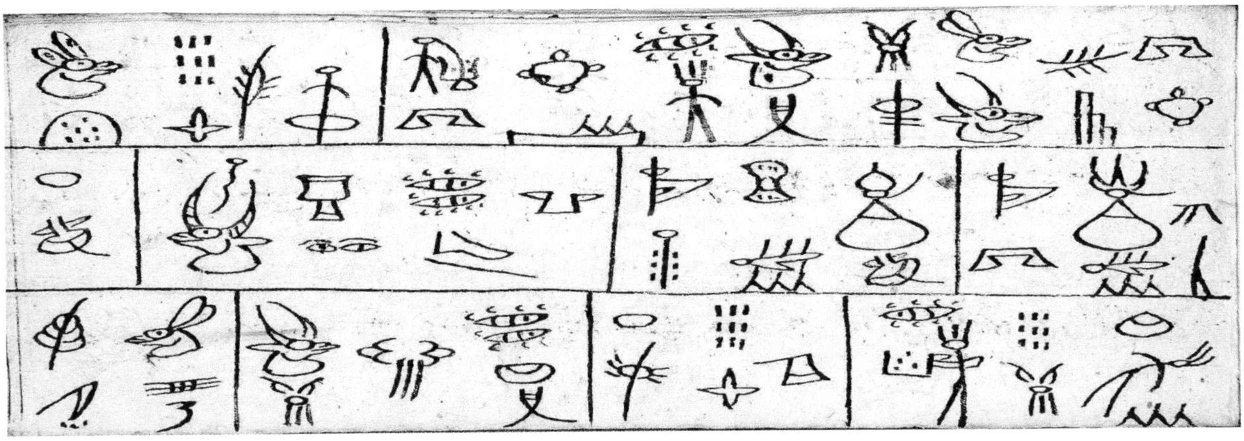

图书在版编目（CIP）数据

云南少数民族古籍珍本集成. 第55卷 / 云南省少数民族古籍整理出版规划办公室编. -- 昆明：云南人民出版社,2017.11

ISBN 978-7-222-16648-6

Ⅰ.①云… Ⅱ.①云… Ⅲ.①少数民族—古籍—善本—汇编—云南 Ⅳ.①K280.74

中国版本图书馆CIP数据核字（2017）第285808号

出 品 人：赵石定
组稿编辑：张平慧
责任编辑：王　逍
封面设计：向　炜
排版编辑：陶汝昌
责任校对：任　娜
责任印制：代隆参

书　名：云南少数民族古籍珍本集成　第55卷
作　者：云南省少数民族古籍整理出版规划办公室　编
出　版：云南出版集团公司　云南人民出版社
发　行：云南人民出版社
社　址：昆明市环城西路609号
邮　编：650034
网　址：www. ynpph. com.cn
E-mail：ynrms@sina.com
开　本：889×1194　1/16
印　张：19.375
版　次：2017年11月第1版第1次印刷
印　刷：昆明富新春彩色印务有限公司
书　号：ISBN 978-7-222-16648-6
定　价：580.00元